SICHUAN SHIKU JI MOYA ZAOXIANG
BINGHAI YU ZHILI GONGCHENG SHIJIAN

四川石窟及摩崖造像
病害与治理工程实践

何发亮　贺晓东　韦　荃
丁建芳　郭如军 ◎编著

西南交通大学出版社
·成都·

图书在版编目（ＣＩＰ）数据

四川石窟及摩崖造像病害与治理工程实践／何发亮
等编著. —成都：西南交通大学出版社，2017.3
ISBN 978-7-5643-5310-0

Ⅰ．①四… Ⅱ．①何… Ⅲ．①石窟－病害－治理－四
川②摩崖造像－病害－治理－四川 Ⅳ．①K879.299
②K879.39

中国版本图书馆 CIP 数据核字（2017）第 038784 号

四川石窟及摩崖造像病害与治理工程实践

何发亮　贺晓东　韦　荃　丁建芳　郭如军　编著

责 任 编 辑	柳堰龙	
封 面 设 计	严春艳	
出 版 发 行	西南交通大学出版社 （四川省成都市二环路北一段 111 号 西南交通大学创新大厦 21 楼）	
发 行 部 电 话	028-87600564　028-87600533	
邮 政 编 码	610031	
网　　　址	http://www.xnjdcbs.com	
印　　　刷	四川煤田地质制图印刷厂	
成 品 尺 寸	170 mm × 230 mm	
印　　　张	19.5	
字　　　数	350 千	
版　　　次	2017 年 3 月第 1 版	
印　　　次	2017 年 3 月第 1 次	
书　　　号	ISBN 978-7-5643-5310-0	
定　　　价	86.00 元	

作者简介

何发亮，广西贺州人，1962 年 11 月出生。1984年毕业于中山大学地质学系地质专业，理学学士，教授级高级工程师，享受国务院政府特殊津贴专家，中国铁道科学研究院博士研究生导师，国家科学技术进步奖励、中国博士后基金项目、中国施工企业协会科学技术奖评审专家，中国铁路工程总公司首批有

突出贡献的中青年专家、专家委员会专家，中国施工企业协会科学技术委员会首批专家，四川省人民政府评标专家库、四川省国土资源厅地质灾害防治工作技术专家库、四川省文物局专家库、成都市文物工程评标专家库、成都市科技评估专家信息库专家，四川省咨询业协会工程地质水文地质高级咨询师，国际工程地质与环境学会（**IAEG**）会员，中国地质学会工程地质专委会委员，中国岩石力学与工程学会地下工程分会、四川省古迹遗址保护协会和四川省岩石力学与工程学会理事，四川省声学学会常务理事，《现代隧道技术》《铁路地质与路基》编委。

现任中铁科学研究院有限公司教授级高级工程师、学术委员会委员，中铁西南科学研究院有限公司副总工程师。

历任中铁西南科学研究院有限公司（原铁道部科学研究院西南研究所、铁道科学研究院西南分院）工程地质研究室实习生、助理工程师、助理研究员、副研究员、教授级高级工程师，曾任中铁西南科学研究院有限公司工程地质研究室/地质预报中心/岩土工程检测中心副主任，工程地质研究室/地质预报中心主任，中铁成都勘察设计院总工程师，中铁西南科学研究院有限公司副总工程师。

长期从事铁路隧道工程地质、铁路隧道围岩分级、隧道施工地质超前预报、声波探测技术应用、地质灾害防治研究及技术咨询服务和文物加固勘察设计技术咨询服务工作，在隧道施工地质超前预报、铁路隧道围岩分级、地质灾害防治、声波探测技术应用及文物加固工程勘察设计等方面有较高的造诣，做出了突出的贡献。

30 年来，主持完成：

（1）国家自然科学基金"高压大流量岩溶裂隙水与不良地质情况的超前预报和治理"子项"岩体温度法隧道（洞）施工掌子面前方涌水预报研究"。

（2）铁道部重大课题"岩溶地区铁路长隧道涌漏水综合治理技术研究"子项"岩溶地区铁路长隧道涌漏水规律研究"。

（3）国家 863 项目"隧道施工期大涌水等地质灾害超前实时预报系统与装备"子项"涌水灾害分级及突发性地质灾害实时预警预报及施工预案专家系统研究"。

（4）铁道部重大课题"TBM 施工需要的裂隙围岩等级划分及地质参数确定研究"。

（5）声波探测技术隧道施工地质预报研究。

首次提出了岩溶地下水动力剖面分带中混流带的新概念；首次提出的岩体温度隧道施工涌水预报理论及方法，实现了隧道施工涌水预报理论和方法的重大突破；提出了 TBM 施工围岩等级划分方法并为《铁路隧道全断面岩石掘进机法技术指南》（铁建设〔2007〕106 号）引用。

参与完成：

（1）铁道部重大科研课题"铁路隧道工程岩体（围岩）分级研究"。

（2）铁道部重大科研课题"大瑶山隧道工程岩体力学特性研究及 F_9 断层攻关"。

（3）铁道部重大科研课题"青藏铁路察尔汗盐湖路基下盐岩溶洞探测"。

（4）皖赣铁路下坑隧道运营监测。

目前，正在主持：

（1）国家重点基础研究发展计划（"973"计划）项目"深长隧道突水突泥重大灾害致灾机理及预测预警与控制理论"第一课题"深长隧道突水突泥致灾构造及其地质判别特征方法"子项"深长隧道突水突泥致灾构造及其构成和突水突泥特征"研究。

（2）科技部"转制科研院所创新能力专项资金"项目"复杂地质隧道地质预报技术及设备系统研究"。

作为主持人或主要完成者，获得：

（1）2011 年国家科学技术进步二等奖 1 项（隧道含水构造等不良地质超前预报定量识别及其灾害防治关键技术）。

（2）1995 年铁道部科技进步奖四等奖 1 项（岩溶地区铁路长隧道涌漏水综合治理技术研究）。

（3）2001 年中国铁路工程总公司科学技术奖一等奖 1 项（TBM 施工需要的裂隙围岩等级划分及地质参数确定研究）。

（4）2013 年中国铁路工程总公司科学技术奖一等奖 1 项（岩体温度隧道施

工掌子面前方涌水预报仪研发及推广应用）。

（5）2007年中国铁路工程总公司科学技术奖二等奖1项（大伙房特长输水隧洞不良地质预报及施工预案研究）。

（6）2010年中国铁路工程总公司科学技术奖二等奖1项（岩体温度隧道施工掌子面前方涌水预报）。

（7）2012年全国建筑工程勘察一等奖1项（中国中铁映秀幼儿园）。

（8）中国铁道学会铁道科技奖三等将1项（岩体温度隧道施工掌子面前方涌水预报仪研发及推广应用）。

（9）铁道科学研究院科技进步奖三等奖1项（铁路隧道工程岩体（围岩）分级建议）。

获实用新型专利1项。

参与完成的研究成果"隧道施工掌子面前方不良地质预报"获铁道部科技进步三等奖、"既有隧道地下水变化规律及其对环境生态平衡影响的评估"获铁道部科技进步三等奖。

主持完成：

（1）乐山大佛佛脚平台拓展工程勘察设计。

（2）乐山大佛载酒亭围岩加固。

（3）北门环境改造工程勘察设计。

（4）泸定铁索桥桥台病害整治工程勘察设计。

作为四川省人民政府评标专家库、四川省国土资源厅地质灾害防治工作技术专家库、四川省文物管理局专家库、成都市文化局专家咨询委员会文物专家库专家，参加过大量岩土工程、地质灾害防治工程及文物保护工程的勘察、设计及检测项目评标。

作为国家文物局"5·12"地震震后文物抢救保护专家组专家，主持和参与了大量震后文物抢救保护方案评审、咨询及竣工验收。

2002年被评为中国铁路工程总公司首批有突出贡献的中青年专家，同时被聘为中国铁路工程总公司专家委员会专家。

2003年被遴选为中国铁道科学研究院岩土工程专业隧道施工地质预报方向硕士研究生导师。培养并已毕业硕士研究生4名，在培硕士研究生1名。

2010年被国家文物局授予文物系统汶川地震灾后文物抢救保护工作特别贡献奖。

2009年4月，被授予2008年度享受国务院政府特殊津贴专家。

2012年被遴选为中国铁道科学研究院岩土工程专业博士研究生导师。在培博士研究生 1 名。

2012 年被评为 2011 年度中国施工企业管理协会科学技术奖创新先进个人。

作为主要编写者,参与完成《工程岩体分级标准》(GB/T 50218—2014)、《铁路隧道超前地质预报技术指南》(铁建设〔2008〕105 号)和《铁路隧道全断面岩石掘进机法技术指南》(铁建设〔2007〕106 号)的编写。

著有《隧道施工地质灾害与致灾构造及其致灾模式》、《隧道工程地质学》、《隧道地质超前预报》、《岩体温度法隧道施工掌子面前方涌水预报》、《隧道施工地质灾害与不良地质体及其预报》、《隧道工程地质与声波探测技术》和《隧道工程岩体分级》7 部专著;发表了《岩体温度法隧道施工涌水预报》、《TBM 施工隧道围岩分级方法研究》、《隧道施工地质超前预报工作方法》、《铁路隧道风险评估若干问题探讨》、《岩溶地区长大隧道涌水涌泥及地表塌陷灾害预测预报技术》、《铁路隧道施工地质超前预测预报技术》、《隧道施工期地质超前预报技术的发展》、《声波探测技术的新发展及其应用》等 70 余篇论文。

主要论文著作:

(1)《隧道施工地质灾害与致灾构造及其致灾模式》,西南交通大学出版社,2015 年 1 月。

(2)《隧道工程地质学》,西南交通大学出版社,2014 年 2 月。

(3)《隧道地质超前预报》,西南交通大学出版社,2006 年 10 月。

(4)《岩体温度法隧道施工掌子面前方涌水预报》,西南交通大学出版社,2009 年 4 月。

(5)《隧道施工地质灾害与不良地质体及其预报》,西南交通大学出版社,2011 年 9 月。

(6)《隧道工程岩体分级》,西南交通大学出版社,2007 年 11 月。

(7)《隧道工程地质与声波探测技术》,西南交通大学出版社,2005 年 5 月。

(8)《铁路隧道风险评估若干问题探讨》,《现代隧道技术》,2011 年第 1 期。

(9)《岩体温度法隧道施工涌水预报》,《现代隧道技术》,2009 年增刊。

(10)《黄果树隧道左线充填岩溶及其跨越》,《现代隧道技术》,2009 年增刊。

(11)《岩体温度法隧道施工涌水预报正反演试验研究》,《现代隧道技术》,2009 年增刊。

(12)《红外探测法在隧道涌水预报中的应用》,《现代隧道技术》,2009 年增刊。

(13)《隧道施工涌水灾害分级的初步研究》,《现代隧道技术》,2009 年增刊。

(14)《隧道施工掌子面前方溶洞声波反射法探测模型试验研究》,《现代隧道技术》，2009 年增刊。

（15）《岩体温度法隧道施工掌子面前方涌水预测预报探讨》，《现代隧道技术》，2007 年第 2 期。

（16）《隧道施工地质超前预报工作方法》，《岩土工程学报》，2006 年增刊。

（17）《TBM 施工隧道围岩分级研究》，《岩石力学与工程学报》，2002 年第 9 期。

（18）《岩溶地区长大隧道涌水灾害预测预报技术》，《水文地质工程地质》，2001 年第 5 期。

（19）《声波探测技术的新发展及其应用》，《中国铁道科学》，1999 年第 4 期。

（20）《隧道施工期地质超前预报技术的发展》，《现代隧道技术》，2001 年第 3 期。

（21）《隧道施工期地质超前预报若干问题探讨》，《第八次全国岩石力学与工程学术大会论文集》，2004 年。

（22）《HSP 及 CT 法隧道施工期岩溶地质预报》，《隧道地质超前预报技术交流研讨会论文集》，2004 年。

（23）《声波 CT 技术在泸定桥东桥台内部结构探测中的应用》，《文物保护与考古科学》，2001 年第 13 卷第 1 期。

（24）《泸定桥东桥台内部加固效果检测》，《第八次全国岩石力学与工程学术大会论文集》，2004 年。

（25）《声波 CT 探测技术在古生物化石探测中的应用》，《四川文物》，2000 年第 5 期。

（26）《四川石窟及摩崖造像主要问题及其治理对策》，《工程地质学报》，2010 年第 18 卷增刊。

（27）《铁路隧道施工地质超前预测预报技术》，《铁道工程学报》，2005 年增刊第 1 期。

（28）《中国西部地震区道路工程建设若干问题的探讨》，《铁道工程学报》，2008 年增刊。

（29）《隧道施工地质超前预报体系构建探讨》，《联合应对西部的机遇与挑战——2009 年第三届全国岩土与工程学术大会论文集》。

（30）《大渡河泸定铁索桥病害整治前期研究》，《成都理工学院学报》，2001 年增刊第 1 期。

（31）《物探方法在隧道施工期地质预报中的应用》，《2001 年中国工程质量检测技术交流会论文集》。

（32）《岩溶地区长大隧道涌水灾害预测预报技术》，《2001 年首届岩溶地区可持续发展国际学术会议论文集》。

（33）《岩溶地区铁路长隧道涌水涌泥沙及地表塌陷灾害规律的研究》，《1995 年第三届全国环境工程地质学术研讨会论文集》。

（34）《声波 CT 层析成像法钢管混凝土质量检测探讨》，《2000 年中国东西部声学学术会议论文集》。

（35）《地质工作在隧道施工地质超前预报中的作用》，《2006 年中国交通土建工程学术论文集》。

（36）《隧道施工坍方分析及防坍措施研究》，《工程地质学报》，2012 年第 20 卷增刊。

（37）《浅孔岩体温度法隧道施工涌水预报初探》，《工程地质学报》，2012 年第 19 卷增刊。

（38）《隧道施工地质超前预报技术及若干问题探讨》，《铁道工程学报》，2010 年增刊。

（39）《岩体温度综合法隧道施工涌水预报》，《2009 年全国地下工程超前地质预报与灾害治理学术及技术研讨会论文集》。

（40）《路隧道围岩分级方法研究及发展》，《铁道工程学报》，2005 年增刊第 1 期。

贺晓东，四川金堂人，1973 年 7 月出生。1996 年毕业于成都理工大学工程地质与水文地质专业，理学学士；2005 年研究生毕业于西安交通大学文物保护工程技术专业，硕士学位。主要从事文物保护研究及技术咨询工作。

现任国家文物出境鉴定四川站站长，副研究馆员。

历任四川省文物考古研究所实习生、助理馆员、馆员、文物保护中心副主任，四川省文物局馆员、副研究馆员。

20 年来，先后主持完成：

（1）四川理县筹边楼维修保护方案设计。

（2）重庆合川涞滩崖造像排水抢险工程设计。

（3）四川泸县宋墓石刻及彩绘保护方案设计。

（4）大巴山红军石刻文物抢救性保护方案设计。

（5）剑南春酒坊土遗址加固保护方案设计。

（6）三星堆遗址东、南、西城墙覆土保护实施方案设计。

（7）月亮湾城墙覆土保护实施方案设计。

（8）青神县中岩寺摩崖造像保护方案设计。

（9）宜宾流杯池曲水流觞景点石刻保护及环境整治方案设计。

参与完成：

（1）全国重点文物保护单位重庆大足石刻防风化封护加固材料研究。

（2）中德文物保护科技合作——安岳圆觉洞石窟保护研究。

（3）四川石质文物基础研究。

（4）绵阳市永兴双包山西汉木椁墓出土漆木器文物保护研究。

（5）三台县郪江崖墓保护方案现场勘察测绘。

（6）广安小平故居维修保护规划方案调查测绘。

（7）德格印经院保护方案现场测绘。

（8）全国重点文物保护单位度四川广汉三星堆遗址 2000—2001 年考古发掘现场资料收集和整理。

（9）四川雅安樊敏阙、高颐阙、沈府君阙测绘和保护规划方案设计。

（10）全国重点文物彭山江口崖墓地形测绘。

（11）四川峨嵋宋代铁钱化学保护。

（12）富顺县文庙维修保护方案测绘设计。

（13）荣县大佛维修保护方案的勘察测绘。

（14）西南地区摩崖造像贴金、彩绘保存状况调查。

（15）巴中南龛摩崖石刻造像抢救性保护方案设计。

主要论文著作：

（1）《广汉三星堆遗址环境考古调查》，《四川文物》，1997 年第 4 期。

（2）《Coreldraw 在考古绘图中的应用》，《江汉考古》，2006 年第 2 期。

（3）《德格印经院的建筑特色》，《四川文物》，2003 年第 1 期。

（4）《四川三台郪江崖墓群（金钟山）岩体稳定性分析和加固》，《人类文化遗产保护》，2008 年第 1 期。

（5）《四川摩崖造像的工程物理特性》，《文物保护与考古科学》，2009 年第 2 期。

（6）《四川野外石质文物保护回顾》，《2006 年中国第八届科技考古学术讨论会暨全国第九届考古与文物保护化学学术研讨会论文集》。

韦荃，四川成都人，1963 年出生。上海复旦大学文物保护专业研究生班毕业。中国文物保护技术协会常务理事、中国文物学会文物修复专业委员会理事、四川省古迹遗址保护协会理事、国家文物局和四川省文物局专家组成员、复旦大学文物与博物馆专业硕士研究生导师。主要从事文物保护及修复研究与技术咨询工作。

现任四川博物院副院长、研究馆员。

历任四川省文物考古研究院实习生、助理馆员、馆员、副研究馆员、文物保护中心主任。

30 多年来，作为课题负责人或主要研究人员先后承担完成的国家文物局、四川省科委、四川省文物局的科研课题 10 余项，先后主持的文物保护项目设计与实施 80 余项。

主持完成：

（1）中日文物保护合作项目"绵阳永兴汉墓出土漆木器文物脱水加固保护研究"。

（2）中德文物保护项目"安岳石窟圆觉洞 10 号龛抢救性保护研究"。

（3）壁画大面积整铺揭取及重装复原技术研究。

（4）文物局重点科研、保护项目"绵阳西汉木出土饱水漆木器文物脱水加固保护实施"。

作为主要研究人员参与完成"壁画大面积整铺揭取及重装复原技术"研究。

作为主要完成人，获文化部科技成果二等奖 1 项（壁画大面积整铺揭取及重装复原技术）；主持完成的中德文物保护项目"安岳石窟圆觉洞 10 号龛抢救性保护研究"，为我省石窟本体保护起到了引领示范作用；主持完成的中日文物保护合作项目"绵阳永兴汉墓出土漆木器文物脱水加固保护研究"，成果入选国家文物局"十一五文物保护科技成果展"。

公开发表学术论文 30 余篇。

主要论文专著：

（1）《对法国博物馆陈列与展示中"零风险"概念的理解》，《中国博物馆》，2010 年第 93 期。

（2）《汶川地震中受损馆藏文物的保护与研究》，《文物保护与考古科学》，

2010 年第 7 期。

（3）《四川摩崖造像岩石的工程物理特性》，《文物保护与考古科学》，2009年第 2 期。

（4）《5·12 汶川地震对四川文化遗产的损坏与抢救保护对应措施》，《2009年台湾古迹与历史建筑修复国际研讨会论文集》。

（5）《四川石窟病害调查》，《2009 中国重庆大足石刻国际学术研讨会论文集》。

（6）《四川石窟的病害和抢救性保护建议》，《博物馆学刊》，2012 年第 2 期。

（7）《四川阆中大佛寺摩崖造像保护修复》，《博物馆学刊》，2013 年第 3 期。

（8）《新都龙藏寺壁画使用颜料的研究》，《四川文物》，2008 年第 6 期。

（9）《5·12 汶川大地震对四川可移动文物的损坏与启示》，《四川文物》，2008 年第 4 期。

（10）《利用 Coreldraw 软件绘制考古器物图》，《四川文物》，2003 年第 5 期。

（11）《四川省绵阳市永兴双包山西汉墓出土漆、木器文物保护研究》，《文物保护与考古科学》，2004 年第 2 期。

（12）《论出土漆木器的脱水方法》，《四川文物》，1997 年第 4 期。

（13）《寺观壁画揭取、重装复原技术探索》，《文物保护与考古科学》，2005年第 3 期。

（14）《高级醇加固饱水木器的可逆性实验》，《文物保护与考古科学》，2007年第 1 期。

（15）《峨眉山市飞来殿、香殿维修中的化学加固保护》，《四川文物》，2002年第 2 期。

（16）《云南广允缅寺壁画的揭取和修复技术》，《四川文物》，1992 年第3 期。

（17）《5·12 汶川地震中受损的四川馆藏文物》，《2009 年馆藏文物保护科学与技术研讨会论文集》。

（18）《彭山县江口汉代崖墓第 951 号墓群 M1-4 墓加固、防渗工程》，《2002年第七届全国考古与文物保护化学学术会议论文集》。

（19）《文物保护：峨眉山飞来殿、香殿维修中的化学加固保护》，《文物世界》，2002 年第 4 期。

（20）《安岳圆觉洞石刻区防风化加固保护研究》，《2012 年中国文物保护技术协会学术年会论文集》。

（21）《四川野外石质文物保护回顾》，《2006 年中国第八届科技考古学术讨论会暨全国第九届考古与文物保护化学学术研讨会论文集》。

（22）《商代青铜器的元素成分》，《文物保护与考古科学》，1994 年第 1 期。

（23）《温湿度对水井坊遗址的影响》，《文物保护与考古科学》，2005 年第 3 期。

（24）《声波 CT 探测技术在古生物化石探测中的应用》，《四川文物》，2000 年第 5 期。

丁建芳，河南商丘人，1979 年 12 月出生。2002 年毕业于西南交通大学土木工程专业，工学学士。主要从事工程地质、隧道施工地质预报和地球物理勘探技术研究及咨询工作，在隧道施工地质预报和声波探测技术方面有较深入的研究。

现任中铁西南科学研究院有限公司高级工程师、工程地质研究所所长。

历任中铁西南科学研究院有限公司工程地质研究室实习生、助理工程师、工程师、高级工程师，研究室副主任兼总工程师。

参与完成辽宁省水利厅科研项目"大伙房输水工程特长隧洞修建技术——TBM 突破不良地质地段的地质超前预报及施工预案研究"、国家自然科学基金项目"高压大流量岩溶裂隙水与不良地质情况的超前预报和治理"子项"岩体温度法隧道（洞）施工掌子面前方涌水预报研究"、国家科技部支撑项目"西线超长隧洞 TBM 施工关键技术问题研究——TBM 施工地下水超前预报技术研究"、铁道部重大课题"隧道围岩稳定性及其控制技术研究——高地应力及富水隧道设计理论和方法研究"子项"富水隧道设计理论和方法研究"，主持完成西攀高速公路徐家梁子隧道，南渝高速公路尖坡、漏风垭隧道，襄渝铁路二线马鞍山、华蓥山一号、华蓥山二号隧道，四川大渡河瀑布沟水电站库区公路复建工程隧道，宜宾城市环线公路观斗山隧道，厦蓉高速公路贵州境格都段隧道、四川映汶高速公路隧道等施工地质预报技术咨询工作。

目前正在主持科技部"转制科研院所创新能力专项资金"项目"复杂地质隧道地质预报技术及设备系统研究"，参与国家重点基础研究发展计划（"973"计划）项目"深长隧道突水突泥重大灾害致灾机理及预测预警与控制理论"第一课题"深长隧道突水突泥致灾构造及其地质判别特征方法"子项"深长隧道突水突泥致灾构造及其构成和突水突泥特征"研究和国家自然科学基金面上项目"岩溶隧道地下水化学动力学及分形特征研究"。

获中国铁路工程总公司科学技术奖一等奖 3 项（HSP206 型隧道超前地质预报仪推广应用研究、岩体温度隧道施工掌子面前方涌水预报技术推广应用研究、大距离跨孔声波探测技术研究）、二等奖 2 项（大伙房输水工程特长隧洞修建技术——TBM 突破不良地质地段的地质超前预报及施工预案研究、岩体温度隧道施工掌子面前方涌水预报），中国铁道学会铁道科技奖三等奖 1 项（岩体温度隧道施工掌子面前方涌水预报仪研发及推广应用），成都市科学技术进步三等奖 1

项（HSP206 型隧道超前地质预报仪推广应用研究），中国质量评价协会创新成果优秀奖 1 项（HSP206 型隧道超前地质预报仪推广应用研究），获国家发明专利 1 项、实用新型专利多项。

主要论文著作：

（1）《隧道工程地质学》，西南交通大学出版社，2006 年 10 月。

（2）《岩体温度法隧道施工掌子面前方涌水预报》，西南交通大学出版社，2009 年 4 月。

（3）《HSP 声波反射法地质勘查技术研究》，《工程地质学报》，2008 年第 16 卷（增刊）。

（4）《声波 CT 技术在桥梁病害评估中的应用》，《2008 年促进中西部发展声学学术交流会论文集》。

（5）《乐山大佛载酒亭危岩加固工程设计》，《工程地质学报》，2008 年第 15 卷（增刊）。

（6）《襄渝二线马鞍山隧道地质预报及围岩变形分析》，《工程地质学报》，2009 年第 17 卷（增刊）。

（7）《徐家梁子隧道工程地质条件综合分析》，《工程地质学报》，2009 年第 17 卷（增刊）。

（8）《地质预报在萝卜岗隧道施工中的应用》，《工程地球物理学报》，2009 年（增刊）。

（9）《HSP 声波反射法在徐家梁子隧道地质预报中的应用初探》，《2006 年和谐开发中国西部声学学术交流会论文集》。

（10）《HSP 隧道超前地质预报技术》，《2011 隧道及地下工程新发展国际论坛论文集》。

（11）《综合预报技术在隧道岩溶探测预报中的应用研究》，《现代隧道技术》，2013 年第 5 期。

（12）《波反射技术在锚杆长度检测中的应用》，《2006 年中国交通土建工程学术研讨会论文集》。

（13）《声学技术及其在工程中的应用》，《2014 年中国西部声学学术交流会论文集》。

（14）《钢筋检测仪隧道锚杆及超前小导管数量检测》，《2006 年中国交通土建工程学术论文集》。

（15）《徐家梁子隧道工程地质条件综合分析》，《2009 年第三届全国岩土与工程学术大会论文集》。

郭如军，河南濮阳人，1983 年 3 月出生，2005 年 7 月毕业于中国石油大学（华东）工程力学专业，获工学学士学位；2008 年 7 月，毕业于中国铁道科学研究院岩土工程专业，获工学硕士学位；中国铁道科学研究院岩土工程专业在读博士研究生。主要从事隧道工程地质超前预报研究、物探新技术研发和技术咨询工作。

现任中铁西南科学研究院有限公司高级工程师、工程地质研究所副所长。

历任中铁西南科学研究院有限公司工程地质研究所助理工程师、工程师、高级工程师。

先后参与完成国家自然科学基金"高压大流量岩溶裂隙水与不良地质情况的超前预报和治理"子项"岩体温度法隧道（洞）施工掌子面前方涌水预报研究"、中国铁路工程总公司重大科研项目"大距离跨孔声波探测技术研究"和"HSP206 型隧道地质超前预报仪推广应用研究"，主持完成中国铁路工程总公司重大科研项目"岩体温度隧道施工掌子面前方涌水预报仪研发及推广应用"，主持或参与完成隧道施工地质预报项目多项。

目前正在参与国家重点基础研究发展计划（"973"计划）项目"深长隧道突水突泥重大灾害致灾机理及预测预警与控制理论"第一课题"深长隧道突水突泥致灾构造及其地质判别特征方法"子项"深长隧道突水突泥致灾构造及其构成和突水突泥特征"研究。

作为主要完成人，获中国铁路工程总公司科学技术奖一等奖 3 项（岩体温度隧道施工掌子面前方涌水预报技术推广应用研究、大距离跨孔声波探测技术研究、HSP206 型隧道地质超前预报仪推广应用研究），中国铁路工程总公司科学技术奖二等奖 1 项（岩体温度法隧道（洞）施工掌子面前方涌水预报研究），中国铁道学会铁道科技奖二等奖 1 项（HSP206 型隧道地质超前预报仪推广应用研究）、三等奖 1 项（岩体温度隧道施工掌子面前方涌水预报仪研发及推广应用），成都市科学技术进步奖三等奖 1 项（HSP206 型隧道地质超前预报仪推广应用研究），中国质量评价协会科技创新奖 1 项，实用新型专利 1 项。

主要论文著作：

（1）《岩体温度法隧道施工掌子面前方涌水预报》，西南交通大学出版社，2009 年 10 月。

（2）《隧道工程地质学》，西南交通大学出版社，2014 年 2 月。

（3）《综合预报技术在隧道岩溶探测预报中的应用研究》，《现代隧道技术》，

2013 年第 5 期。

（4）《岩体温度法隧道施工掌子面前方涌水预测预报探讨》，《现代隧道技术》，2007 年第 2 期。

（5）《岩体温度法隧道施工掌子面前方含水体预报模型试验研究》，《现代隧道技术》，2008 年第 2 期。

（6）《岩体温度法隧道施工掌子面前方涌水预报正、反演试验研究》，《现代隧道技术》，2009（增刊）。

（7）《综合预报技术在隧道岩溶探测预报中的应用研究》，《现代隧道技术》，2013 年第 5 期。

（8）《隧道施工涌水岩体温度法预报主要问题探讨》，《2009 年第三届全国岩土与工程学术大会论文集》。

（9）《岩体温度综合法隧道施工涌水预报》，《2009 年全国地下工程超前地质预报与灾害治理学术及技术研讨会论文集》。

自　序

　　"5·12"汶川大地震后，参与了众多震后文物抢险加固工程方案论证、审查，过程中遇到的方方面面的问题，催生了编写四川石窟及摩崖造像病害与治理一书的念头，甚至曾有专门从事石窟及摩崖造像病害地质研究的想法，虽未能如愿，但念头一直萦绕心头。因忙于国家自然科学基金项目、863项目及973项目研究工作，特别是受手头四川石窟及摩崖造像病害及其治理方面资料的限制，迟迟未能动笔。随着前述研究工作的逐渐结束和近年来四川石窟及摩崖造像病害及其治理方面资料的搜集，特别是几位合作者的鼎力相助，终于启动了四川石窟及摩崖造像病害与治理工程实践一书的编写。

　　绝大多数四川石窟及摩崖造像全国重点文物保护单位，凿造于侏罗系、白垩系砂、泥岩红层中的江河岸坡、沟谷坡体崖面和孤立近孤立岩体周壁上，侏罗系、白垩系砂、泥岩红层中的江河岸坡、沟谷坡体崖面和孤立近孤立岩体周壁成就了四川石窟及摩崖造像，但也给四川石窟及摩崖造像病害的形成埋下了伏笔；四川盆地独特的环境条件特别是中亚热带温润多雨气候更给四川石窟及摩崖造像病害的形成起到了推波助澜的作用；石窟及摩崖造像病害形成机理、针对性强的病害治理方案，决定石窟及摩崖造像病害治理的成功与否。因此，研究四川石窟及摩崖造像形成的地层岩石与环境条件及其对造像病害产生的影响，总结四川石窟及摩崖造像病害形成机理及病害治理工程经验与教训，则成为本书的主要内容。

　　中国文物研究所、中铁西南科学研究院有限公司（原铁道部铁道科学研究院西南研究所、铁道部铁道科学研究院西南分院）、中铁西北科学研究院有限公司（原铁道部铁道科学研究院西北研究所、铁道部铁道科学研究院西北分院）、中国地质大学工程学院土木工程系、辽宁有色勘察研究院（原辽宁有色一零一勘测工程公司）、西安文物保护修复中心、四川文物考古文物考古研究院（原四川文物考古研究所）、成都博物院成都市文物考古研究所（原成都市文物考古研究所）、四川园冶古建园林设计研究有限公司、成都市宏泰建筑有限责任公司、成都市屹华建筑有限责任公司、成都新方圆环境营造有限、重庆大足县晟煌建筑工程有限公司、四川锦华古建筑工程有限公司、四川开禧古建筑园林工程有限公司等单位，在四川石窟及摩崖造像病害研究特别是病害治理工程勘察、设计和施工方面，开展了长期不懈的工作；来自全国各地的文物、建筑方面的专家，为四川"5·12"汶川地震震后文物抢险加固工程方案的确定，付出了大量的精力。本书"四川石窟及摩崖造像病害治理工程实践"篇，凝聚了他们的成果和经验。在此，向他们致以崇高的敬意和衷心的感谢。

由于成书匆忙和水平所限，遗漏在所难免，敬请同行多提宝贵意见。

作 者

2016 年 12 月于成都

目　录

第 2 篇　四川石窟及摩崖造像的地质及环境条件

第3篇　四川石窟及摩崖造像病害类型、环境地质原因及病害成因

第 4 篇　石窟及摩崖造像病害治理研究

第 5 篇　四川石窟及摩崖造像病害治理工程实践

绪　论

　　石窟，最早出现在印度，是在崇山峻岭中幽僻之地开凿的供僧侣遁世隐修的一种佛教建筑形式。早期印度石窟的格局，大抵是以一间方厅为核心，周围是一圈柱子，三面数间方正的"修行"用的小禅室，窟外为柱廊。

　　自佛教进入中国，大抵早期的石窟尚是僧侣遁世隐修的场所，但纵观当今遗存之石窟，供僧侣遁世隐修者已少，浅窟居多，更像是为造像而石窟。

　　石窟造像，指在石窟（包括浅窟）岩石窟壁和石窟外柱廊岩壁上人工凿造的单个或群组佛教造像。

　　摩崖造像，则是在天然崖壁上人工凿造（刮摩或刻划）的单个或群组佛教造像。

　　从北魏（公元 386—534 年）至隋（公元 581—618 年）唐（公元 618—907年），是我国石窟建造的鼎盛时期，尤以唐代为盛，唐代以后逐渐减少。在唐时中国政治、文化、经济的中心——黄河流域建造的甘肃敦煌莫高窟、山西大同云冈石窟、河南洛阳龙门石窟和甘肃天水麦积山石窟，被称为中国的四大石窟。

　　敦煌莫高窟（图 0-1），位于甘肃敦煌市，别称千佛洞，是世界上现存规模最大、内容最丰富的佛教艺术地、第一批全国重点文物保护单位、世界文化遗产，以精美的壁画和塑像闻名于世。现有洞窟 735 个，泥质彩塑 2 415 尊。

图 0-1　敦煌莫高窟石窟造像

　　龙门石窟（图 0-2），位于河南洛阳，始凿于北魏孝文帝年间（公元 493 年），历东魏、西魏、北齐、隋、唐、宋 400 余年，是中国石刻艺术的瑰宝、世界文化遗产、全国重点文物保护单位。密布于伊水东、西两岸峭壁上，南北长达 1 km，现存造像 2 345 窟龛 10 万余尊,其中最大的佛像高达 17.14 m,最小的仅有 2 cm。

图 0-2　龙门石窟

　　云冈石窟（图 0-3），位于山西大同，是中国规模最大的古代石窟群之一、世界闻名石刻艺术宝库之一、全国重点文物保护单位。石窟依山而凿，有造像 252 窟龛 51 000 余尊，代表了公元 5 世纪至 6 世纪中国杰出的佛教石窟艺术。其中的昙曜五窟，布局设计严谨统一，是中国佛教艺术第一个巅峰时期的经典杰作。

图 0-3　云冈石窟

　　麦积山石窟（图 0-4），位于甘肃天水市，是中国四大佛教造像石窟之一、我国著名的大型石窟之一、闻名世界的艺术宝库、全国重点文物保护单位。始凿于后秦（公元 384 年），历经北魏、西魏、北周、隋、唐、五代、宋、元、明、清，历代都有不断开凿和修缮。现存造像 194 龛窟 7 200 余尊。以精美的泥塑艺术闻名中外，有"东方雕塑陈列馆"之称。

　　大足石刻、炳灵寺石窟、克孜尔千佛洞、须弥山石窟、响堂山石窟、龙游石窟，与敦煌莫高窟、龙门石窟、云冈石窟和麦积山石窟一道，并称中国十大石窟。

图 0-4　麦积山石窟

　　大足石刻（图 0-5），位于重庆市大足县，是中国晚期石窟造像艺术的典范、世界石窟艺术历史上的丰碑、世界文化遗产和全国重点文物保护单位。凿于唐末宋初，计有石刻造像群 75 处 10 万余尊，以北山摩崖造像和宝顶山摩崖造像最负盛名，有"东方艺术明珠"和"9 世纪末至 13 世纪中叶石窟艺术陈列馆"之称。与敦煌莫高窟、云冈石窟、龙门石窟、麦积山石窟等中国四大石窟齐名。

图 0-5　大足石刻

　　炳灵寺石窟（图 0-6），位于甘肃省临夏回族自治州永靖县西南约四十千米处的积石山大寺沟西侧的崖壁上，保存有中国石窟及寺院最早的有纪年的墨书题跋，是中国著名石窟寺、世界文化遗产、全国重点文物保护单位。始凿于西晋初年，完工于西秦建弘元年（公元 420 年），上下 4 层。最早称为唐述窟，是羌语"鬼窟"之意，唐时称龙兴寺，宋时称灵岩寺，明朝永乐年后称炳灵寺，"炳灵"为藏语"仙巴炳灵"的简化，是"千佛""十万弥勒佛洲"之意。存有造像 183 窟龛 776 尊，分布在长约 200 m、高 60 m 的崖面上。石窟由位于悬崖高处的唐代"自然大佛"和崖面中段众多中小型窟龛构成。

　　克孜尔千佛洞，位于新疆拜城县克孜尔镇，别称克孜尔石窟（0-7），始建于公元 3 世纪，是中国开凿最早和地理位置最西的大型石窟群、全国重点文物保护单位。

图 0-6　炳灵寺石窟

图 0-7　克孜尔千佛洞

龙游石窟（图 0-8），位于浙江衢州龙游县，是中国古代最高水平的地下人工建筑群之一、世界地下空间开发利用的一大奇观。石窟集人文、艺术、文化、工程技术于一体，被当地人称之为"世界第九大奇迹"。

图 0-8　龙游石窟

响堂山石窟（图 0-9），位于河北邯郸峰峰矿区鼓山，别称响堂寺石窟，是北齐佛教造像艺术的杰出代表、全国重点文物保护单位。现存造像 466 龛窟 5 000余尊。

图 0-9　响堂山石窟

须弥山石窟（图 0-10），位于宁夏固原西北 55 km 寺口子河（古称石门水）北麓的山峰上，全国重点文物保护单位。始建于北魏，西魏、北周、隋、唐、宋、明等朝代继续营造修缮，是自长安西行之路上第一个规模最大的佛寺遗址，被誉为"宁夏敦煌"。现存石窟 150 多龛窟，分布在延绵 2 km 的 8 座山峰上，自南而北依次为大佛楼、子孙宫、圆光寺、相国寺、桃花洞、松树洼、三个窑、黑石沟。

图 0-10　须弥山石窟

著名四川石窟及摩崖造像，如乐山大佛（图 0-11）、巴中南龛摩崖造像之北窟摩崖造像（图 0-12）、安岳卧佛（图 0-13）、安岳圆觉洞摩崖造像（图 0-14）、广元千佛崖摩崖造像（图 0-15）、夹江千佛崖摩崖造像（图 0-16）、浦江飞仙阁摩崖造像（图 0-17）、邛崃石笋山摩崖造像（图 0-18）、广元皇泽寺摩崖造像（图 0-19）等，无不在中国石窟及摩崖造像中占有重要的地位。

图 0-11　乐山大佛

图 0-12　巴中北窟摩崖造像

图 0-13　安岳卧佛〔释迦牟尼涅槃像〕

图 0-14　安岳圆觉洞摩崖造像

图 0-15 广元千佛崖摩崖造像

图 0-16 夹江千佛崖摩崖造像

图 0-17 浦江飞仙阁摩崖造像

图 0-18　邛崃石笋山摩崖造像

图 0-19　广元皇泽寺摩崖造像

　　历经千百年的风雨侵蚀、生物作用，石窟及摩崖造像出现了不同程度的病害，或造像表面彩绘掉色甚至脱落、渗流水、造像模糊、造像脱壳，或造像所在崖体杂草丛生，或造像所在崖体剥壳、崖体稳定性出现问题甚至失稳。所有这些病害，或影响造像观瞻（图 0-20），或危及造像安全（图 0-21、图 0-22）。

图 0-20　乐山大佛佛身因表面渗水杂草丛生清除前后对比

图 0-21　浦江飞仙阁摩崖造像侧部危岩坍塌危及造像安全

图 0-22　梓潼卧龙山千佛崖大门正对造像左侧上部危岩坍塌及残留原位危岩

　　四川是石窟及摩崖造像大省，在 250 处石窟及摩崖造像全国重点保护单位中，四川有 31 处，占 12.4%。因此，四川石窟及摩崖造像病害治理更应在全国起到重要的引领作用。

　　截至目前，四川石窟及摩崖造像病害治理工程包括水害治理工程、危岩加固工程。

　　水害治理工程，包括造像所在崖体周边地表排水工程和造像所在石窟窟檐修复工程。前者已经在石窟及摩崖造像环境改造工程中起到了极为重要的作用，但由于文保界对窟檐形制争论不休，旨在防止降雨对石窟及摩崖造像冲刷的石窟窟檐修复设计、施工目前仍然处在试验阶段。

　　危岩加固工程中采用了危岩锚（索、杆、钉）固、凹腔嵌补、支（墩、柱）撑、岩体裂隙无压灌浆等方法。

　　尽管在石窟及摩崖造像病害治理工程设计中，对造像表面彩绘修复、造像表面防风化有所提及，但鉴于尚缺乏足以证明彩绘修复及造像表面防风化层施

工对造像无影响或影响极小的研究成果，造像表面彩绘修复、造像表面防风化施工基本未予开展。

2016年6月4日，四川省文物考古研究院历经半年编制的国内第一份针对石窟病害的"四川重点石窟总体保护规划"已然完成并发布，标志着四川省新一轮石窟及摩崖造像病害治理工程即将启动。

石窟及摩崖造像病害的产生，与造像所处地层岩石条件、区域气候条件、大气降雨条件甚至人类生产生活及工程活动影响密切相关。为指导四川石窟及摩崖造像病害治理工程勘察设计和施工、提高病害治理工程勘察设计和施工水平、保护四川石窟及摩崖造像艺术瑰宝，本书拟从四川石窟及摩崖造像分布、造像所处地层岩石条件与环境气候条件、造像病害现状、造像病害成因和病害治理工程勘察设计施工实践等方面进行论述，希望对石窟及摩崖造像病害治理有些许帮助。

第 1 篇　四川石窟及摩崖造像

1　四川石窟及摩崖造像特点

1.1　四川石窟及摩崖造像众多

"自佛教从印度传入中国，从新疆到敦煌，从云冈到龙门，一路留下诸多精美绝伦的石窟造像"。"晚唐以降，北方大规模开窟造像活动渐渐衰落。唐宋以后，独巴蜀地区石窟开凿与摩崖造像日益繁盛，绵延不止，且独具蜀地特色，书写了我国晚期石窟史上最辉煌的篇章"[1]。

"四川石窟及摩崖造像相当丰富，全省有 108 个市、县、区都有比较集中的石窟及摩崖造像，除部分造像为南北朝和隋代造像外，其他绝大多数为唐宋造像，明、清造像也有一部分"，"四川石窟及摩崖造像有着明显的地方特征，类似于北方和中原地区先在崖壁上凿洞、然后造洞中造像或开龛造像的石窟造像少，这类造像多在川北地区，造像时间早，多为南北朝至初唐。唐代以后，四川地区多为摩崖造像"，"川北地区受中原文化影响较显，时间略早，数量较多"，"川西、川南、川东地区造像时代比川北地区稍晚"。川北地区以广元皇泽寺摩崖造像，巴中南龛、西龛、北龛、水宁寺摩崖造像和通江千佛崖石窟造像为代表；川南地区以乐山大佛为代表，川西地区重要的石窟及摩崖造像如邛崃石笋山摩崖造像和浦江飞仙阁摩崖造像，川东安岳为四川最为重要的石窟及摩崖造像分布地，石窟及摩崖造像数量多，不乏唐宋时代的精华妙品[2]。

四川石窟及摩崖造像众多，是全国最多的省份之一。据初步统计，四川全省各时期石窟及摩崖造像达 1200 多处，遍及全川 108 个市县（图 1-1）[3]。

1.2　全国重点文物保护单位和省级文物保护单位众多

截至第七批全国重点文物保护单位公布，四川共有 31 处石窟及摩崖造像全国重点文物保护单位。

除上述 31 处全国重点文物保护单位外，尚有 67 处石窟及摩崖造像省级文物保护单位。

表 1-1 和表 1-2 分别是四川地区石窟及摩崖造像 31 处全国重点文物保护单位和 67 处省级文物保护单位统计情况。

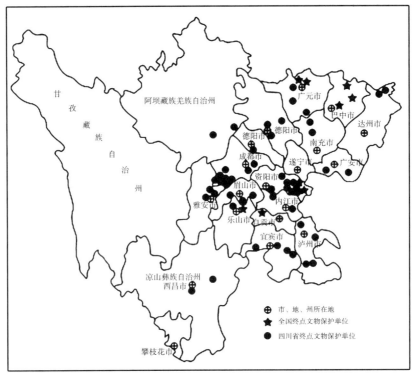

图 1-1 四川石窟及摩崖造像分布图（据韦荃等）

表 1-1 四川地区石窟及摩崖造像国家重点文物保护单位统计表

序号	批号-序号	名称	时代	地址	备注
1	1-043	皇泽寺摩崖造像	唐	广元市	应为南北朝—宋
2	1-044	广元千佛崖摩崖造像	唐、宋	广元市	含观音岩摩崖造像，应为南北朝—明
3	2-012	乐山大佛	唐	乐山市	含灵宝塔
4	3-047	南龛摩崖造像	隋—宋	巴中市	含水宁寺、西龛和北龛摩崖造像
5	3-050	安岳石窟	唐—清	安岳县	含圆觉洞、千佛寨、华严洞、孔雀洞、茗山寺、玄妙观、木门寺、卧佛院摩崖造像
6	5-463	毗卢洞石刻造像	宋	安岳县	
7	6-853	蒲江石窟	南北朝—清	蒲江县	含龙拖湾、飞仙阁摩崖造像
8	6-854	邛崃石窟	唐—宋	邛崃市	含石笋山、磐陀寺和花置寺摩崖造像

续表

序号	批号-序号	名称	时代	地址	备注
9	6-855	博什瓦黑岩画	唐—宋	昭觉县	
10	6-856	荣县大佛石窟	唐	荣县	
11	6-857	夹江千佛岩石窟	唐	夹江县	
12	6-858	通江千佛岩石窟	唐	通江县	
13	6-859	牛角寨石窟	唐	仁寿县	
14	6-860	卧龙山千佛岩石窟	唐	梓潼县	
15	7-1576-4-06 79	北周文王碑及摩崖造像	南北朝—清	龙泉驿区	
16	7-1577-4-07 80	鹤鸣山道教石窟寺及石刻	南北朝—民国	剑阁县	
17	7-1578-4-08 81	眠佛寺摩崖造像	隋—宋	乐至县	
18	7-1579-4-09 82	冲相寺摩崖造像	隋—清	广安区	
19	7-1580-4-00 83	郑山、刘嘴摩崖造像	唐	丹棱县	
20	7-1581-4-01 84	碧水寺摩崖造像	唐	绵阳市	
21	7-1582-4-02 85	禹迹山摩崖造像	唐	南部县	
22	7-1583-4-03 86	半月山摩崖造像	唐	资阳市	
23	7-1584-4-04 87	白乳溪石窟	唐	通江县	
24	7-1585-4-05 88	能仁寺摩崖造像	唐—宋	仁寿县	
25	7-1586-4-016 89	穆日玛尼石经墙	唐—清	石渠县	
26	7-1587-4-07 90	中岩寺摩崖造像	唐—清	青神县	
27	7-1588-4-08 91	大像山摩崖造像	唐—清	阆中市	
28	7-1589-4-09 92	翔龙山摩崖造像	唐—民国	内江市	
29	7-1590-4-00 93	玉蟾山摩崖造像	宋—民国	泸县	
30	7-1591-4-01 94	冒水村摩崖造像	宋—清	仁寿县	
31	7-1592-4-02 95	清凉洞摩崖造像	明	叙永县	

表 1-2　四川石窟及摩崖造像省级文物保护单位

序号	批次	名称	时代	地址
1	1	玉女泉及子云亭道教造像	唐	绵阳市
2		重龙山摩崖造像	唐、五代、宋	资中
3	3	点将台摩崖造像	唐	茂县

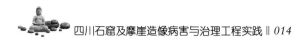

续表

序号	批次	名称	时代	地址
4	3	龙鹄山"松柏之铭"碑及摩崖造像*	唐	丹棱县
5	6	燕子岩摩崖石刻		广安武胜县
6		高升大佛	唐、宋	安岳县
7		苟王寨造像	明	洪雅县
8	8	三佛洞摩崖造像	唐	都江堰市
9		后龙山摩崖造像	唐	荣县
10		荣县二佛	唐	荣县
11		梦仙亭摩崖造像及石刻	明至清	泸州市龙马潭区
12		天仙硐物价石刻	清	泸州市纳溪区
13		延福寺石刻	宋	泸州市泸县
14		北山院摩崖造像及刻经	唐至宋	绵阳市游仙区
15		绵阳圣水寺摩崖造像	唐至清	绵阳市游仙区
16		石堂院石刻题记及摩崖造像	唐至清	绵阳市游仙区
17		金鹏寺摩崖造像	汉、宋	遂宁市大英县
18		大埂子摩崖造像	唐	遂宁市大英县
19		普陀岩摩崖造像	唐至宋	内江市东兴区
20		威远老君山石刻	唐至清	内江市威远县
21		石室观摩崖造像	南北朝至唐	南充市阆中市
22		雷神洞摩崖造像	唐	南充市阆中市
23		牛王洞摩崖造像	唐	南充市阆中市
24		桐桷寨摩崖造像	唐	南充市蓬安县
25		灵官佛尔崖石窟	元、清、民国	南充市仪陇县
26		石凹口观音岩摩崖造像	清至民国	广安市广安区
27		插旗山摩崖造像	唐	广安市武胜县
28		石佛寺摩崖造像	唐	广安市武胜县
29		沿口千佛岩摩崖造像	宋	广安市武胜县
30		浪洋寺摩崖造像	唐	达州市宣汉县
31		梭罗碥摩崖造像	唐	达州市渠县
32		乌桥千佛岩摩崖造像	唐	达州市大竹县

续表

序号	批次	名称	时代	地址
33		佛尔岭石窟	唐	巴中市通江县
34		佛爷河石窟	唐	巴中市通江县
35		巴州龙门山石窟	唐	巴中市巴州区
36		赵巧岩石窟	唐	巴中市通江县
37		佛尔岩塬石窟	唐至宋	巴中市通江县
38		古佛洞摩崖造像	唐至清	巴中市平昌县
39		木关坝观音岩石窟	元	巴中市通江县
40		梭垭梁石窟	元	巴中市通江县
41	8	得汉城摩崖石刻	明至清	巴中市通江县
42		朝阳洞石窟	清	巴中市巴州区
43		佛耳岩石窟	清	巴中市通江县
44		隐身洞摩崖造像	清	巴中市通江县
45		云昙古佛洞石窟	清	巴中市通江县
46		看灯山摩崖造像	唐至明	雅安市名山县
47		陈沟千佛岩摩崖造像	唐	眉山市东坡区
48		老鹰岩摩崖造像	唐	眉山市彭山县
49		长岭山摩崖造像	唐	资阳市简阳市
50		朝阳寺摩崖造像	唐	资阳市简阳市
51		菩萨湾摩崖造像	唐	资阳市安岳县
52		菩萨岩摩崖造像	唐	资阳市雁江区
53		舍身岩摩崖造像	唐	资阳市安岳县
54		石锣沟摩崖造像	唐	资阳市安岳县
55		瓦房沟摩崖造像	唐	资阳市安岳县
56	8	灵游院摩崖造像	五代	资阳市安岳县
57		安岳大佛寺摩崖造像	宋	资阳市安岳县
58		半边寺摩崖造像	宋	资阳市安岳县
59		峰门寺摩崖造像	宋	资阳市安岳县
60		净慧岩摩崖造像	宋	资阳市安岳县
61		简阳奎星阁摩崖造像	宋	资阳市安岳县

序号	批次	名称	时代	地址
62		毗卢沟摩崖造像	宋	资阳市安岳县
63		佛慧洞摩崖造像	宋至明	资阳市安岳县
64		三仙洞摩崖造像	明	资阳市安岳县
65		雁江白佛寺石刻	清	资阳市安岳县
66		佛济寺摩崖造像	清	资阳市安岳县
67		墨尔多山摩崖石刻	唐	孜州丹巴县

注：龙鹄山"松柏之铭"碑及摩崖造像，公布名为"石刻及其他"，考虑其含
    有摩崖造像，本书将其归入"石窟及摩崖造像"。

1.3　四川石窟及摩崖造像分布

1.3.1　沿古蜀交通走向分布

绵阳市的碧水寺摩崖造像、梓潼县的卧龙山千佛岩石窟、剑阁县的鹤鸣山道教石窟寺及石刻和广元市的皇泽寺摩崖造像和千佛崖摩崖造像，分布在古蜀北起今甘肃文县南接梓潼至平武江油的阴平道，北起今陕西沔县过七盘关至广元、经剑门关至武连、梓潼南下达成都的金牛道，和清代改道由成都经德阳、绵阳梓潼、剑门达广元的川陕路驿道上的绵阳、梓潼、剑阁及广元市。

巴中的南龛摩崖造像（含水宁寺、西龛、北龛摩崖造像）、南部县的禹迹山摩崖造像和通江县的白乳溪石窟造像、千佛岩石窟造像，分布在北起汉中南郑翻大小巴山过米苍山到南江巴中沿巴河渠江南下重庆、经南充合川抵江州、经南部三台中江达成都的米仓道上的巴中、南部县和通江县。

蒲江县的浦江石窟（含龙拖湾、飞仙阁摩崖造像）、邛崃市的邛崃石窟（含石笋山、磐陀寺、花置寺摩崖造像），则分布在由成都出发经崇庆、邛州、雅安荥经、黎州泸沽至建昌卫的成都至建昌卫驿道上的浦江、邛州。

龙泉驿区的北周文王碑及摩崖造像、资阳市雁江区的半月山摩崖造像、内江市市中区的翔龙山摩崖造像、泸县的玉蟾山摩崖造像、叙永县的清凉洞摩崖造像，分布于由成都经龙泉驿、资阳、内江至龙桥马驿分路，经泸州永宁至贵州的南路的明代贵州、湖广路驿道上的龙泉驿、资阳、内江、泸县和叙永县。

1.3.2　沿江河岸坡及沟谷崖壁凿造

表1-3为四川31处石窟及摩崖造像具体分布位置情况统计。

表 1-3　四川 31 处石窟及摩崖造像具体分布位置情况统计

序号	石窟及摩崖造像名称	具体分布位置
1	皇泽寺摩崖造像	沿嘉陵江东岸岸坡崖壁
2	广元千佛崖摩崖造像	沿嘉陵江东岸岸坡崖壁
3	乐山大佛	沿大渡河、岷江、青衣江三江汇合处 凌云山临江岸坡崖壁
4	南龛摩崖造像	沿沟谷崖壁
5	安岳石窟	沿沟谷崖壁
6	毗卢洞石刻造像	沿沟谷崖壁
7	蒲江石窟	沿沟谷崖壁
8	邛崃石窟	沿沟谷崖壁
9	博什瓦黑岩画	沿沟谷崖壁
10	荣县大佛石窟	沿山坡坡体崖壁
11	夹江千佛岩石窟	沿青衣江岸坡崖壁
12	通江千佛岩石窟	沿诺江河右岸坡崖壁
13	牛角寨石窟	沿沟谷崖壁
14	卧龙山千佛岩石窟	沿孤立岩体周壁
15	北周文王碑及摩崖造像	沿沟谷崖壁
16	鹤鸣山道教石窟寺及石刻	沿沟谷崖壁
17	睏佛寺摩崖造像	沿沟谷崖壁
18	冲相寺摩崖造像	沿沟谷崖壁
19	郑山、刘嘴摩崖造像	沿近孤立岩体周壁
20	碧水寺摩崖造像	沿涪江北岸岸坡崖壁
21	禹迹山摩崖造像	沿山坡坡体崖壁
22	半月山摩崖造像	沿山坡坡体崖壁
23	白乳溪石窟	沿通江河岸坡崖壁
24	能仁寺摩崖造像	沿沟谷崖壁
25	穆日玛尼石经墙	
26	中岩寺摩崖造像	沿岷江东岸岸坡崖壁
27	大像山摩崖造像	沿嘉陵江南岸岸坡崖壁
28	翔龙山摩崖造像	沿沟谷崖壁
29	玉蟾山摩崖造像	沿沟谷崖壁
30	冒水村摩崖造像	沿孤立岩体周壁
31	清凉洞摩崖造像	沿沟谷崖壁

古蜀地山高路险，交通路线多沿江、河走向展布，江河下切、冲刷及侧蚀形成的江河岸坡崖壁，为石窟及摩崖造像的凿造提供了天然条件。因此，四川石窟及摩崖造像相对集中在境内的嘉陵江、岷江、沱江和涪江流域沿江岸坡崖壁上。在四川 31 处四川石窟及摩崖造像全国重点文物保护单位中，9 处沿江河岸坡崖壁分布，占 29.03%。位于岷江、大渡河和青衣江三江汇合处、凌云山临江岸坡上的乐山大佛，位于广元市中区北 5 km 处嘉陵江东岸岸坡崖壁上的广元千佛崖摩崖造像，位于夹江县城西 3 km 处千佛村东青衣江畔高 60 m 长约 1 000 m 岩壁上的夹江千佛岩石窟造像，位于通江县诺江镇千佛村诺江河右岸千佛寺后的通江千佛岩石窟造像及位于青神县城南 9 km 处岷江东岸的中岩寺摩崖造像，即是四川沿江河岸坡崖壁凿造的石窟及摩崖造像的典型代表。

暴流沿构造运动留下的软弱带（断裂带、断层带、节理密集发育带等）侵蚀及流水冲刷、跌水、涡流和重力崩塌作用，形成的大量沟谷崖壁，孤立、近孤立岩体和山坡坡体，同样为石窟及摩崖造像的凿造提供了良好的天然条件。在四川 31 处石窟及摩崖造像全国重点文物保护单位中，沿沟谷崖壁分布者 15 处，占 48.39%；沿孤立（近孤立）岩体周壁分布者各 3 处，占 9.68%；沿山坡坡体崖壁分布者 3 处，占 9.68%。

1.4　造像时代绵远、内容题材广泛、表现技法多样

四川石窟及摩崖造像，其造像年代由魏晋南北朝一直延续到清代，特别是中唐以后至两宋，蜀地政局相对稳定，经济发达，成就了石窟及摩崖造像的发展。

四川石窟及摩崖造像题材广泛，有佛教造像、道教造像、儒家造像、民间诸神造像，但以佛教造像为主，佛教造像约占 80%。佛教造像多为一佛二弟子二菩萨，亦普遍见观音及观音变相造像。

四川石窟及摩崖造像表现技法多样，常见的有圆雕、高浮雕、浅浮雕、镂空雕、线刻等。

2　四川石窟及摩崖造像全国重点文物保护单位简述

2.1　皇泽寺摩崖造像

皇泽寺摩崖造像（图 2-1），位于四川省广元市西嘉陵江的西岸、乌龙山的东麓的皇泽寺内。皇泽寺原名"乌奴寺"，一名"川主庙"，后更名为皇泽寺，隔江与广元城相望。皇泽寺摩崖造像始凿于北魏晚期，历经北周、隋、初唐、盛唐的不断雕凿，至唐中期趋于衰落，持续时间 300 多年。现存的皇泽寺，是

清代修复的。皇泽寺依山取势，参差错落，古朴典雅，绿树红楼，朱栏画栋，其实不凡。现存造像 51 窟龛大小造像 1 203 尊，主要包括中心柱窟、大佛窟、五佛亭石窟和写"心经"洞造像。其中，位于则天殿之上、大佛楼左侧的深 2.76 m、宽 2.6 m 的中心柱窟，为皇泽寺造像年代最早的一处，也是四川地区唯一的中心柱窟。

图 2-1　皇泽寺摩崖造像

2.2　广元千佛崖摩崖造像

广元千佛崖摩崖造像（图 2-2），位于广元市中区工农镇和盘龙镇，包括千佛崖摩崖造像和观音岩摩崖造像，是四川境内规模最宏伟的石窟群。

（千佛崖）　　　　　　　　　　（观音岩）

图 2-2　广元千佛崖摩崖造像

千佛崖摩崖造像，位于广元市中区北 5 km 处的嘉陵江东岸。始建于北魏时期，止于清代。13 层造像龛窟重重叠叠分布在高 52 m、南北长约 500 m 的红色砂岩峭壁上，密如蜂房，原有造像 17 000 余尊。千佛崖造像以大云洞为中心，分为南北两段。南段包括大佛洞、莲花洞、牟尼洞、千佛洞、睡佛龛、多宝佛窟、如意轮观音等，北段包括有三世佛窟、无忧花树佛、弥勒佛窟、三身佛龛、菩提像窟、卢舍那佛龛和清代的藏佛洞等。1935 年川陕公路施工，致造像二分之一以上被毁。现存龛窟 929 个，造像 7 000 余尊。

观音岩摩崖造像，位于广元市城南 15 km 处的盘龙镇新民村嘉陵江东岸的崖壁上。造像凿于唐天宝年间，分布在长约 300 m 的崖壁上。现存龛窟 129 个 380 余尊造像。南段造像分上、中、下三层，北段造像分布较分散。

2.3 乐山大佛

乐山大佛（图 2-3），坐落在岷江、大渡河和青衣江三江汇流处、凌云山寺前，开凿于河岸层状砂岩崖体上。开工于唐开元元年（公元 713 年），历经玄宗、肃宗、代宗和德宗四帝，完成于贞元十九年（公元 803 年），历时约九十年。大佛为弥勒佛坐像，建成时为九层楼阁——大佛阁覆盖，宋重建十三层名凌云阁，明末阁毁。乐山大佛头与山齐，双手抚膝，临江危坐，左右两侧沿江崖壁上两尊身高超过 16 m 的护法天王石刻，与大佛一起形成了一佛二天王的格局。乐山大佛是中国最大的一尊摩崖石刻造像、世界文化与自然双遗产。

图 2-3 乐山大佛

2.4 南龛摩崖造像

南龛摩崖造像（图 2-4），包括南龛、水宁寺、西龛、北龛。

南龛摩崖造像，位于巴中市巴州区城南 1 km 的化成山上，属隋至宋代佛教造像，以唐代造像为主。始凿于隋，造像分布在云屏石、山门石、千佛岩、大佛洞、佛爷湾一带长约 350 m 的崖壁上，以大佛洞石窟造像最为密集。现存龛窟 176 个，造像 2 438 尊。南龛造像以供养窟为主，佛教故事窟极少，其中有释迦牟尼佛、药师佛、毗卢舍那佛、阿弥陀佛、双首佛、双身佛、鬼子母菩萨、如来佛等；菩萨造像以观音菩萨为最多；余为闻法诸菩萨及八部、天王、力士、伎乐、飞天等护法造像。

　　水宁寺摩崖造像，位于在巴中市城东 37 km 的清江、斯连、花溪三乡交界处，现巴州区清江镇，以唐代造像为主。原有造像 38 龛，现仅有 27 完窟造像 300 余尊，全系佛教造像，主要有释迦说法像、药师三尊变、释迦多宝并坐说法像、五佛、释迦真如舍利塔、观音菩萨等。

　　西龛石窟造像，位于巴中市城西凤谷山西龛村，又称西龛寺，有造像 91 龛窟 2 121 尊，现存 52 龛。系佛教造像，主要有释迦牟尼佛、弥勒佛、阿弥陀佛、七佛、一佛二弟子二菩萨二天王二力士龙神八部、千佛本身故事、西方净土变等。

　　北龛摩崖造像，位于巴中市玉堂街北龛村，有造像 24 龛窟 300 余尊，主要为佛教造像。

（a）南龛　　　　　　　　　　　　　（b）水宁寺

（c）西龛　　　　　　　　　　　　　（d）北龛

图 2-4　南龛摩崖造像

2.5　安岳石窟和毗卢洞摩崖造像

安岳县是目前我国已知的中国古代佛教石窟造像最集中的县，已发现历代石窟造像 218 处（2000 年 5 月普查结果），除前述 9 处全国重点文物保护单位外，安岳县还有省级文物保护单位 19 处（庵堂寺、佛耳岩、高升大佛寺、西禅寺、塔坡、三仙洞、舍身岩、佛慧洞、佛济寺、毗卢洞、净慧岩、封门寺、半边寺、大佛寺、灵游院、石锣沟、菩萨湾、上大佛、木鱼山），市级文物一处——福应山唐代大佛，县级文物保护单位 30 处。在总计 10 万余尊造像中，尤以唐代造像的宏伟和两宋造像的精美著称于世，造像上承云冈、龙门，下启大足石刻。

安岳石窟（图 2-5），位于四川省安岳县境内，包括卧佛院、玄妙观、千佛寨、圆觉洞、华严洞、茗山寺、孔雀洞、木门寺，加上毗卢洞石刻造像 9 处石窟造像。造像始凿于南梁武帝普通二年（公元 521 年），盛于唐宋两代，延续至明清直到民国。造像主要为民间结社造像，以佛教石窟为主，也有部分道教造像，三教合一造像也不在少数。安岳拥有最大的唐代左侧石刻卧佛、中国最精美的观音经变像——毗卢洞北宋紫竹观音、唐代最大的道教石刻群——玄妙观石窟、五代最集中的石窟群——庵堂寺等[4]。

安岳石窟中玄妙观、千佛寨、圆觉洞、华严洞、茗山寺、孔雀洞、木门寺并入第三批全国重点文物保护单位卧佛院摩崖造像，成为安岳石窟；毗卢洞石刻造像为第四批全国重点文物保护单位。

卧佛院摩崖造像，位于四川省安岳县城以北 40 km 的八庙乡卧佛沟，地处安岳、遂宁、乐至三县交界。造像依崖取势，沿东西走向卧佛沟两侧崖壁分布，有造像 139 龛窟，其中佛教造像 84 龛，计 1 613 尊，历唐、五代、北宋 400 余年而成，以佛教禅宗为主，间有密宗造像，题材多达 57 种。以改变了"首北右侧枕手累足而卧"佛教造像仪轨的左侧而卧全长 21.3 m、头长 3 m、肩宽 3.1 m 的头东脚西俗称"卧佛"的释迦牟尼涅槃造像最为出名，卧佛上部有释迦牟尼佛坐像，两侧为诸弟子及天龙八部等半身造像，腹部外侧跪 1 面佛背外弟子，脚部刻力士像 1 尊。盛唐时所建三重佛殿已毁。

圆觉洞摩崖造像，位于安岳县城东南 1 km 的云居山上。南、北崖两个造像区共有造像 103 龛窟 1 933 尊，凿于唐至清，以唐、五代、宋居多，以释迦、净瓶观音、莲花手观音 3 尊 6 m 多高的大像最为壮观，以造有十二圆觉而得名。圆觉洞的"西方三圣"分龛雕刻，有别于其他地方的合龛为一。

千佛寨石窟造像，位于安岳县城西北 2.5 km 的大云山上，因在山顶东西走向狭长型天然岩寨雕造千佛而得名。始凿于唐，盛于宋，南、北两崖共有造像 105 龛窟 3 061 尊，包括释迦牟尼佛、菩萨、罗汉、金刚、力士、护法、飞天、供养人及各种经变。

华严洞石窟造像，位于县城东南 50 km 的石羊镇华严洞村箱盖山上，包括凿于北宋建隆元年（公元 960 年）的华严洞和南宋嘉熙四年（公元 1240 年）的大般若洞两大石窟，有造像 159 尊。华严洞石窟造像，以密宗为主，是释、道、儒同窟造像；大般若洞石窟正壁刻 1 佛 2 菩萨，两廊刻 3 层（下层十八罗汉，中层廿四诸天，上层十童子），正中佛像后壁两龛李耳和孔丘的浮雕塑像，属典型的三教合一同窟造像。

孔雀洞石窟造像，位于县城东南 57 km 的双龙乡孔雀村，属南宋晚期造像，有造像 10 龛窟 75 尊。孔雀洞石窟主尊——头戴化佛冠四臂佛母孔雀明王，结跏趺坐于孔雀背上，左边第一手持莲花，左边第二手持吉祥果，右边第一手举于胸前，手指已残，左右侍立二天王，后壁墙上雕饰供养天人及帝释天大战阿修罗。

茗山寺摩崖造像，位于安岳县城东南 60 km 的顶新乡民乐村虎头山上，因山势形似虎头，又名虎头寺。有造像 13 龛窟 94 尊，其中毗卢佛、观音和大势至菩萨，为北宋石刻造像精品。

玄妙观石窟造像，位于县城西北 20 km 的鸳大镇玄庙村集圣山上。凿于唐开元六年至天宝七年（公元 718—748 年）。有造像 79 龛窟 1293 尊，以道教石窟造像为主，其次是佛道合龛造像。原有七重大殿已毁。

毗卢洞摩崖造像，位于安岳县城东 50 km 的石羊镇油坪村西南塔子山上，凿于五代后晋天福年间（公元 936—944 年），之后历代都进行过培修、补刻。现存造像 20 龛窟 465 尊，以柳本尊"十炼"修行图、幽居洞和观音堂中高 3 m 俗称紫竹观音的水月观音最为精美。

木门寺石窟造像，位于安岳县城以北 20 km 的八庙乡石鼓片区清凉山麓，始建于明代永乐年间。

（a）卧佛院释迦牟尼涅槃造像

（b）圆觉洞

（c）千佛寨

（d）华严三圣

（e）孔雀洞石窟造像

（f）木门寺石窟造像

（g）玄妙观石窟造像

（h）茗山寺石窟造像

（i）毗卢洞摩崖造像

图 2-5　安岳石窟和毗卢洞摩崖造像

2.6　蒲江石窟

蒲江石窟（图 2-6），位于四川省蒲江县西南 10 km 处的朝阳湖镇和鹤山镇蒲砚村。包括飞仙阁摩崖造像、龙拖湾摩崖造像，共有龛窟 127 个造像 1 245 尊。现存 87 龛，其中唐代 68 龛、五代 1 龛、宋代 7 龛、明代 1 龛、清代 10 龛。

飞仙阁摩崖造像，位于成都市浦江县西南 13 km 处的朝阳湖镇仙阁村，属唐、清时代石窟摩崖造像。其中唐代造像 64 龛窟 491 尊、五代造像 17 龛窟 256 尊、清代造像 11 龛窟 30 尊。

龙拖湾摩崖造像，位于成都市蒲江县鹤山镇蒲砚村，属南北朝至清代石窟造像，主要分布在龙拖湾、庵子岩、土地嘴、石马庵四处。共有造像 35 龛窟 468 尊。

（a）飞仙阁摩崖造像　　　　　　　　（b）龙拖湾摩崖造像

图 2-6　蒲江石窟

2.7　邛崃石窟

邛崃石窟（图 2-7），位于成都市邛崃市大同镇和临邛镇，包括石笋山摩崖造像、磐陀寺摩崖造像和花置寺摩崖造像。

石笋山摩崖造像，位于邛崃市大同镇景沟村，造像始凿于唐大历二年（公元 767 年），造像分布在高约 30 ~ 50 m、长约 130 m 的悬岩上，现存造像 33 龛窟 739 尊，造像以佛传故事、净土变、释迦、无量诸佛、天王、力士、飞天、舞乐等为主。磐陀寺摩崖造像，位于邛崃市临邛镇盘陀村，造像始凿于唐元和十五年（公元 820 年），磐陀寺原名开元寺，因寺前如磐大石改磐陀寺，有造像 4 龛窟 1 099 尊，以西方三圣、千佛龛、西方净土变、密宗造像等为主。花置寺摩崖造像，位于邛崃市区西北约 5 前民的临邛镇柏树村花石山上，始凿于唐贞元十四年（公元 798 年），现存造像 10 龛窟 2 019 尊，其中的 1 号龛无量寿佛立像，为唐代摩崖造像中罕见的精品。

（a）石笋山摩崖造像

（b）磐陀寺摩崖造像　　　　　　　　　（c）花置寺摩崖造像

图 2-7　邛崃石窟

2.8　博什瓦黑岩画

博什瓦黑，彝语音译，意为岩石上的龙蛇。博什瓦黑岩画（图 2-8），位于凉山州昭觉县碗厂乡团结村博什瓦黑的南坡上，东距昭觉县城 63 km，西离西昌市区 46 km，岩画掩映在松树林和杜鹃林中。画面面积 440 m²，画像阴刻在 16 块天然巨大的岩壁上，计 19 组 70 余幅，最大的一块面积 198 m²。岩画分南、西、北三个区。南区位于博什瓦黑山坡中下部，近邻博什瓦黑河的北岸，是整个岩画的主区，计有 8 块画像崖壁，主要画像为涅槃像，是博什瓦黑岩画的中心区；西区位于南区的西侧，计有 5 块画像崖壁，画像主要为明王、供养人、菩萨等；北区位于山顶，计有 3 块画像崖壁，主要画像为南诏王出行图。

2.9　荣县大佛石窟

荣县大佛石窟（图 2-9），坐落在四川省荣县城郊旭阳镇东南的大佛山（亦称真如岩）半山之上，大佛坐南向北，始凿于宋神宗元丰八年（公元 1085 年），成于元祐七年（公元 1092 年）。佛身通高 36.67 m，头长 8.76 m，肩宽 12.67 m，膝高 12 m，脚宽 3.5 m。大佛所在庙宇，唐时称开化寺，后称大佛禅寺；宋代重修，明末清初毁于兵火，清嘉庆年间重建，后时有修缮和扩建。荣县大佛是世界第一大释迦牟尼佛（现世佛），是国内高度仅次于乐山弥勒大佛（未来佛）的第二大石刻大佛。

图 2-8　博什瓦黑岩画

图 2-9　荣县大佛石窟

2.10　夹江千佛岩

夹江千佛岩石窟（图 2-10），位于四川省乐山市夹江县城西 3 km 青衣江畔的千佛村东，地理位置为东经 103°32′26″，北纬 29°45′12″。石窟造像凿于高 60 m、长约 1 000 m 的青衣江北岸的沿江崖壁上，始凿于隋，兴盛于唐，延及明、清。原有佛龛 270 个 4 000 多尊造像，现存计有造像 162 龛窟 2 476 尊，主要有净土变、观音龛、地藏龛、说法庄严龛、毗沙门天王龛、一佛二菩萨等。

图 2-10　夹江千佛岩石窟

2.11　通江千佛岩

通江千佛岩石窟（图 2-11），位于四川省通江县诺江镇千佛村诺江河右岸千佛寺后，石窟始凿于唐龙朔三年（公元 663 年），终于唐开元七年（公元 719 年），前后历时 56 年。共有造像 54 龛，造像 3 000 余尊。分布在高 10 m、宽 53 m 的砂岩正面和左侧崖壁上。正面 28 龛，盛唐雕造；左侧 26 龛，初唐雕造。整个造像群由净土变、天龙八部、说法图、七级佛塔、千佛屏等龛组成，主要有释迦牟尼、观世音、大势至、四佛、三世佛、药师佛、护法力士、供养人、乐伎等。

清末民初建有双重檐巴壁式面阔五间进深一间穿斗式木结构青瓦屋面四角微翘的保护性建筑遮盖，后毁。

图 2-11　通江千佛岩石窟

2.12　牛角寨石窟

牛角寨石窟（图 2-12），位于四川省仁寿县高家镇鹰头村（现称英头村），俗称高家大佛，造像凿于盛唐至宋代。有龛窟 101 龛造像 2 480 尊，已编号建档 101 龛，1 519 尊。其中佛教造像 95 龛窟 1 395 尊，道教造像 6 龛窟 124 尊。保存完好和基本完好的有 21 龛，部分残缺、剥蚀的有 39 龛，严重剥蚀的有 28 龛，

（a）大佛龛　　　　　　　　　　　（b）并列真人群像龛

（c）大佛龛　　　　　　　（d）观无量寿佛经变龛

图 2-12　牛角寨石窟

尚有 13 龛为泥土所埋，以维摩诘经变龛、观无量寿佛经变龛、弥勒大佛龛、佛道合一群像窟、三清龛、并列真人群像龛和罗汉龛等为代表。是第六批全国重点文物保护单位。

2.13　卧龙山千佛岩石窟

卧龙山千佛岩石窟（图 2-13），位于四川省梓潼县城西 15 km 的卧龙山上的诸葛古庙内，因原有造像 1 189 躯，故名千佛岩，属唐代石窟寺及石刻造像。卧龙山千佛岩石窟造像始凿于唐贞观八年（公元 634 年），开凿在长 5.5 m、宽 5.2 m、高 3.2 m 的岩墩四壁上。东、西、北面各一大龛，南面为 1 000 单龛，共计有造像 1 003 龛窟，现存造像 138 尊。东龛属为弥勒佛龛，唐中期造像，窟高 2.25 m、宽 2.5 m、深 2.2 m，龛内有一佛、二菩萨、二弟子、二供养人、二力士造像 9 尊，佛高 1.3 m，二菩萨分立两侧，二弟子、二力士守护在龛门两侧，龛外两侧原刻有 140 尊小佛，现存 68 尊，龛顶刻浅浮雕天龙八部。西龛为唐贞观八年（公元 634 年）凿造的西方三圣龛，窟高 2.2 m、宽 2.23 m、深 1.8 m，共有造像 52 尊，正中为阿弥陀佛，龛左、右分别刻有高浮雕的 26 闻法菩萨，合为 52 数。北龛窟为释迦牟尼龛，高 2 m、宽 1.9 m、深 0.9 m，共有造像 9 尊，为一佛、二菩萨、二弟子、二供养人、二力士；主佛雕释迦牟尼，坐高 0.95 m，左右为文殊、普贤菩萨，合称"华严三圣"；释迦牟尼左手置膝，右手施法印，结跏趺坐莲台上，台下鬼力士手撑背抬，龇牙咧嘴；文殊、普贤头戴宝冠，高髻，胸饰璎珞，赤足站立莲台上；龛顶刻浅浮雕天龙八部。

现存大殿（图 2-13 左侧照片左侧所示）为原有大殿火灾损毁后于清末依石龛修建的歇山式木构庙宇。

图 2-13　卧龙山千佛岩石窟

2.14　北周文王碑及摩崖造像

北周文王碑及摩崖造像（图 2-14），位于四川省成都市龙泉驿区山泉镇大佛村，第七批全国重点文物保护单位。北周文王碑立于北周闵帝元年（公元 557 年），碑高 2.24 m，宽 1.25 m。碑额为 5 行，共 56 字，楷书阳刻；碑文共 40 行 1400 余字，楷书阴刻；碑帽浮雕为朱雀和 4 尊小佛像。在北周文王同一巨石上，有摩崖造像十余龛，后代碑刻数处，多为唐及五代作品，少数为宋至清朝作品。

图 2-14　北周文王碑及摩崖造像

2.15　鹤鸣山道教石窟寺及石刻

鹤鸣山道教石窟寺及石刻（图 2-15），位于剑阁县老县城东南，第七批全国重点文物保护单位。造像凿于南北朝—民国，有造像 21 龛窟 80 尊。"长生保命天尊像"、"七星纹图"、"六丁六甲图像"、"太极演示图"、"天龙八部图"等造像，精美且内涵丰富，形成了中国本土道教造像艺术自身独有的特征，是我国唐代道教造像的代表作，反映了道教与佛教造像相互吸收、相互借鉴、相互融合的特点。

图 2-15　鹤鸣山道教石窟寺石刻造像

2.16　睏佛寺摩崖造像

　　睏佛寺摩崖造像（图 2-16），位于资阳市乐至县城东南部、距县城 22 km 的回澜镇。

　　睏佛寺摩崖造像历史悠久，始凿于隋代，盛于唐宋，到了明清时继有装彩。

　　睏佛寺摩崖造像，分布在长 200 余米、高 10 余米的山崖上，共有大小造像龛窟 33 个 1 000 余尊，造像内容丰富，有释迦涅槃图、说法图、千佛、观音、地藏、菩提瑞像、佛道合龛等，尤以北宋卧佛最为著名。

　　睏佛系释迦涅槃图，雕刻于北宋年间，距地面高 0.6 m，依崖刻成。整个睏佛所在的第 5 号龛长 11.8 m，高 2.6 m，深 0.7 m，睏佛身长 10.5 m，头长 2.1 m，肩宽 2.1 m，属大型全身石刻像。睏佛头戴螺髻，鼻梁略高，脸部浑圆，双眸微合，嘴唇轻闭，面容安详端庄，神态怡然，表现出释迦牟尼涅槃时大度超然的神情；佛身披着袈裟，袒胸赤脚，左手置腹上，右手微曲，手指放在胸前，通体服饰线条流畅；睏佛四周雕刻有顶礼膜拜弟子 20 尊，弟子作哀戚状，表现出悲伤、忧郁之情；同时，龛楣上还对刻有二飞天，虽然面目风化，但依稀可见韶华斐然的飞天模样，衣带飘逸，披肩缠臂，轻盈自然，潇洒柔美的风韵犹存。

图 2-16　睏佛寺摩崖造像

2.17　冲相寺摩崖造像

冲相寺摩崖造像（图 2-17），又称"定光崖石刻"，位于广安市肖溪镇。定光崖长 100 余米，最高处达 22 m。冲相寺摩崖造像计有四层，有大小佛像百余尊，上层正中为定光佛，又称"太阳菩萨"。此外，尚有"七级浮屠"石刻。

图 2-17　冲相寺摩崖造像

2.18　郑山、刘嘴摩崖造像

郑山、刘嘴摩崖造像（图 2-18），位于眉山市丹棱县双桥镇黄金村 8 组。现存造像 152 龛窟 3 100 尊，其中郑山造像 68 龛窟 700 余尊，刘嘴 84 龛窟 2 393 尊。

图 2-18　郑山、刘嘴摩崖造像

2.19　碧水寺摩崖造像

碧水寺摩崖造像（图 2-19），位于绵阳市市中心碧水寺大殿内后侧崖壁上，有造像 18 龛窟、圆雕石刻观音立像 1 尊。摩崖造像为深浮雕，大的造像每龛两米见方，小的造像高不盈尺。刻像多的几十尊，少的仅一尊。最有代表性的为五十一菩萨图。人物为深浮雕，紫竹等饰物镂空雕。主佛座于莲台上，侍者、菩萨 6 层分布，或坐或立，形神兼备，雕刻精细，有施金彩绘痕迹。"碧水寺五十一菩萨图与龙门石窟五十一菩萨图构图，雕刻手法相近，但是，比龙门五十一菩萨图保护完好，是不可多得的艺术精品"。

图 2-19　碧水寺摩崖造像

2.20　禹迹山摩崖造像

禹迹山摩崖造像（图 2-20），又名禹迹山大佛，位于南部县县城东 16 km 的碑院镇大佛村，是四川省海拔高度最高的石刻立佛。大佛刻凿在海拔 667 m 的禹迹山腰，背岩而立，面南稍偏西。佛高 18 m，腰宽 6.1 m，下肢宽 5.2 m，脚掌长宽均 1.3 m。面颊丰腴，两耳齐肩，面容端庄，双目微启平视，表情于静穆威肃中寓慈祥。头饰螺髻，袒胸束腰，左手平举与胸齐，掌心向上，右手施"说法印"状。内着僧衣，薄而贴体，外为袈裟罩体，僧衣末端略显飘逸，袖长过膝。大佛头部与下肢皆镂空圆雕，仅腰背与山石相连。佛像雕凿造型严谨，唯头部稍大，远视略有比例不适之感，但近视则不失其古朴自然之神韵。大佛脚后石缝有山泉流出，汇而为池，清澈见底。造像虽无题刻稽考，但就其雕刻艺术手法和造型风格特征应为唐末宋初所刻。

图 2-20　禹迹山摩崖造像

2.21 半月山摩崖造像

半月山摩崖造像（图 2-21），位于资阳市雁江区碑记镇，因坐落于山形似下弦月的半月山而得名，以半月山大佛出名。大佛端坐于长方形石龛中，坐南朝北，身高 22.24 m，胸宽 11.2 m。始建于唐太宗贞观十七年（公元 643 年），至宋高宗绍兴元年（公元 1131 年），川南居士梅修率石刻大师周义等人，为巨佛开凿眉目，直至完全竣工。大佛的建成历时 484 年。

图 2-21　半月山摩崖造像

2.22 白乳溪石窟

白乳溪石窟（图 2-22），位于巴中市通江县东山乡枸花坪村通江河左岸一级台地古荔枝道旁岸坡崖壁上。开凿于唐开元二十一年（公元 733 年）至大宋元祐五年（公元 1090 年）。现存龛窟 23 个，造像 151 尊，碑刻 3 通，线刻经幢 1 个，题记 4 幅，分布在四块锥形白色砂岩石上，面积约 33.23 m²。龛窟形式有单层圆形龛、双层方形龛、外方内屋形龛等。石窟装饰华丽，雕刻艺术精湛，是融宗教、彩绘、建筑、雕刻、音乐、服饰为一体的盛唐时期石窟佳作。

图 2-22　白乳溪石窟

　　白乳溪石窟分 A、B、C、D 四区，呈三角形布局。A 区四面开龛，共有 17（龛）窟，题记 4 幅；B 区 2 龛，碑刻 3 通，经幢 1 个；C 区 3 龛；D 区 1 龛。造像题材有佛、菩萨、天龙八部、力士、天王、供养人、乐伎等。造像中最具特色的 A 区西方净土变龛，从整个布局到雕刻工艺在全国范围屈指可数，龛内主尊身着通肩衣，顶华盖，跏趺坐于龛中央带茎莲台上，两侧有接引菩萨及众菩萨围绕，手势、坐姿各异，造型生动，满目仙山琼阁，上刻飞天，下刻荷花、菩提树。

2.23　能仁寺摩崖造像

　　能仁寺摩崖造像（图 2-23），位于四川省眉山市仁寿县城东 45 km 处的中农乡能仁村 9 组村民叶超文的屋后岩壁之上。相传，这里原有能仁寺，自唐以来，相继建庙堂、僧侣居室及加工作坊等建筑，连绵一里有余。在寺后两侧岩壁，有摩崖造像一百多龛，约完成于唐宋时期。能仁寺摩崖造像，现存造像 28 龛窟 270 多尊，大部分保存完好，分布在原能仁寺罗汉堂右侧长 29 m、高 6 m 的山壁之上。其中大佛 3 龛，均为主像，结跏趺坐须弥座上，头作小螺髻，大耳垂肩，面部圆润，双目微睁，鼻正直，颈有蚕纹，或着圆领袈裟，或着袒右肩式袈裟，衣褶少而粗，褶纹线条阴刻，或直式或阶梯式。

图 2-23　能仁寺摩崖造像

2.24　穆日玛尼石经墙

　　穆日玛尼石经墙（图 2-24），位于四川省甘孜藏族自治州石渠县。穆日玛尼石经墙，始建于公元 11 世纪岭·格萨尔时期，始称奔琼玉喀玛尼。在长期的时代变迁中，经过了多次的兴盛、破坏、维修和发展。直到 18 世纪，观世音菩萨的化身——第一世穆日仁波切、怙主仁增将措发大愿维修、扩建石经墙。因仰慕穆日仁波切，此后石经墙被人们恭称为穆日玛尼。后来经过三代穆日仁波切的努力，穆日玛尼规模不断宏大，成为当时世界上历史最悠久、规模最大的玛尼墙之一。墙中刻有大藏经《甘珠尔》《解脱经》《阿弥陀佛经》《贤劫经》《般若八千诵》《白莲花经》《金刚经》《心经》《长寿经》和《普贤行愿品》等许多经函，以及六字真言无数。

图 2-24　穆日玛尼石经墙

2.25　中岩寺摩崖造像

中岩寺，位于青神县城南 9 km 处的岷江东岸，隔江与思蒙水口相对。中岩本为三岩，由上岩、中岩、下岩三部分组成，统称中岩。中岩寺摩崖造像（图 2-25）是四川省内较为早期的佛教造像石刻群，现尚存唐、宋、明、清历代遗留的造像 48 龛窟 2 492 尊，其中以唐代造型居多。

图 2-25　中岩寺摩崖造像

2.26　大像山摩崖造像

大像山摩崖造像（图 2-26），位于四川省阆中市。大佛凿于唐代开元至元和年间（公元 71—820 年），通高 9.88 m，为弥勒佛坐像，刀法简洁流畅，衣褶为阳纹；佛身后有镌工精湛的 10 cm 高小佛三千余尊。大佛所在龛窟西侧有力士像两尊，东侧有观音像两龛。

图 2-26　大像山摩崖造像

2.27　翔龙山摩崖造像

翔龙山摩崖造像（图 2-27），位于四川内江市中区翔龙路 3 号。翔龙山摩崖造像现存造像 61 龛窟 368 尊，高者达 8 m，小者仅数厘米。翔龙山摩崖造像始凿于唐代，盛于宋，延至明清。此山因明代进士、盐运史王三锡书刻："翔龙山"而得名。

图 2-27　翔龙山摩崖造像

2.28　玉蟾山摩崖造像

玉蟾山摩崖造像（图 2-28），位于泸县县城东南 1 km 的玉蟾山上。造像始凿于晚唐，大多数凿刻于明代永乐至天启年间，少数雕刻于清代。以千手观音为核心的玉蟾山摩崖造像群，现存 400 余尊，大者盈丈，下不满尺，其中"千手观音"、"九龙浴太子"、"悟道图"、"刘海戏蟾"和"十八罗汉飘海"等，堪称摩崖造像精品。

图 2-28　玉蟾山摩崖造像

2.29　冒水村摩崖造像

　　冒水村摩崖造像（图 2-29），因地处大佛沟，又叫大佛沟摩崖造像，位于四川省眉山市仁寿县虞丞乡冒水村三组。造像镌刻在一块大石包上。有造像 6 龛窟 22 尊，造像凿于宋淳熙十一年（公元 1184）至清宣统二年（公元 1910）间。

图 2-29　冒水村摩崖造像

2.30　清凉洞摩崖造像

　　清凉洞摩崖造像（图 2-30），位于叙永县马岭镇平青村。造像错落有致地分布在长 50 m、高约 4～5 m、距地面 1 m 的天然半环形红色砂岩崖壁上。由东至西共造像 42 龛窟，均为拱形龛窟，横向排列。42 龛窟内有造像 222 尊。29～31 号为主龛，3 尊座式佛像，龛高 2.5 m、宽 1.55 m、深 0.4 m；佛像高 1.3 m、肩宽 0.6 m。17 号为最小龛，高 0.1 m、宽 0.07 m；造像均为深浮雕。洞下方有山门，坐北向南。山门墙高 6 m、长 9.3 m、宽 0.7 m。门高 1.95 m、宽 1.15 m。摩崖造像群开凿年代久远，规模宏大，雕刻精美，线条流畅，造型生动，为川南罕见的大型石窟雕刻，是价值极高的摩崖造像群。

图 2-30　清凉洞摩崖造像

3　四川石窟及摩崖造像部分省级文物保护单位简述

3.1　浪洋寺摩崖造像

浪洋寺摩崖造像（图 3-1），位于四川省宣汉县马渡乡。

图 3-1　浪洋寺摩崖造像

浪洋寺摩崖造像共 23 龛 145 尊，造像面积 83.64 m²，分布在长 9.2 m、宽 4.1 m、高 2.2 m 的大青石四周。其中正面共 9 龛，以 2、3 号龛最具代表性。

2 号龛长 4 m、宽 2 m、深 0.8 m，一佛二弟子二菩萨二力士，主尊结跏趺坐于须弥座之上，高 1.6 m，肩宽 0.8 m。

3 号龛内呈平顶，长 1.2 m、宽 0.9 m、深 0.8 m，造像 5 尊，佛高 0.7 m，高肉髻，主尊结跏趺坐于莲花上。摩崖造像碑文题记年代为唐咸通十二年（公元 871 年）、宋雍熙四年（公元 987 年）。

3.2　玉女泉及子云亭道教造像

玉女泉及子云亭道教造像（图 3-2），位于绵阳市西郊西山，分布在玉女泉和子云亭两处石壁上，是四川现存最早的道教造像，现存 25 龛。

玉女泉周围石壁上有 20 龛，大像高近 1 m，小像仅 0.26 m，麒麟、怪兽、奇鸟等或侧立、或斜卧、或正蹲、或俯踞。

子云亭下仅一龛，内刻天尊、老君并坐像，旁刻仙人、供养人等，现存 85 尊，是该处规模最大的一龛。

图 3-2　玉女泉及子云亭道教造像

3.3　重龙山摩崖造像

重龙山摩崖造像（图 3-3），又称北岩造像，位于资中县城东北 1 km 的重龙山北坡。

造像分古北岩、君子泉两处，造像共 172 龛 1 713 尊（其中中唐 27 龛、晚唐 98 龛、五代 31 龛、宋 15 龛、清 1 龛），始凿于唐建中四年（公元 783 年）至咸通二年（公元 861 年），造像以观音、地藏、药师佛和净土信仰一类题材为多。

君子泉处崖壁凹腹，长 88 m，高、深 15 m，造像 127 龛 1 222 尊；古北岩处长 67 m，造像 45 龛 491 尊。

图 3-3　重龙山摩崖造像

3.4　点将台摩崖造像

点将台摩崖造像（图 3-4），位于四川茂县叠溪镇校场坝小学内。点将台为一天然平顶状若椭圆形巨石，相传为女将樊梨花点兵操练之处，故俗"点将台"。造像分布在"点将台"正面及右侧的中部，为当地官吏于唐太宗贞观四年（公元 630 年）捐资凿刻的佛教造像，总计 22 龛 76 尊造像。龛为三层排列，上下对缝错位，大小不等，大者高 1 m，小者尺余。龛为内外两层，外呈方形，内为圆顶形。各龛造像不一，既有一佛二弟子二菩萨二力士七尊造像，又有释迦与药王、观音等二佛像或单身像。人物有释迦、弥勒、药师、观世音、文殊、普贤、贺叶、阿难、力士、飞天、供养人等，以释迦、观世音像为主。

图 3-4　点将台摩崖造像

3.5　高升大佛

高升大佛（图 3-5），位于安岳县城东南 30 km 高升乡天佛村和灯坡村境内云龙山上的大佛寺内。岩壁上有北宋雕刻的全高 4 m 的"华严三圣""三尊大佛，佛后壁有三十余尊闻法菩萨小像，大佛的两侧为身高 3.2 m 的金刚站像。

图 3-5　高升大佛

3.6　苟王寨摩崖造像

苟王寨摩崖造像（图 3-6），位于距洪雅县城 20 km 的将军乡拳石村。造像分布在高 15 m、进深 7～8 m、总长 2 000 余米、沿天然石廊修建的抗元城寨内崖壁中段 800 m 范围内。

造像分三殿造 30 龛 94 尊，三殿为大佛殿、二佛殿和三佛殿。大佛殿 21 龛 58 尊，主像观音高 2.7 m，赤脚立莲台上，主像观音右侧上下造罗汉 18 躯，左上为燃灯佛，左中释迦悟道，左下三世佛、三身佛、孔雀明王、马鸣王、牛王诸菩萨；二佛殿造三佛 1 龛 3 尊；三佛殿主龛为三教圣人，孔子、如来、老子，像高 1.2～1.3 m，龛下造中三教、下三教像 33 尊。

造像龛形大都为长方形敞口平顶，龛长 1～2.7 m、高 1～2.1 m、深 0.35 m。造像有三佛、三圣、十八罗汉、观音、真武、文昌、地藏、释迦成道、三教演道、十殿阎君等。

造像龛窟上方伸出的岩石为石窟造像遮风避雨，抗元城寨下为九龙溪峻谷。

图 3-6　苟王寨摩崖造像

3.7　三佛洞摩崖造像

三佛洞摩崖造像，位于距都江堰市约 25 km 的两河乡境内的天国山大庵岗半山。现存 3 窟，窟高 2 m、宽 1.1 m、深 1 m。向南佛龛（第 3 窟）中有石刻造像 150 多尊；第 2 窟造像为阿弥陀三尊，中间是莲台跌坐的阿弥陀佛，左右肋士为观音菩萨和大势至菩萨，两侧莲花上刻 50 余尊神像，分别为罗汉、护法诸天及善才、龙女、金刚。

3.8　后龙山摩崖造像

后龙山摩崖造像（图 3-7），位于荣县同心乡铁矿村二组，为唐代摩崖石刻造像，坐北向南共 3 龛，分别为弥勒坐佛龛、鬼王龛和舍利塔龛。三龛呈等边三角形分布，其中的弥勒坐佛造像通高 6.33 m，头饰螺髻，耳坠大环，双手佩环，于胸前结法印。

图 3-7　后龙山摩崖造像

3.9　荣县二佛

荣县二佛（图 3-8），位于四川省自贡市荣县县城西南隔河相望的金碧崖南端的二佛寺内，为唐代中期开凿的弥勒坐佛。

古时二佛寺依崖而立，崖上有造像上千尊，唐宋时名"浮图崖"，亦称千佛崖，因其上佛像金碧辉煌，又称"金碧崖"。

　　二佛造像所在龛窟呈平顶方形，龛窟高 8.5 m、宽 7.3 m、深 5.7 m；二佛造像高 5.8 m、宽 2.6 m，坐西北面向东南，造形和荣县大佛相仿，不同的是二佛造在平顶龛内，前有庙宇遮护，身后有圆形头光及莲瓣形身光。头光顶部刻有一上一下两尊佛像，沿头光及身光往下，直到金刚座。左右对称浅雕十二尊结跏趺坐的小佛，比大佛更为丰腴。由于经历漫长的岁月，佛像胸部佛金大部脱落，也许由于地质变迁的缘故，佛像的双耳已经断裂。据《荣县县志》记载，在"文化大革命"中，佛像的左眼珠和腹部被人戳坏。现在展现在人们眼前的佛像却看不出一丝被损坏的痕迹，那是被修缮的缘故。

　　二佛左右的龛壁上，有造像 28 小龛窟 120 尊。有多宝释迦、地藏观音、弥勒上生经变等，造像高者 1.1 m，矮者 0.3 m，龛内有龛，大小相间，错落有致，内容丰富。

　　二佛造像所在庙宇，唐、北宋时名"开元寺"，南宋称"净土院"，明又称"广志寺"。清乾隆十八年（公元 1753 年）重建，因沿崖有千佛，取名"千佛寺"，又因二佛坐落在庙内，后人亦称其为二佛寺。

　　现存造像 93 龛。除二佛龛外，崖壁上有 12 龛造像；寺庙早年建有殿堂、禅房、斋房，今存大雄宝殿及两边殿房，为砖木结构单檐硬山式。

图 3-8　荣县二佛

3.10　延福寺石刻

　　延福寺石刻（图 3-9），位于泸县玄滩镇平安村中部山上延福寺（又名福延寺和光前寺）山间岩石崖壁上。有摩崖造像近 900 尊，造像大者盈丈，小者不足尺，刻工精美，风格各异，从左至右排列有序，保存较好。造像以明代造像为主，最大一龛是大佛造像，高约 3.5 m，宽约 1.3 m。观音造像有头 11 个、手 36 只，手中各执法器，身后左中上方密布千手，宛如孔雀开屏，备显壮观。大佛两侧分列菩萨、罗汉等，人物神态各异，庄严凝重，表情生动，线条流畅，比例得当。

图 3-9　延福寺石刻

3.11　绵阳北山院摩崖造像及刻经

绵阳北山院摩崖造像及刻经，位于绵阳市游仙区魏城镇北山北山院内，因有弥勒大佛一尊，又名大佛寺。该院建于唐乾符六年（公元 879 年）。大佛为半身，仅头部就高 4 m、宽 4.5 m。大佛两侧有十八罗汉。殿后石壁摩崖造像也极为壮观。

北山院所在地魏城，历史悠久，西魏建县，唐属绵州，处在四川通往北方的重要驿道金牛道中段。

北山院中殿宇及石刻大佛、大佛两侧十八罗汉及临崖壁而建为摩崖造像遮风挡雨的房屋，在"破四旧"中被毁。

3.12　石堂院石刻题记及摩崖造像

石堂院石刻题记及摩崖造像（图 3-10），位于绵阳市游仙区魏城镇绣山村三社石堂院内。始建于唐代，毁于明末，清康熙年间重建。现存有晚唐时期摩崖造像，以及从唐代至宋、明、清时代的题刻，时间跨度在千年之上，内容繁多，成为绵阳一个独具特色的文物遗存。10 窟摩崖造像集中分布在一块巨石宽 3.1 m、高 1.3 m 的崖面上，但仅 1 龛保存相对完好，其余或风化，或遭人为破坏。

图 3-10　石堂院石刻题记及摩崖造像

3.13 大埔子摩崖造像

大埔子摩崖造像（图 3-11），位于大英县天保镇沙石咀村 3 组一坐东北面向西南的长 10 m、高 3 m 的崖壁上，是唐代天宝九年（公元 750 年）遗留下来的珍贵佛教文化遗产，造像以观音为主。

造像共 4 龛，面积 30 m²。

第一龛宽 1.4 m、高 1.5 m、深 1 m，有佛像 53 尊，部分头部损毁。中间圆雕观音像不知去向，但其背光雕刻依然完好。右边飞天若凌云起舞，直上云天。左边飞天损毁严重，但残存部分依然可见其动态之美。顶上华盖完整无缺，其上彩绘清晰典雅。门前两尊力士，神态庄严，英气逼人，大有降妖除魔之神威。左右两壁佛像星罗棋布，栩栩如生。

第二龛宽 1.8 m、高 2.6 m、深 0.2 m，为三面千手观音，右边千手尚存，左边千手遭损。观音之态雍容华贵，其穿戴有薄衣透体之态。千手观音右下方跪一小童，姿态优美，耐人寻味。

第三龛宽 0.52 m、高 1.3 m、深 0.4 m，为菩提树，保存完整，叶面夸张。

第四龛宽 0.87 m、高 1.6 m、深 0.5 m，为净瓶观音，观音头和手臂皆已损毁，但其形体线条优美流畅，神态栩栩如生，有曹衣出水之美感。

图 3-11　大埔子摩崖造像

3.14 普陀岩摩崖造像

普陀岩摩崖造像（图 3-12），位于内江市东兴区高梁镇清溪村一组的普陀崖一长约 15 m、高约 5 m 的崖壁上，造像多以观音和弥勒佛造像为主，有造像近 20 龛 300 余尊。

图 3-12 普陀岩摩崖造像

3.15 威远老君山石刻

老君山石刻（图 3-13），位于四川省内江市威远县镇西镇老君山上。山西南面崖壁上除四则题诗、三通摩崖碑和三则题字外，有四龛唐宋造像，造像为佛道合龛，保存完好又富有代表性的是太上老君及侍者力士造像。

图 3-13 老君山石刻

3.16 石室观摩崖造像

石室观摩崖造像（图 3-14），位于四川阆中保宁镇沙溪办事处盘龙村六组颉家山山腰一处面北的岩厦内的石壁上，面北呈带状分布。

石室观俗称"风谷洞"，是当地一处历史悠久的道教古迹。岩厦平面略呈半圆形，横宽约 30 m、最高处高度 10 m、最深 10 m，为一天然的可遮蔽风雨的场所。

岩厦内侧的石壁上，分布着多龛摩崖造像和摩崖碑记，碑记居岩厦中部，造像龛窟分列两侧，多数造像和碑记距地面高度为 2 ~ 4 m。现存道教造像 13 龛，摩崖碑记 18 通。石室观造像多为隋唐造像，一定程度上代表了隋唐造像的艺术成就。

图 3-14　石室观摩崖造像

3.17　雷神洞摩崖造像

雷神洞摩崖造像（图 3-15），位于距阆中 22.5 km 的文成镇云台村的烧船山半山腰长 35 m、高 7.5 m 的崖壁上。雷神洞造像计 3 龛窟大小造像 45 尊。

右窟窟宽 3.4 m、龛深 2.8 m、龛高 2.6 m，刻天龙八部。主像一尊，圆形头光，头光上沿有 3 小神像，主像两边各有神像 8 尊，须眉莲花座周围有五小神像；龛后一侧顶上有飞龙。

中窟窟宽 3.2 m、龛深 2.5 m、龛高 2.6 m。窟龛内主像为释迦牟尼佛，佛高 1 m，肩宽 0.6 m，莲花座高 1 m；佛身后有火焰状圆形头光，分内外圈，外圈刻火焰纹，内圈刻齿轮纹；佛螺结发式，眉心露白毫，双目大张、炯炯有神，结跏趺坐于须眉莲花台；佛左右各有高 1.2 m、肩宽 0.3 m 的三造像，为拱手而立的二弟子、二菩萨、二力士。

左为小龛，可以看到四个石刻造像。

图 3-15　雷神洞摩崖造像

3.18　牛王洞摩崖造像

牛王洞摩崖造像（图3-16），位于阆中市东兴乡东南红岭观山东面山腰一崖壁上。造像计有2窟，属唐代造像。

左窟分内外两层，外层为方形，窟高2.7 m、宽2.47 m、深0.95 m；内层为穹顶窟，窟高1.65 m、宽1.33 m、深1.05 m。龛内造像共51尊，主造像通高1.63 m，莲花座高0.7 m。

右窟与左龛类同，外层为方形，窟高1.33 m、宽1.2 m、深0.28 m；内层为穹顶窟，窟高0.86 m、宽0.83 m、深0.7 m。龛内造像共5尊，主造像坐高0.36 m，莲花座高0.38 m。

图3-16　牛王洞摩崖造像

3.19　桐梽寨摩崖造像

桐梽寨摩崖造像（图3-17），位于四川省南充市蓬安县。共有7龛窟大小造像33尊。7窟造像呈南北向一字排列于一坐东向西的高7.5 m、长12 m的山体崖壁上，石窟底距地面高度为3.2 m。

图3-17　桐梽寨摩崖造像

龛 1 为圆拱形龛，宽 1 m、高 1.2 m，内为双观音立像，通高均为 0.9 m，造像画面布局严谨，立体感强，肌体丰满，形神兼备。

龛 2 和龛 7 均为一佛二弟子二菩萨二力士七尊造像。

3.20　灵官佛尔崖石窟

灵官佛尔崖石窟（图 3-18），位于四川省仪陇县二道镇灵官村北山坡寨西尾崖壁上。石窟造像分布在宽 36 m、高 8 m 和宽 40 m、高 5 m 的西南面和东北面崖壁上，造像共 13 龛 52 尊。龛窟为长方形，大小不等。

南侧崖壁上距地面 1.5 m 高的正中主龛为元代石窟，石窟宽 2.9 m、高 3.6 m、深 1.5 m。窟内上部正中左、右菩提树下为释迦佛讲经说法造像，浮钉形高肉髻，内着僧祇支，外着双领下垂式袈裟，善伽跌坐于仰覆莲台上；释迦佛左右站立阿傩、伽叶二弟子和普贤、文殊二胁待菩萨；前面下堂善伽跌坐 10 个菩萨听讲修炼；左右窟口为护法武士，共 17 尊深浮雕人物像；窟口左右上方龛侧壁深、浅浮雕和镂空三重檐斗拱大屋顶建筑。主龛左边有土地、武士等三龛造像，右有一龛菩萨造像。

东侧崖壁上共有 8 龛明代造像，窟龛上侧壁浮雕形如洞穴似的净土建筑。

图 3-18　灵官佛尔崖石窟

3.21　石佛寺摩崖造像

石佛寺摩崖造像，位于四川省广安市武胜县华封乡桃园村一高 3.9 m、长 6.5 m 的崖壁上。有造像 4 龛，大小造像共 71 尊。

1 号龛有深浮雕立佛 1 尊，佛高 2.5 m、宽 0.6 m，头顶螺髻，面部丰满安详，着领长袈裟，线条流畅，比例适度。

2 号龛有小佛弟子 40 尊，造像高 0.2～0.3 m、宽 0.08～0.12 m，为立、坐、杂耍诸态。

3 号龛有一深浮雕观音造像，呈跏跌坐状，造像高 1.45 m、宽 0.6 m，戴冠、颈饰宝珠缨络，体态雍容华贵，两旁各立一侍从，侍从像高 0.8 m、宽 0.35 m。

4 号龛有小立佛 27 尊，佛高 0.2～0.3 m、宽 0.08～0.12 m。

3.22　沿口千佛岩摩崖造像

沿口千佛岩摩崖造像（图 3-19），位于四川省广安市武胜县城嘉陵江边的印山公园内一长约 14.4 m，高约 7.2 m 的崖壁上。

造像凿于北宋嘉祐年间（公元 1056—1063 年）。

龛上方浅浮雕高 3 寸许的小佛像千余遵；中部龛窟中刻释迦，释迦高 2.8 m；文殊、普贤分坐释迦两侧，各高 2.26 m；龛上小飞天生动简练，近似敦煌飞天；龛下方浮雕乐伎一排 4 个；龛两侧刻供养诸菩萨，高 1.5 m。

图 3-19　沿口千佛岩摩崖造像

3.23　梭罗碥摩崖造像

梭罗碥摩崖造像（图 3-20），位于渠县报恩乡一长 7 m、高 2.4 m、面积 16.8 m² 的孤立岩石崖面上。

图 3-20　梭罗碥摩崖造像

梭罗碥摩崖造像计有造像四龛。

1号龛为一菩萨二侍者，主尊为观音，侧立善财和龙女。

2号龛为一佛二侍者二武士，主尊释迦结跏趺坐于莲花台上，两侧各一侍者，龛沿各刻一武士像。

3号龛为一菩萨二侍者，主尊为六手观音，坐于金刚座上，六手持仙桃、月亮、太阳、青蛇、宝剑，两侧各一侍从。

4号龛为两菩萨像，削发秃顶，身着袈裟，盘腿席地而坐。

3.24　乌桥千佛岩摩崖造像

乌桥千佛岩摩崖造像（图3-21），位于四川省达州市大竹县柏家乡乌桥村。

乌桥千佛岩摩崖造像计有造像6龛61尊，分布在长6 m、高3 m、距地面高约1 m的崖壁上，面积18 m²。

2号龛为双层龛，外龛为平顶方形，内龛为弧顶方形；底部三面设高台，台上造像向外凸起，外龛造像保存较好；内龛9尊造像，为一佛二身二菩萨二力士，主佛位于后壁高台上，桃形头光，螺旋髻，两肩平阔，身着双领交叉式袈裟，双手做说法状结跏趺坐于仰莲台上，造像高65 cm、宽24 cm、厚15 cm；两身分立主佛两侧覆莲圆台上，头挽高髻，身着长裙，外披薄纱，双手合十于胸前；内龛两侧左文殊右普贤，宝珠形头光，左手举于胸前，右手垂于体侧，帛带绕腿上一道垂于体侧，赤脚立于仰莲台上。

龛外有两力士造像和刻于左右两壁的人物图案。

图3-21　乌桥千佛岩摩崖造像

3.25　佛尔岭石窟

佛尔岭石窟（图3-22），位于四川省巴中市文胜乡白石寺村北500 m二组与七组交界处两块巨石和一处崖壁上。现存龛窟 18 个（含 2 个空窟），造像 246 尊，面积 109.9 m²。

造像分东、西、南 3 个区，东区现存造像 8 龛 110 尊，西区 7 龛 78 尊，南龛 3 龛 58 尊。龛窟形式有外方内圆三层窟、外方内圆双层窟、外方内帐形窟、外方内屋形窟、单层圆形窟、双层方形窟。石窟造型有五尊、七尊及多尊，以佛教造像为主，兼有佛道合龛造像，造像题材包括佛化佛、菩萨、弟子、天王、力士、天龙八部、阿修罗及供养人像等。

图 3-22　佛尔岭石窟

3.26　佛爷河石窟

佛爷河石窟（图 3-23），位于四川省巴中市通江县草地乡。

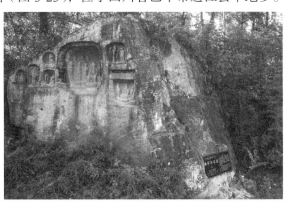

图 3-23　佛爷河石窟

3.27　巴州龙门山石窟

巴州龙门山石窟，旧称"一石三座庙"，位于巴中市三江乡龙门村五社巴河西岸河边一孤立岩石的南面、西面、北面。现存造像 8 龛 47 尊。造像包括释迦佛、弥勒、观音立像、释迦弥勒并坐私清代的文昌关圣帝君像等。

3.28　赵巧岩石窟

赵巧岩石窟（图 3-24），位于巴中市诺江镇。

图 3-24　赵巧岩石窟

3.29　佛尔岩塝石窟

佛尔岩塝石窟（图 3-25），位于四川省巴中市通江县杨柏乡贾村观村一条小河边高约 25 m 的白砂岩崖壁上。

图 3-25　佛尔岩塝石窟

佛尔岩塝石窟，计有造像 4 龛 14 尊，分别为唐代、宋代和清代所雕凿。

佛尔岩塝石窟的龛窟有外方内圆形和圆拱形，龛楣素面无纹或阴刻对联。

1 号龛，佛造像端坐龛中央，头戴宝冠，面型方圆，庄严肃穆；两侧侍立两弟子身穿僧衣、脚穿云头鞋立于覆莲圆台上，神态谦恭；旁边两个力士束发高髻，裸上身，着长裙，帛带绕背自双肩于体侧飘卷，赤足立于内龛外侧山座上把门。

3 号龛中神造像头戴幞头，笑容满面，额头皱纹凸出，牙齿外露，胡须下垂于胸部，身穿圆领长袍善跏趺坐。

3.30　古佛洞摩崖造像

古佛洞摩崖造像（图 3-26），位于四川省平昌县江口镇金佛小区。

古佛洞摩崖造像为唐、明、清造像，造像坐东北面向西南，共 26 龛 55 尊。

古佛洞摩崖造像中，以唐代造像最具特色，题材为弥勒说法。弥勒赤脚倚座，身穿 U 形裂裟，胸部坦露，高肉髻，圆形背光，右手上举、掌心向外、拇指食指拈珠，左手下扶膝；佛两侧各有天龙八部众弟子、菩萨、天王、力士、飞天等。

图 3-26　古佛洞摩崖造像

3.31　朝阳洞石窟

巴中朝阳洞石窟，位于巴中市恩阳区观音井镇凤仪村一组凤仪山半山腰崖壁上。共有造像 14 龛 39 尊，面积约 4 500 m²，始凿于清乾隆四十六年（公元 1781 年）。保存较好，造像儒、释、道三教合一。

3.32　看灯山摩崖造像

看灯山摩崖造像（图 3-27），位于四川省名山、蒲江交界处的名山县马岭乡观音堂村看灯山上。

造像距岩壁顶部约 9 m，下沿高出路面约 1 m，坐北向南。造像共 63 龛 600余尊，分布在长约 49 m、高约 15 m 的红砂岩壁上。

6 号龛居中，以西分布密集，占总龛数的百分之九十以上（包括大龛中的小龛）。除最大的第 6 龛面积近 20 m² 外，其余多在 1 m² 以下。造像最高者大于 3 m，小者小于 0.3 m，其中有 400 余尊造像分布在面积不足 7 m² 的 58 号龛内。

第 6 龛为主龛，规模最大，龛宽 4.6 m、高 4.1 m。龛顶部为刻重檐边，连续卷草纹饰。主体造像为一佛、二菩萨、二弟子、八部众、二供养人，共 15 身。释迦牟尼结跏趺坐于建台上，头顶螺髻，两耳垂大，双手合十于前（残断续接），圆形火焰背光. 佛的肩宽 1.3 m，像高 2.35 m；二菩萨侍立于释迦两侧。主龛两侧各有一力士，力士肩宽 1 m、高 3.2 m，上身裸露，下着短裤，肌肉隆突，雄健剽悍，怒目圆睁，威风凛凛。主龛内共有造像 24 小龛 67 尊，两侧龛柱正面各有 5 小龛，左 5 龛造像 9 身，右 5 龛造像 7 身，造像像中除力士保存较好外，其余皆遭不同程度的破坏。

图 3-27　看灯山摩崖造像

3.33　陈沟千佛岩摩崖造像

陈沟千佛岩摩崖造像（图 3-28），位于四川省眉山市东坡区三苏乡陈沟村陈沟水库水下岸坡崖壁上。

图 3-28　陈沟千佛岩摩崖造像

陈沟千佛岩摩崖造像，共有造像 3 窟，分布在三段崖壁上，总长约 30 m，石窟高 5 m，离地约 1.5 m，均为方形龛。因"5·12"汶川大地震致陈沟水库渗漏，水库水位急剧下降，陈沟千佛岩摩崖造像现身。

3.34　老鹰岩摩崖造像

老鹰岩摩崖造像（图 3-29），位于四川省眉山市彭山县城东北 7.5 km 的江口镇彭祖山西侧老鹰岩一长 30 m、高 30 m、距地面高 5 m 的崖壁上，计有造像 10 龛。

第一龛为释迦牟尼站像（又名齐山大佛），半立雕，像高 25 m，胸宽 8 m。佛着双领下垂佛衣，袒胸，右手下垂体侧，左手毁。右一与站佛等高的坐佛结跏趺坐于须弥座上，须弥座下有六小龛，为阿弥陀佛及其他佛像。

坐佛右上方陡壁上有洞，俗称老鹰洞，又名彭女洞。嘉庆《彭山县志·金石》记："有鹰洞，土人以梯绳援其上取鹰，洞口狭中广，内深丈余，有石灶、石床、石几，相传为彭祖炼丹之所"。老鹰洞洞深 2.5 m、宽 2 m、高 2.2 m，上下均为平面；底壁一龛台，长 2 m，宽 0.07 m。

图 3-29　老鹰岩摩崖造像

3.35　长岭山摩崖造像

长岭山摩崖造像（图 3-30），位于四川省简阳市以东长岭山南坡崖壁上。计有造像十数窟，题榜勒石中可见"建中二年"字样，盖晚唐遗作也。

3.36　菩萨湾摩崖造像

菩萨湾摩崖造像，位于四川省安岳县东北 1.5 km 的岳阳镇新村一组菩萨湾东面山腰上。地理坐标为北纬 30°06′39.0″，东经 105°21′13.9″。现存摩崖造像 19 龛。

造像开凿在 3 个呈"品"字形排列的石包上。1 号石包位置略低，平面呈方形，东面开第 6～8 龛，南面开第 3～5 龛，西面开第 1～2 龛，北面开第 10～12 龛，东面与北面转角处开第 9 龛。2 号石包位于 1 号石包东南 15 m 的现代寺院建筑内，位置略高，北侧崖面由东向西依次开第 13～16 龛。3 号石包位于 2 号石包东北约 10 m 处，石包上部脱落不存，其上开第 17～19 龛[5]。

图 3-30　长岭山摩崖造像

3.37　灵游院摩崖造像

灵游院摩崖造像，位于四川省安岳县岳阳镇船形村七组罗汉寺坡北面山腰上。造像依随山崖走势，共有造像龛窟 17 个 913 尊。

龛窟多为方形双层平顶，雕刻着罗汉、地藏、观音、佛道合龛。

3.38　简阳奎星阁摩崖造像

简阳奎星阁摩崖造像（图 3-31），又名东溪大佛，建于宋庆历二年（公元 1042 年），位于四川省简阳市东溪镇沱江东岸岸坡长 15 m、高 7.5 m 的崖壁上。现存宋、明摩崖造像 34 龛 108 尊。

主造像为坐式佛，佛高 5 m，佛两手平置腿上，结跏趺坐于须弥座上，神态自如，栩栩如生。

原五层奎星阁 1964 年被毁。

图 3-31　简阳奎星阁摩崖造像

第2篇　四川石窟及摩崖造像的地质及环境条件

石窟及摩崖造像的形成，必定有其特定的历史原因和环境条件。

佛教的传入应为石窟及摩崖造像形成最重要的历史原因。"南北朝时期，在五胡十六国的局势下，中原战乱频繁，生灵涂炭，人们为了求得精神安慰，信佛者蜂起"是为"精神寄托"说；"在帝王和皇族的支持下形成以僧郎、佛图澄等几个佛教集团，促进佛教造像的大发展"是为"上层社会提倡"说。具体到四川，"早期在北方影响下，石窟造像也有所发展，单造像规模不大"；"唐宋时期，四川相对比较稳定，玄宗、僖宗二帝在北方动乱时幸蜀。四川经济发达"，石窟及摩崖造像开始兴盛，如唐开元初即开始凿造乐山大佛；"宋代四川经济在唐五代基础上又有大的发展，经济地位在宋王朝中举足轻重。由于上层社会提倡，信佛者众多，促进宗教艺术大发展。石窟造像进入黄金时代"，是四川石窟及摩崖造像形成的重要的"经济许可"说[2]。

四川石窟及摩崖造像形成的历史原因，"精神寄托"说也好，"上层社会提倡"说、"经济许可"说亦罢，作者在此不作评论，仅从适合于四川石窟及摩崖造像凿造的侏罗系、白垩系地层厚层、巨厚层砂泥岩、四川广布的江河岸坡、沟谷崖壁这一得天独厚的环境条件进行论述。

4　侏罗系白垩系红层砂岩、泥岩

4.1　四川石窟及摩崖造像所在崖体地层岩石

表4-1是四川省31处石窟及摩崖造像全国重点文物保护单位所在崖体地层岩石统计表。

表4-1　四川省31处石窟及摩崖造像全国重点文物保护单位所在崖体地层岩石统计表

序号	名称	石窟及摩崖造像所在岩体地层及岩石
1	皇泽寺摩崖造像	侏罗系中统千佛崖组（J_{2q}）。灰—深灰色中厚层—厚层状泥岩、粉砂质泥岩夹泥质粉砂岩、粉砂岩及细—中粒岩屑砂岩
2	广元千佛崖摩崖造像	侏罗系中统千佛崖组（J_{2q}）。灰—深灰色中厚层—厚层状泥岩、粉砂质泥岩夹泥质粉砂岩、粉砂岩及细—中粒岩屑砂岩

续表

序号	名称	石窟及摩崖造像所在岩体地层及岩石
3	乐山大佛	白垩系中统夹关组第三段（K_{2j}^3）。厚层—巨厚层块状结构紫红色细粒与中细粒长石石英砂岩，偶夹中粒砂岩，底部夹泥质细砂岩
4	南龛摩崖造像	白垩系下统白龙组（K_{1b}）。青灰色厚层块状长石石英砂岩夹紫红色泥岩
5	安岳石窟	侏罗系上统蓬莱镇组下段（J_{3p}^1），厚层红色泥岩与红色砂岩互层；侏罗系中统遂宁组（J_{2sn}）下段紫红、褐红色钙质泥岩、砂质泥岩与褐灰色薄层状钙质粉砂岩互层，泥岩为主；遂宁组上段褐红色厚层块状砂岩与紫色泥岩互层。侏罗系中统上沙溪庙组（J_{2s}）褐灰色、灰白色砂岩与紫色泥岩、钙质泥岩互层，底部砂岩层较厚
6	毗卢洞石刻造像	侏罗系上统蓬莱镇组下段（J_{3p}^1），厚层红色泥岩与红色砂岩互层；侏罗系上统遂宁组（J_{3sn}）下段紫红、褐红色钙质泥岩、砂质泥岩与褐灰色薄层状钙质粉砂岩互层，泥岩为主；遂宁组上段褐红色厚层块状砂岩与紫色泥岩互层。侏罗系中统沙溪庙组（J_{2s}）褐灰色、灰白色砂岩与紫色泥岩、钙质泥岩互层，底部砂岩层较厚
7	蒲江石窟	白垩系上统夹关组（K_{2j}）砖红色厚层细—中粒长石石英砂岩，夹少量泥岩、粉砂岩；白垩系上统天马山组（K_{2t}）砖红色钙质砂岩、泥质粉砂岩与粉砂质泥岩互层；侏罗系上统蓬莱镇组下段（J_{3p}）紫红色泥岩夹中粗粒钙质砂岩、粉砂岩；侏罗系中统遂宁组（J_{2sn}）紫红色砂质泥岩；侏罗系中统沙溪庙组（J_{2s}）浅黄灰色、灰白色中—厚层钙质中粒砂岩夹棕红、杂色粉砂质泥岩
8	邛崃石窟	白垩系中统灌口组（K_{2g}）棕红—紫红色巨厚层状砂岩夹薄层泥质粉砂岩
9	博什瓦黑岩画	白垩系或侏罗系紫色砂岩
10	荣县大佛石窟	侏罗系中、下统自流井组（K_{1-2zl}）灰、深灰色砂岩[6]
11	夹江千佛岩石窟	白垩系上统夹关组第三段（K_{2j}^3），厚层—巨厚层块状结构紫红色细粒与中细粒长石石英砂岩，偶夹中粒砂岩，底部夹泥质细砂岩
12	通江千佛岩石窟	白垩系下统苍溪组（K_{1c}）黄灰—灰白色中厚—巨厚层钙质胶结中细粒砂岩层，紫灰—紫红色中厚层—厚层构造泥钙质胶结泥岩，紫红色—紫灰色薄—中厚层泥钙质胶结泥岩，局部段夹砂质泥岩
13	牛角寨石窟	白垩系中统夹关组第三段（K_{2j}^3）。厚层—巨厚层块状结构紫红色细粒与中细粒长石石英砂岩，偶夹中粒砂岩，底部夹泥质细砂岩

续表

序号	名称	石窟及摩崖造像所在岩体地层及岩石
14	卧龙山 千佛岩石窟	白垩系下统七曲寺组（K_{1q}），底部灰黄—浅紫色厚层质石英砂岩，中部钙质胶结的砾岩石，上部以紫红色泥岩为主，夹细砂岩、粉砂岩、含砾砂岩、长石砂岩互层
15	北周文王碑及 摩崖造像	白垩系上统灌口组（K_{2g}）紫红色粘土岩夹钙质粉砂岩、粘土岩夹薄层含砾细砂岩；白垩系下统夹关组（K_{1-2j}）紫红色块状细粒长石砂岩，偶夹粘土岩、粉砂岩薄层，底部砾岩；白垩系下统白龙组（K_{1b}）桃红色块状细粒长石砂岩，偶夹粘土岩，紫红色长石砂岩，长石砂岩与粉砂岩、粘土岩互层。白垩系下统苍溪组（K_{1c}）紫红色块状细粒砂岩，长石砂岩与砖红色粘土岩、粉砂岩互层。
16	鹤鸣山道教 石窟寺及石刻	白垩系下统剑门关组上段（K_{1jg}^2）浅紫红色中厚层状砂岩与薄层紫红色泥岩、砂岩互层
17	眠佛寺摩崖造像	侏罗系上统蓬莱镇组（J_{3p}）浅紫色、紫色泥岩，浅紫色、紫色、灰白色中细粒长石石英砂岩
18	冲相寺摩崖造像	侏罗系砂岩、泥岩
19	郑山、刘嘴 摩崖造像	白垩系中统夹关组第三段（K_{2j}^3）厚层—巨厚层块状结构紫红色细粒与中细粒长石石英砂岩，偶夹中粒砂岩，底部夹泥质细砂岩
20	碧水寺摩崖造像	白垩系下统七曲寺组（K_{1q}），底部灰黄—浅紫色厚层质石英砂岩，中部钙质胶结的砾岩石，上部以紫红色泥岩为主，夹细砂岩、粉砂岩、含砾砂岩、长石砂岩互层
21	禹迹山摩崖造像	侏罗系上统遂宁组（J_{3sn}）砖红色、灰紫色厚层块状长石石英砂岩
22	半月山摩崖造像	侏罗系上统遂宁组（J_{3sn}）砖红色、灰紫色厚层块状长石石英砂岩
23	白乳溪石窟	白垩系下统苍溪组（K_{1c}）黄灰—灰白色中厚—巨厚层钙质胶结中细粒砂岩层，紫灰—紫红色中厚层—厚层构造泥钙质胶结泥岩，紫红色—紫灰色薄—中厚层泥钙质胶结泥岩，局部段夹砂质泥岩
24	能仁寺摩崖造像	白垩系中统夹关组第三段（K_{2j}^3）。厚层—巨厚层块状结构紫红色细粒与中细粒长石石英砂岩，偶夹中粒砂岩，底部夹泥质细砂岩
25	穆日玛尼石经墙	
26	中岩寺摩崖造像	白垩系中统夹关组第三段（K_{2j}^3）。厚层—巨厚层块状结构紫红色细粒与中细粒长石石英砂岩，偶夹中粒砂岩，底部夹泥质细砂岩

续表

序号	名称	石窟及摩崖造像所在岩体地层及岩石
27	大像山摩崖造像	侏罗系上统遂宁组（J_{3sn}）砖红色、灰紫色厚层块状长石石英砂岩
28	翔龙山摩崖造像	侏罗系上统遂宁组（J_{3sn}）砖红色、灰紫色厚层块状长石石英砂岩
29	玉蟾山摩崖造像	侏罗系中统沙溪庙组（J_{2s}）紫色、灰色厚层块状中至中粗粒长石石英砂岩、灰紫—暗紫色砂质泥岩、泥岩
30	冒水村摩崖造像	垩系中统夹关组第三段（K_{2j}^{3}）厚层—巨厚层块状结构紫红色细粒与中细粒长石石英砂岩，偶夹中粒砂岩，底部夹泥质细砂岩
31	清凉洞摩崖造像	白垩系上统夹关组（K_{2j}）砖红色砂岩夹沙质泥岩

由表 4-1 可以发现，除穆日玛尼石经墙为干砌石墙结构外，其余四川石窟及摩崖造像全国重点文物保护单位的载体—崖壁岩石，均为侏罗系或白垩系砖红色、紫红色、灰—深灰色中厚层—巨厚层砂岩夹泥质砂岩、泥岩，也即是说，造像均凿造于侏罗系白垩系红层砂、泥岩地层中。

4.2 红层地层

4.2.1 红层的基本概念

红层，主要是指中生代以来形成的外表颜色主要为红色的湖相、河流相、河湖交替相或是山麓洪积相等陆相碎屑沉积岩，包括三叠系、侏罗系、白垩系和第三系半成岩地层。

4.2.2 红层的基本特点

（1）地质年龄相对较轻。

（2）经历的地壳变动相对较少，褶皱不剧烈，产状平缓。

（3）岩性主要是砾岩、砂岩、粉砂岩、黏土质粉砂岩、黏土岩或泥质页岩等。

（4）与老地层相比，成岩作用差，有的呈半胶结状，强度较低，总体上属软岩类，是一个很复杂的弹性模量相差甚大的软硬相间的不等厚的地层组合体。

（5）形成于特殊的环境。在适宜的古气候条件（干燥炎热的古气候环境和岩石强烈氧化作用）下，周围山地提供的丰富的岩石风化产物，在接受沉积的古沉积盆地（多为内陆盆地）中沉积形成。

（6）颗粒组成具明显差异。国内学者研究成果表明，红层碎屑的颗粒组成差异很大，有洪积泥砾、短促河床砾石层、河床相砂砾、较长途搬运具有砂波结构的河床砂、河流三角洲前缘相的砂质层和以泥质为主的湖盆相粉砂质或淤泥质沉积等。四川盆地西北部的古山前拗陷中的红层巨砾可达数十厘米，而许多红层盆地中部多由泥质岩构成。碎屑的砾石组成一般与其外围山地的物源一致，岩屑、砾屑为外围物源地岩石碎屑的混合。其砂质主要是石英，含部分长石；胶结物以泥、砂为主，化学胶结物主要为硅质、钙质和铁质。

4.3 四川红层的分布

四川红层主要是侏罗系和白垩系地层，有少量第三系地层。红层主要集中在四川盆地、盆地边缘与攀西地区范围内[6]。

1. 侏罗系

广泛分布在四川盆地内及攀西局部地区，除四川盆地的北部和东北部边缘含煤地层外，侏罗系地层几乎全为红层。侏罗系上统，主要是红色泥岩、砂岩、粗砂岩；侏罗系中统，为红色、紫红色、灰色等杂色砂岩、粉砂岩、泥质夹泥灰岩；侏罗系下统，为紫红色砂岩、泥岩。

2. 白垩系

主要分布在盆地的周边地区与攀西的局部地区。盆地内白垩系下统和白垩系上统均很发育。多为砖红、紫灰、紫红或夹紫色的砂岩、砾岩、粉砂岩及泥质岩。

3. 第三系

第三系在四川地区分布较广，但分布面积不大。除了盆地地区外，川西高原地区有零星分布。

广泛分布的红层地层，硬度适中的侏罗系白垩系中厚层—巨厚层砂岩，为四川石窟及摩崖造像的开凿，提供了较好的地层岩石条件。

5 广布的江河岸坡与沟谷崖壁

如前述，在四川31处石窟及摩崖造像全国重点文物保护单位中，沿江河岸坡崖壁分布者9处，占29.03%；沿沟谷崖壁分布者15处，占48.39%；沿孤立（近孤立）岩体周壁分布者各3处，占9.68%；沿山坡坡体崖壁分布者3处，占9.68%。可见，广布的江河岸坡与沟谷崖壁，是为四川石窟及摩崖造像形成的又一重要的环境条件。

5.1 板块俯冲等构造运动留下的地层岩石中众多的软弱地质构造为地表水系的发育分布提供了条件

印度板块向欧亚大陆俯冲并发生碰撞，导致了青藏高原的隆起，而青藏高原的隆起，造成了我国西高东低的状态。多次构造运动，特别是晋宁运动和燕山运动（或称四川运动），更造就了以西部亚带雅砻江—元谋断裂带和安宁河—易门断裂带与东部亚带普雄—普渡河断裂带和甘洛—小江断裂带和众多这都构造为主要构造形迹的川滇南经向构造体系（或称走向南北的构造带）—川滇南北带[7]。沿断裂带、断层、节理密集发育带和背斜核部，岩体本来就已破碎，加上出露于地表的破碎岩体的风化作用，岩体更加破碎，抗流水侵蚀和搬运能力弱，易于为大气降雨形成的地表径流水搬走，或形成沟谷，或形成江河水系。

5.2 广布的四川江河

四川省除北部阿坝藏族羌族自治州境内小部分属黄河流域外，其余均属长江流域。长江是流经四川的最大河流，以宜宾为界，以上称金沙江，以下称长江。金沙江、长江，包括其在四川境内的主要支流雅砻江、岷江、大渡河、沱江、嘉陵江、涪江、渠江、赤水河及其支流，构成四川全域水系。

嘉陵江，古称阆水、渝水，是长江水系中流域面积最大的支流，因流经陕西省凤县东北嘉陵谷而得名。上嘉陵江源为白龙江和西汉水，直至陕西省略阳县两河口以下始称嘉陵江，全长为 1 119 km，流域面积近 16×10⁴ km²，主江流经宝鸡、广元、阆中、南充，嘉陵江流域东北以秦岭、大巴山与汉水为界，东南以华蓥山与长江相隔，西北有龙门山与岷江接壤，西及西南有一低矮的分水岭与沱江毗连，在长江各大支流中超过汉江，居长江支流之首。

金沙江，长江的上游。因江中沙土呈黄色得名。又名绳水、淹水、泸水。川藏界河。金沙江的发源地（即长江的发源地）20 世纪 70 年代定为青海省唐古拉山主峰各拉丹冬雪山，正源沱沱河。2008 年调查建议以当曲上源且曲为正源，发源于唐古拉山脉东段北支 5 054 m 的无名山地东北处，行政隶属玉树州杂多县结多乡。当曲与源于格尔木市的唐古拉山镇的沱沱河汇合后，称通天河。长江干流流经治多县、曲麻莱县、称多县，玉树县，巴塘河于玉树州直门达汇入。直门达以下，始称金沙江。金沙江穿行于川、藏、滇三省区之间，在四川境内有最大支流雅砻江汇入，至宜宾纳岷江始名长江。金沙江流急坎陡，江势惊险，河床陡峻，流水侵蚀力强。

雅砻江，金沙江最大支流，又名若水、打冲江、小金沙江，藏语称尼雅曲，意为多鱼之水。中国水能资源最富集的河流之一。发源于巴颜喀拉山南麓，经青海流入四川，于攀枝花市三堆子入金沙江。石渠以上为石渠河，流经丘状高原地区，河床宽浅，水流漫散。石渠以下称雅砻江，由于山原地貌逐渐进入高山峡谷地带，为横断山区北南向的主要河系之一。雅砻江全长 1 571 km，四川境内 1 357 km，流域面积 13.6×10⁴ km²，河口多年平均流量为 1 860 m³/s。

渠江，也称渠河、南江河，是嘉陵江的一条支流，有两个源头，东源州河发源于川、陕两省边界大巴山西南麓，北源巴河发源于川、陕两省界米仓山南麓，在渠县三汇镇汇合后就称为渠江。流经南江、巴中、渠县、广安、合川等 8 个县区。渠江流域面积约占嘉陵江全流域面积的 25%。

涪江，嘉陵江的支流，长江的二级支流，流域宽广。发源于松潘县与九寨沟县之间的岷山主峰雪宝顶。涪江南流经四川省江油市、绵阳市、三台县、遂宁市等区域，在重庆市合川市汇入嘉陵江。

沱江，位于四川省中部，发源于川西北九顶山南麓、绵竹市断岩头大黑湾。南流到金堂县赵镇接纳沱江支流——毗河、青白江、湔江及石亭江等四条上游支流后，经简阳市、资阳市、资中县、内江市等至泸州市汇入长江，全长 712 km。

大渡河，发源于青海省玉树藏族自治州境内巴颜喀拉山南麓，向南入四川省分别流经阿坝藏族羌族自治州、甘孜藏族自治州、雅安市、凉山彝族自治州、乐山市，长 1 155 km。主源大金川发源于青海、四川边境的果洛山，在四川丹巴县与小金川汇合后称大渡河，至乐山入岷江。

岷江，古称汶江和都江，以岷山导江而得名，发源于岷山弓杠岭和郎架岭，全长 735 km，发源于岷山南麓，流经松潘、汶川等县到都江堰市出峡，分内外两江到江口复合，经乐山接纳大渡河和青衣江，到宜宾汇入长江。

赤水河为长江上游右岸支流，是川、黔、滇 3 省界河。发源于云南省镇雄县，于四川省合江县汇入长江，全长 436.5 km，流域面积 2.044×10⁴ km²。

5.3　沟谷及河流的形成、河流下切及侧蚀成就了沟谷、江河两侧岸坡崖壁

大气降雨形成的沿地面斜坡流动的暂时性面状流水（片流），对沿断裂带、断层和节理密集发育带分布的破碎岩体的搬运，逐渐形成沿断裂带、断层和节理密集发育带走向展布的暂时性线状流水、冲沟、沟谷、溪沟甚至江河，在沟谷与河流两侧，形成岸坡崖壁；河流的深切、冲刷及侧蚀作用，更加剧了沟谷与河流两侧岸坡崖壁的形成。

四川境内江河基本为南北走向，显示出南北走向构造特别是断裂带、断层

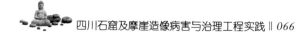

对江河走向的控制作用。典型如雅砻江、安宁河，前者基本沿雅砻江—元谋断裂带延伸，后者沿安宁河—易门断裂带延伸。

此外，出露于地面的岩体，由于岩体中节理裂隙的切割、地表径流水的冲刷及搬运、植物根劈作用以及人类活动等作用，形成的孤立、近孤立岩体的周壁，也为石窟及摩崖造像的凿造提供了天然条件。

第3篇　四川石窟及摩崖造像病害类型、环境地质原因及病害成因

6　四川石窟及摩崖造像病害及其类型

6.1　四川石窟及摩崖造像病害类型

纵观四川石窟及摩崖造像病害[8]，不外以下类型。

（1）石窟及摩崖造像表面彩绘脱落、斑驳；

（2）造像表面模糊；

（3）造像表层疏松剥落；

（4）表面渗水杂草丛生；

（5）表面菌斑花脸；

（6）造像所在崖体稳定性下降甚至失稳危及造像安全；

（7）窟檐毁坏；

（8）其他。

6.2　石窟及摩崖造像表面彩绘脱落斑驳

在四川石窟及摩崖造像病害中，表面彩绘脱落斑驳是最为常见的一种病害。

图 6-1、6-2、6-3、6-4 和 6-5 分别为浦江石窟、广元千佛崖、邛崃石窟、安岳石窟造像和冒水村摩崖造像表面彩绘脱落斑驳照片。从星点脱落到几乎完全脱落，脱落程度各异。

图 6-1　浦江石窟造像表面彩绘脱落斑驳

图 6-2 　广元千佛崖石窟造像表面彩绘脱落斑驳

图 6-3 　邛崃石窟造像表面彩绘脱落斑驳

图 6-4 　安岳石窟造像表面彩绘脱落斑驳　　图 6-5 　冒水村摩崖造像表面彩绘脱落斑驳

　　石窟及摩崖造像表面彩绘脱落斑驳病害，以露天浅窟及摩崖造像表现尤甚，深窟中的造像病害程度较轻。

6.3 　石窟及摩崖造像表面模糊

　　在四川石窟及摩崖造像病害中，造像表面模糊是造像表面彩绘脱落斑驳病害进一步发展的结果，也是石窟及摩崖造像病害中最为常见的一种病害，严重时可造成石窟及摩崖造像消失殆尽。

　　与造像表面彩绘脱落斑驳病害一样，造像表面模糊病害以露天浅窟及摩崖造像表现尤甚，深窟中的造像病害程度较轻。

　　图 6-6、6-7、6-8、6-9、6-10、6-11 和 6-12 分别为乐山大佛左手侧临江崖壁造像和九曲栈道崖壁造像、左手侧临江崖壁造像、九曲栈道崖壁造像、安岳石窟造像、广元千佛崖石窟造像、夹江千佛崖石窟造像、郑山刘嘴摩崖造像和冒水村摩崖造像表面模糊照片。

图 6-6　乐山大佛左手侧临江崖壁造像、
　　　　九曲栈道崖壁造像表面模糊　　　图 6-7　邛崃石窟造像表面模糊

图 6-8　安岳石窟造像表面模糊　　　图 6-9　广元千佛崖石窟造像表面模糊

图 6-10　夹江千佛崖石窟造像表面模糊

图 6-11　郑山、刘嘴摩崖造像表面模糊　　图 6-12　冒水村摩崖造像表面模糊

6.4　石窟及摩崖造像表层脱落

石窟及摩崖造像表层脱落，包括造像表面抹灰层脱落和造像所在岩石表面风化壳的脱落。

图 6-13 和 6-14 分别是安岳石窟和巴中西龛石窟造像表面抹灰层的脱落。

造像所在岩石表面的风化，往往表现为疏松，疏松层在风蚀作用下逐渐呈岩粉掉落，形成风化壳脱落的情况较少见到。

图 6-13　安岳石窟造像表层脱落　　图 6-14　西龛石窟造像表层脱落

6.5　造像表面渗水杂草丛生

四川石窟及摩崖造像表面渗水杂草丛生病害，主要出现在大型摩崖石刻造像中，渗水和杂草呈层带状分布。

图 6-15 和 6-16 分别为乐山大佛佛身与两侧崖壁和安岳卧佛表面渗水杂草丛生病害照片。

图 6-15　乐山大佛佛身表面渗水杂草丛生

图 6-16　安岳卧佛表面渗水杂草丛生

6.6　造像表面菌斑花脸

造像表面菌斑花脸，主要出现在露天摩崖石刻造像中，严重影响造像的形象和游客的观赏。

图 6-17 和 6-18 分别是乐山大佛花脸和造像表面菌斑。

图 6-17　乐山大佛佛脸渗水菌斑花脸　　　　图 6-18　造像表面菌斑

6.7　造像所在崖体稳定性下降甚至失稳危及造像安全

造像所在崖体稳定性下降甚至失稳危及造像安全，是四川石窟及摩崖造像病害中必须重视并加以治理的重要病害，如不能及时加以治理，将对石窟及摩崖造像造成毁灭性的破坏。

前述浦江飞仙阁石窟造像侧面下部危岩体的塌落，致上部与造像连为一体的由卸荷裂隙、节理裂隙及下部危岩体塌落凹腔切割而成的上部岩体成为新的危岩体，目前正在进行抢险加固中。

乐山大佛由天洞-麻洞岷江下游出口至大佛佛膝部、至载酒亭危岩岷江下游侧界线、至载酒亭危岩体靠山侧界线、至载酒亭危岩靠北门侧界线卸荷裂隙切割岸坡崖体，加之水下岸坡淘蚀洞、槽形成及崖体中水下溶蚀层存在，形成的大佛左侧天洞-麻洞危岩体、右侧大象碑危岩体和载酒亭危岩体中的载酒亭危岩体加固工程（图6-19）已于2003年完成，天洞-麻洞危岩体加固工程（图6-20）已进入施工图设计，大象碑危岩体（图6-21）加固工程正在拟议中。

图6-19　完成加固施工的载酒亭危岩体　　　　图6-20　天洞-麻洞危岩体

图6-21　大象碑危岩体

6.8　窟檐毁损

窟檐破坏，其直接后果是造成降雨时雨飘向石窟特别是浅窟中的造像，间接造成造像花脸、菌斑等病害，是四川石窟及摩崖造像普遍存在的病害。

　　图 6-22、6-23、6-24、6-25、6-26、6-27、6-28 和 6-29 分别是飞仙阁、乐山大佛左手侧崖壁、乐山大佛两侧岸坡岩壁、广元千佛崖、安岳、夹江千佛崖、郑山刘嘴和西龛石窟造像窟檐毁损状况。

图6-22　浦江飞仙阁石窟造像窟檐毁损　　图 6-23　乐山大佛左手侧崖壁石窟窟檐不存

图 6-24　乐山大佛两侧岸坡岩壁造像窟檐不存　图 6-25　广元千佛崖石窟造像窟檐毁损

图 6-26　安岳石窟造像窟檐毁损　　　图 6-27　夹江千佛崖石窟造像窟檐不存

图 6-28　郑山刘嘴石窟造像窟檐毁损　　　　图 6-29　西龛石窟造像窟檐毁损

6.9　其　他

石窟及摩崖造像被人为污损（图 6-30）、造像头部被盗（图 6-31）等，属灾害而非病害，在此不做讨论。

图 6-30　邛崃石窟造像人为污损　　　　图 6-31　夹江千佛崖造像头部被盗

纵观四川石窟及摩崖造像病害，可以看出，除与造像所在石窟浅、摩崖造像无遮雨屋棚或遮雨屋棚毁损等相关外，与石窟及摩崖造像所处的特殊的环境气候条件、地层岩石及水文地质条件密切相关。

7　四川石窟及摩崖造像病害形成的环境地质原因

石窟及摩崖造像病害与其所在崖体及造像岩石的风化作用（物理风化作用、化学风化作用、生物风化作用）、风蚀作用、雨蚀作用、片流及洪流的洗刷和冲刷作用、崖体中发育分布的节理裂隙和卸荷裂隙、崖面出露地层岩石的构成及其物理力学性质密切相关。其中，造像所在崖体及造像岩石的风化作用、风蚀作用、雨蚀作用、片流及洪流的洗刷和冲刷作用与其所在地区气候条件特别是降雨、温湿度及其变化和河道与沟、谷风强及其变化相关；崖面不同岩层岩石间的差异风化、风蚀、水下淘蚀与崖面出露地层岩石的构成及其物理力学性质，决定了沿崖面软弱岩层出露位置分布的凹腔（槽）的发育；凹腔（槽）与崖面、崖体中发育分布的节理裂隙和卸荷裂隙，单独或共同作用形成造像所在崖体中大小不一形状各异的危岩体，其变形失稳危及石窟及摩崖造像的安全；大气降雨进入控制危岩体稳定性的节理裂隙或卸荷裂隙，更加剧危岩体的变形失稳破坏，造成对石窟及摩崖造像安全的威胁甚至毁灭性的破坏。

7.1 四川盆地中亚热带温润气候

7.1.1 造像及其所在崖面风化、风蚀、雨蚀、片流及洪流的洗刷和冲刷作用

1. 风化作用

风化作用，原指分布在地表或接近地表的坚硬岩石、矿物，在与大气、水及生物的接触过程中，产生物理变化、化学变化而在原地形成松散堆积物的过程。石窟及摩崖造像的风化作用，应是指造像在与大气、水及生物的接触过程中，产生物理变化、化学变化，导致造像表面及近表面（包括抹灰层及其内岩石）产生物理变化、化学变化而疏松、崩解、破碎的过程。根据风化作用的因素和性质可将其分为物理风化作用、化学风化作用和生物风化作用。

物理风化作用，指由于温度的变化，造像表层与内部受热不均，产生膨胀与收缩，长期作用结果使造像表面及近表面发生机械破碎（崩解、破碎）的过程，或由于气温的日变化和年变化，造像表面及近表面抹灰层和岩石中的水分不断冻、溶交替，体积膨胀收缩，致使造像表面及近表面抹灰层和岩石发生机械破碎（劈开、崩碎）的过程。

化学风化作用，指由于石窟及摩崖造像，在与水及大气中存在的氧的接触过程中，造像表面及近表面抹灰层、岩石和矿物在原地发生化学变化并产生新矿物的过程。

生物风化作用，指造像在动、植物及微生物影响下发生的破坏作用。包括生物物理风化作用和生物化学风化作用。前者如植物根劈作用。后者是生物的新陈代谢产物（有机酸、碳酸、硝酸和氢氧化铵等溶液）及死亡后遗体腐烂分解而产生的物质（有机酸和 CO_2、H_2S 气体），溶于水后对造像表面及近表面抹灰层及岩石腐蚀破坏，或遗体在还原环境中，形成含钾盐、磷盐、氮的化合物和各种碳水化合物的腐殖质造成的造像表面及近表面抹灰层及岩石的分解。

2. 风蚀作用

风蚀作用，原指风对地表物质的侵蚀、搬运和堆积过程。表现为风的吹蚀作用和磨蚀作用。吹蚀作用是指风吹过地面产生紊流，带走地表物质表面沙粒或尘土，使地表物质遭受破坏的过程；磨蚀作用是指由于风沙流贴近地面运动，运动的沙粒对地表物质（岩石等）进行的冲击、摩擦作用的过程。

石窟及摩崖造像的风蚀作用，指由于风对吹到造像表面，产生紊流，造像抹灰层或岩石表面沙粒或尘土离开造像表面，或风中携带的沙粒对造像抹灰层或岩石表面产生冲击、摩擦作用，导致造像表面彩绘局部脱落、斑驳、造像表面彩绘脱落后外露岩石表面模糊直至造像不存的过程。

风化风蚀作用的速度除取决于环境及气候条件外，还与造像所在崖体所处岩体组成岩石的矿物成分、岩石的结构、构造、颗粒、胶结物及岩石的硬度相关。

3. 雨蚀作用与片流和洪流的洗刷冲刷作用

暂时性流水包括大气降雨和因石窟及摩崖造像所在崖体崖顶坡面无截水措施或截水措施失效大气降雨形成的片流甚至洪流。

石窟及摩崖造像无遮雨屋棚，雨滴冲击石窟及摩崖造像表面及造像所在崖面，造成造像及造像所在崖面表面被侵蚀，为大气降雨对造像表面及造像所在崖面的雨蚀作用；因石窟及摩崖造像所在崖体崖顶坡面无截水措施或截水措施失效大气降雨形成的片流甚至洪流，流向甚至冲向造像表面及造像所在崖面，造成造像表面及造像所在崖面被洗刷甚至冲刷，造成造像表面及造像所在崖面的侵蚀，为片流甚至洪流对造像表面及造像所在崖面洗刷甚至冲刷作用。

雨蚀作用在造像表面和造像所在崖面形成坑点，带走坑点形成过程中击碎的造像表面抹灰层或岩石和崖面岩石细小颗粒，造成造像表面和造像所在崖面的凹凸起伏。而造像表面和造像所在崖面的凹凸起伏，有更有利于造像表面和造像所在崖面的风化风蚀。

片流和洪流的洗刷冲刷作用，主要是带走造像和造像所在崖面风化作用形成的疏松层，使造像及造像所在崖面风化作用向造像和造像所在崖体深部发展。

在四川石窟及摩崖造像中，石窟造像以浅窟居多；摩崖造像中，有遮雨屋棚的不多。因此，雨蚀作用、片流的洗刷和冲刷作用对造像特别是窟檐毁损的浅窟石窟造像和摩崖造像的影响已经到了不容忽视的地步。

7.1.2 四川盆地中亚热带温润气候

1. 四川盆地中亚热带温润气候总特点

四川总体位于亚热带范围内，但由于西高东低、周边高中间低（盆地）地形，在不同季风环流的交替下，气候总体表现有如下特点：

（1）东部盆地属亚热带湿润气候。冬暖、春早、夏热、秋雨、多云雾、少日照、生长季长。

（2）西部高原以垂直气候带为主。寒冷、冬长、基本无夏、日照充足、降水集中、干雨季分明；气候垂直变化大，气候类型多，干旱，暴雨、洪涝和低温等经常出现。

（3）南部山地为亚热带气候。

（4）北部高原为亚寒带气候。

（5）由南部山地到北部高原，垂直方向上有亚热带到永冻带的各种气候类型。

2. 四川气候类型及气候分区

四川气候的重要特点之一是气候类型极其多样。包括：

（1）南亚热带型：基本无冬。

（2）永冻型：终年存在冰雪。

（3）最干的类型：年干燥度大于 3.5。

（4）最湿的类型：年干燥度不足 0.5。

受地理纬度和地貌的影响，气候的地带性和垂直方向变化十分明显，东部和西部的差异很大，高原山地气候和亚热带季风气候并存。

根据水、热和光照条件的差异，大致可分为三大气候区：

（1）四川盆地中亚热带温润气候区。

四川盆地及周围山地。区内全年温暖湿润，年均温 16～18 ℃，日温 ≥10 ℃ 的持续期 240～280 d，积温达到 4 000～6 000 ℃，气温日较差小，年较差大，冬暖夏热，无霜期 230～340 d。盆地云量多，晴天少，全年日照时间较短，仅为 1 000～1 400 h，比同纬度的长江流域下游地区少 600～800 h。雨量充沛，年降水量达 1 000～1 200 mm。

（2）川西南山地亚热带半湿润气候区。

区内全年气温较高，年均温 12～20 ℃，年较差小，日较差大，早寒午暖，四季不明显，但干湿季分明。降水量较少，全年有 7 个月为旱季，年降水量 900～1 200 mm，90%集中在 5—10 月。云量少，晴天多，日照时间长，年日照多为 2 000～2 600 h。其河谷地区受焚风影响形成典型的干热河谷气候，山地形成显著的立体气候。

（3）川西北高山高原高寒气候区。

区内海拔高差大，气候立体变化明显，从河谷到山脊依次出现亚热带、暖温带、中温带、寒温带、亚寒带、寒带和永冻带。总体上以寒温带气候为主，河谷干暖，山地冷湿，冬寒夏凉，水热不足，年均温 4 ~ 12 ℃，年降水量 500 ~ 900 mm。天气晴朗，日照充足，年日照 1 600 ~ 2 600 h。

3. 四川气候特点

1）区域差异大

（1）日照。

四川日照的地域分布也很不均衡。

四川盆地云多雾重日照少，年日照时数大部分地区少于 1 400 h，最少者不足 800 h，是全国两个日照最少的区域之一。

川西高山高原区及川西南山地海拔高，空气洁净，多晴少云，年日照时数在 2 200 h 以上，最多者超过 2 600 h，又属全国日照较多之列。

盆地全年日照 900 ~ 1 600 h，是全国日照最少的地区。在地域上由西向东递增：盆地西 900 ~ 1 200 h，盆中 1 200 ~ 1 400 h，盆地东 1 400 ~ 1 600 h。在时间上，春夏多于秋冬，盛夏最多。全年太阳总辐射量 3 100 ~ 4 200 MJ/m²，其时空分布与日照类似。

西部高原全年日照数为 2 000 ~ 2 500 h，地区差异不大，仅龙门山区相对少，为 1 600 ~ 2 000 h。全年太阳总辐射量多为 5 000 ~ 6 800 MJ/m²，属全国光能丰富区之列。

西南山地全年日照时数 1 200 ~ 2 700 h，较东部盆地多一倍。空间上，由东北向西南部递增；时间上，干季多于雨季。全年太阳总辐射量 4 000 ~ 6 200 MJ/m²，除小凉山东侧外，光能资源大于东部盆地。

（2）降水量。

四川省降水量的区域分布相差也大，年降水量最多的区域达 1 700 mm 以上，最少雨区却不足 400 mm。

东部盆地年降水量大多在 900 ~ 1 200 mm。在地域上，盆周多于盆底。盆地西缘山地是全省降雨最多之地，为 1 300 ~ 1 800 mm；次为盆东北和东南缘山地，为 1 200 ~ 1 400 mm；盆中丘陵区降雨最少，为 800 ~ 1 000 mm。在季节上，冬季（12 月—次年 2 月）降水最少，占全年总雨量的 3% ~ 5%，夏季（5—10 月）降水最多，占全年总雨量的 80%，冬干夏雨，雨热同期。

川西高原降雨少，年降水量大多在 600 ~ 700 mm，金沙江河谷＜400 mm。

干雨季分明，6—9 月为雨季，降雨占全年总雨量的 70% ~ 90%；11—4 月为干季，每月降水量小于 10 mm。

川西南山地降水地区差异大，干湿季节分明。大部分年降水 800 ~ 1 200 mm；木里以北与川西北高原接壤，年降水量小于 800 mm；安宁河东侧与东部盆地相当，年降水 1 000 mm 左右。雨季（6—9 月）降水占全年总降水量的 85% ~ 90%。

（3）气温。

四川盆地年极端最低气温比同纬度高接近 10 ℃，基本与华南沿海地区的年极端最低气温接近，显然与盆地四周被高大山脉包围相关。

东部盆地年平均气温 14 ~ 19 ℃，比同纬度地区高 1 ℃。1 月平均气温 3 ~ 8 ℃，盆周略高；4 月平均气温 15 ~ 19 ℃；7 月平均气温 25 ~ 29 ℃，是全年最热月份；10 月平均气温 15 ~ 19 ℃，接近该区年平均气温。四季分明：春季候温 10 ~ 1.9 ℃，长约 3 个月；夏季候温 ≥22 ℃，长 3 个多月；秋季候温 10 ~ 21.9 ℃，长 2.5 个月；冬季候温 < 10 ℃，长 3.5 个月。全年日平均气温 ≥10 ℃ 的积温 4 200 ~ 6 100 ℃，无霜期 280 ~ 300 d。

川西高原主体部分年平均气温 < 8 ℃；1 月平均气温 -5 ℃ 左右；4 月平均气温 5 ~ 10 ℃；7 月平均气温 10 ~ 15 ℃；10 月平均气温 5 ℃ 左右。全年无夏，冬季漫长，可分 3 期：寒期候温 ≤0 ℃，冷期候温 1.1 ~ 9.9 ℃，温凉期候温 ≥10 ℃。全年日平均气温 ≥10 ℃ 的积温在 2 000 ℃ 以下。

川西南山地年平均气温：谷地 15 ~ 20 ℃，山地 5 ~ 15 ℃。1 月平均气温 5 ℃，德昌以南谷地 10 ~ 12 ℃，为全省冬季最暖地区；4 月平均气温 10 ~ 24 ℃；7 月平均气温 15 ~ 26 ℃；十月平均气温 10 ~ 20 ℃。四季不分明，一般只分两季。全年日平均气温 ≥10 ℃。

四川是多山的省份，山地约占总土地面积 50%，高原约占 29%。山地气候在四川气候中占重要位置，而气候垂直变化幅度大，变化急剧则是四川山地气候的最主要特点。以年温为例，年均温最高的区域可达 20 ℃，最低的在 0 ℃以下，区际温差竟达 20 ℃ 以上。四川东半部的亚热带气候区，面积约占全省总面积二分之一强，区内日温 ≥10 ℃ 期间积温（简称 ≥10 ℃ 积温）4 000 ~ 7 000 ℃；西半部高原气候区，气候宜于耕作的面积很小，部分地区 ≥10 ℃ 积温不足 1 000 ℃，且有部分区域终年天寒地冻，寸草不生。冷暖如此悬殊的气候区域在省内共存，显著的区域差异及格局为我国其他省份所未见的。

2）垂直变化急剧

气温随海拔高度升高而降低是形成山地垂直气候带演替的根本原因。四川省地带性气候具有较高的温度水平，高山比比皆是，山地垂直气候带呈现多层次结构是普遍现象，且有完备的亚热带山地垂直气候带谱结构出现。

例如全省最高峰贡嘎山，海拔 7 556 m，位于大渡河谷西侧（泸定县境内），岭谷相对高差在 6 200 m 以上（按位于河谷的泸定气象站海拔高度 1 321 m 计）。贡嘎山区河谷是亚热带气候，自下而上从亚热带依次演变为温带、寒带直至永冻带气候类型，层次分明，山体上部终年积雪，有现代冰川。四川盆地西缘高山也不少，邻近成都平原的九顶山峰海拔 4 984 m，年温-5 ℃ 左右（探空资料近似计算），与山麓（彭州市）的年温差 20 ℃ 有余，也有亚热带—永冻带完整的亚热带山地垂直带谱出现。

而我国大陆东部的亚热带山地内，因无这样高的山体，山地气候类型结构的复杂性远不及四川。例如，我国大陆东部亚热带山地的最高峰黄岗山（武夷山区）海拔仅 2 158 m，曾观测到海拔 75 ~ 2 100 m 的年温差 5.9 ℃，这样小的气温变幅显然不足以形成太多层次的垂直气候带；山地垂直气候带的最上层最冷型止于温带，未见有寒带类型出现。

四川山地气候另一重要地域性特点，表现在同高度上冬季气温比长江中下游同纬明显偏高，亚热带上限位置相应上移。

3）季节气候有鲜明的地域特色

（1）四季分明，春早冬迟。

四川东部亚热带气候区和西部高寒区，有相对的冷暖季节变化。

以气温达到一定标准划分四季，四川盆地四季分明。

四川盆地较长江中下游同纬度地区入春早，入夏时间与长江中下游同纬度地区较一致，但四川盆地入秋早、入冬迟。因此，四川盆地冬、夏季偏短而春秋季偏长。

（2）川西南及川西四季不明显。

川西南山地有的无冬，有的无夏，春秋季特长。

川西高山高原区大部分地区无夏，北部甚至全年皆冬。

地区间季节变化出入如此大，是我国东部同纬度地区所没有的现象。

（3）冬暖。

由四川东部亚热带气候区冬温较长江中下游同纬度地区高和川西高寒区冬温较同纬度地区高，可以看出，四川省受地形因素影响，冬暖是显著的区域气候特色之一。

（4）夏温不高。

川西高山高原区夏季冷凉，气温最低的区域最热月月温低于 10 ℃，比我国位置最北的漠河地区还低。

川西南山地夏季正值雨季，气候凉爽，最热月日平均温度一般不超过 25 ℃，远低于我国大陆东部同纬地区。

四川盆地西部盛夏是降水最集中的时期，最热月日平均温度仅 26 ℃ 左右，比长江中下游同纬度地区约低 2 ~ 3 ℃。全省最热的区域是四川盆地东南部，盛夏酷热，但与长江中下游同纬度地区相比，夏热程度仍偏弱。

（5）气温年变化小。

冬暖、夏温不高，造成了四川的气温年变化幅度小。四川的气温年较差（最热月月温与最冷月月温差值）不仅小于长江中下游同纬地区，从全国范围看也属偏小区域。就这点而论，四川气候具有海洋性气候色彩。

（6）春温高于秋温。

春季，特别是早春，冬季风仍然活跃。四川地形屏障作用于冬季风产生的增温效应仍表现明显，所以春温也高于长江中下游同纬度地区。

秋季四川受多阴雨天气的影响，气温略偏低；而长江中下游同纬度地区少秋季少阴雨天气，气温偏高。

春温高于秋温，是四川与长江中下游同纬度地区一个明显的不同。

7.1.3　四川石窟及摩崖造像与四川气候分区及其风化、风蚀、雨蚀、片流及洪流洗刷冲刷作用

从四川石窟及摩崖造像全国重点文物保护单位分布可以发现，除位于川西北高山高原高寒气候区的石渠县穆日玛尼石经墙、位于川西南山地亚热带半湿润气候区的昭觉县博什瓦黑岩画外，其余石窟及摩崖造像均位于四川盆地中亚热带温润气候区内，占全部石窟及摩崖造像的 93.55%。

（1）东部盆地与南部山地分属亚热带湿润气候和亚热带气候，但雨量充沛，适于植物生长；昼夜温差及四季温差较北部和西部高原小；季风气候。因此，在东部盆地和南部山地地区，构成石窟及摩崖造像载体——岩体的岩石物理风化作用较北部和西部高原弱，但化学风化作用较北部和西部高原强，植物根劈作用对节理裂隙化岩体的破坏强度高，生物作用对造像表面破坏较北部和西部高原大，雨蚀、片流及洪流洗刷冲刷作用较北部和西部高原大，对石窟及摩崖造像表面的风蚀作用较北部和西部高原弱，但风蚀与生物的联合作用较北部和西部高原强，降雨入渗构成石窟及摩崖造像载体——岩体中发育分布的裂隙对节理裂隙化岩体稳定性的影响较北部和西部高原大。

（2）西部高原寒冷、干旱少雨，植物生长适宜性差；日照充足，昼夜温差和四季温差较东部盆地与南部山地大；四季风大。因此，在西部高原，构成石窟及摩崖造像载体——岩体的岩石物理风化作用较东部盆地与南部山地强，但化学风化作用较东部盆地与南部山地弱，风蚀作用较东部盆地与南部山地强，但风蚀与生物的联合作用较东部盆地与南部山地弱，雨蚀、片流及洪流洗刷冲刷作用较东部盆地与南部山地弱，少降雨入渗对节理裂隙化岩体稳定性的影响。

（3）北部高原为亚寒带气候，雨量较东部盆地和南部山地小但较西部高原多，昼夜温差及四季温差较东部盆地、南部山地大但较西部高原小，风速较东部盆地和南部山地大但较西部高原小。因此，在北部高原，无论是构成石窟及摩崖造像载体——岩体的岩石物理风化作用、化学风化作用、风蚀作用对石窟及摩崖造像表面破坏、对石窟及摩崖造像表面的风蚀作用、雨蚀与片流及洪流洗刷冲刷作用、风蚀与生物的联合作用及降雨入渗构成石窟及摩崖造像载体——岩体中发育分布的裂隙对节理裂隙化岩体稳定性的影响，均在东部盆地和南部山地与西部高原之间。

（4）在四川32处石窟及摩崖造像全国重点文物保护单位中，除穆日玛尼石经墙为干砌石结构外，其余均沿江河岸坡、沟谷坡体、山坡坡体和孤立近孤立岩体崖壁分布，沿江河、沟谷风力大，对石窟及造像表面、造像所在崖面岩石风化风蚀作用强。

7.2　红层地层岩石

造成造像病害的地质作用，除造像表面抹灰层及岩石和造像所在崖体岩石的风化、风蚀、雨蚀和片流洪流的洗刷冲刷作用外，还有造像所在崖体水下岸坡的淘蚀作用。

如前述，在四川32处石窟及摩崖造像全国重点文物保护单位中，9处沿江河岸坡崖壁分布，占29.03%。

江河流水以其自身动力及其携带泥沙对临江、临河水下岸坡面进行冲刷并将冲刷下来的岩石颗粒带走，在临江临河水下岸坡上形成凹腔甚至凹槽的作用，称为临江临河水下岸坡的淘蚀作用。

水下岸坡的淘蚀作用结果，与江河流水流速、江河流水中携带的泥沙物质量相关，还与构成水下岸坡的岩层、各岩层岩石的研究表明，造像表面抹灰层及岩石和造像所在崖体岩石的风化、风蚀、雨蚀、片流洪流的洗刷冲刷和造像所在崖体岸坡水下淘蚀作用，除与造像所在环境的气候，崖顶坡面有无截排水设施、防渗设施，造像背后崖体内有无截排水设施，造像有无遮雨屋棚，石窟造像有无窟檐或窟檐毁损程度，江河流水流速、江河流水中携带的泥沙量等相关外，还与造像及造像所在崖体岩石的矿物成分、岩石的结构、构造、颗粒、胶结物及岩石的硬度相关。

（1）沉积岩中稳定且不易风化的矿物颗粒（如石英）含量越高，岩石抗风蚀、风化、雨蚀、片流洪流的洗刷冲刷和水下淘蚀的能力越强；反之，岩石中部稳定且易风化的矿物颗粒（如长石）含量越高，岩石抗风蚀、风化、雨蚀、片流洪流的洗刷冲刷和水下淘蚀的能力越弱。

（2）按胶结物的组分，硅质胶结类沉积岩最稳定，岩石抗风蚀、风化、雨蚀、片流洪流的洗刷冲刷和水下淘蚀的能力最强；钙质胶结类沉积岩次之，铁质胶结类沉积岩又次之，泥质胶结类沉积岩最差。

（3）同种胶结物条件下，由砾状结构到砂状结构到粉砂状结构，岩石抗风蚀、风化、雨蚀、片流洪流的洗刷冲刷和水下淘蚀的能力由弱到强。也即，由粗砂岩到中粗砂岩，到细砂岩，到粉砂岩，岩石抗风蚀、风化、雨蚀、片流洪流的洗刷冲刷和水下淘蚀的能力由弱到强。

（4）由整体状结构到巨厚层状结构，到厚层状结构……直到散体壮结构，岩石抗风蚀、风化、雨蚀、片流洪流的洗刷冲刷和水下淘蚀的能力由强到弱。

（5）岩石的硬度越大，岩石抗风蚀、风化、雨蚀、片流洪流的洗刷冲刷和水下淘蚀的能力越强，反之越弱。

硬度适中、构造变动程度较低的四川红层中侏罗系、白垩系中厚层—巨厚层砂岩夹薄层泥质砂岩、粉砂质泥岩，为四川石窟及摩崖造像的凿造提供了良好的地层岩石条件，但也为四川石窟及摩崖造像病害的产生埋下了隐患。

四川石窟及摩崖造像凿造的地层岩石为四川红层中侏罗系、白垩系中厚层—巨厚层砂岩夹薄层泥质砂岩、粉砂质泥岩，尽管构造变动不大，岩体中节理裂隙不发育，但硬度偏低，岩石组成矿物成分中稳定且不易风化的矿物颗粒（如石英）含量变化大，颗粒胶结成分以钙、铁质和泥质胶结为主，砂岩与泥质砂岩、泥岩间岩石硬度、岩石组成矿物成分中稳定且不易风化的矿物颗粒（如石英）含量、颗粒胶结物等差异更大。因此，造成了四川石窟及摩崖造像表面及造像所在崖面强烈的风化风蚀作用，更因不同岩石间强烈的差异风化风蚀、差异水下淘蚀作用，造成造像所在崖面形成了大量的风化风蚀凹腔（槽）和岸坡水下淘蚀凹腔（槽）[图7-1（c）和图7-1（d）]。

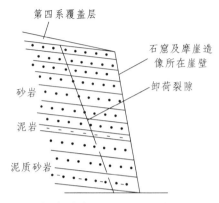

（a）卸荷裂隙+崖顶+崖面型

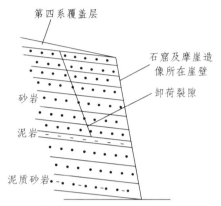

（b）荷裂隙+崖顶+崖面+软弱夹层型

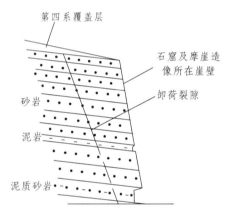

（c）荷裂隙+崖顶+崖面+
风化风蚀凹腔（槽）型

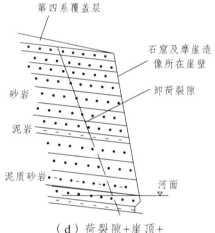

（d）荷裂隙+崖顶+
崖面+水下淘蚀凹腔（槽）型

图 7-1　卸荷裂隙、崖顶、崖面、风化风蚀凹腔、软弱夹层、水下淘蚀凹腔
组合形成危岩体

7.3　造像所在崖体重力作用

如前所述，在四川 32 处石窟及摩崖造像全国重点文物保护单位中，除穆日玛尼石经墙为干砌石结构外，其余均沿江河岸坡、沟谷坡体、山坡坡体和孤立近孤立岩体崖壁分布。

无论是地质营力还是人为工程活动形成的沟谷坡体、山坡坡体、江河岸坡及孤立近孤立岩体周壁，都为崖壁后方卸荷裂隙的形成提供了条件。

卸荷裂隙，指在江河和沟谷岸坡崖壁形成过程及形成后，在崖壁后方崖体自重应力作用下，崖壁岩体应力释放和调整而形成的裂隙。

无论是平行于造像所在崖壁，还是与造像所在崖壁斜交的卸荷裂隙，其首先是对造像所在崖壁后方崖体的切割，然后是与崖体岩体中发育分布的节理裂隙、临崖面出露的软弱岩层、岩层面、沿临崖面出露的相邻岩层间差异风化形成的风化风蚀凹腔（槽）、水下相邻岩层间差异淘蚀形成的水下淘蚀洞（槽）及石窟及摩崖造像所在崖面中的一种或数种，或切割或共同作用形成危岩体（图7-1）。

7.4　石窟及摩崖造像所在崖体地下水作用

含水层，指孔隙、空隙率高且孔隙、空隙中充填水的地层。

透水层，指孔隙、空隙率高且地下水易于穿过的地层。

一般而言，含水层均为透水层；因地下水易于穿过而不停留在其中，透水层不一定是含水层。

如前所述，四川石窟及摩崖造像几乎全部凿造于构造变动不大、倾角普遍较小的侏罗系、白垩系中厚层—巨厚层砂岩夹薄层泥质砂岩、粉砂质泥岩岩层中，砂岩岩石中孔隙率相对较大，为相对含（透）水层，而泥质砂岩、粉砂质泥岩岩石中孔隙率较小，为相对隔水层。泥质砂岩、泥岩中发育分布的贯通性节理裂隙，造像所在崖体岩体中发育的贯通性卸荷裂隙，起到第四系松散覆盖层中地下水进入下层含（透）水的通道作用。

无论造像所在崖体岩层是顺倾还是反倾，大气降雨入渗崖体上方第四系覆盖层成为上层孔隙潜水；孔隙潜水或沿土、岩界面流出到造像所在崖面形成面流，或经土、岩界面下岩体中发育分布的贯通性节理裂隙、卸荷裂隙进入下一含（透）水层，遇相对隔水层向崖面运移在崖面（造像）表面隔水层出露位置形成局部潮湿甚至沿相对隔水层出露位置形成潮湿条带，利于植物、苔藓及微生物等生长。如遇相对隔水层中发育有与下一含（透）水层相通的节理裂隙、卸荷裂隙，则地下水向下一含（透）水层运移……。无造像背后崖体内截排水设施或截排水设施失效，造像所在崖体中地下水向造像及造像所在崖面的运移，当崖体地层岩石中存在多个相对含水层和隔水层时，造像表面及造像所在崖面上沿隔水层位置因潮湿利于植物、苔藓及微生物等生长，形成条带层状杂草丛生病害。

乐山大佛两耳和头颅后面，具有一套设计巧妙，隐而不见的排水系统，两耳背后崖体内，有长9.15 m、宽1.26 m、高3.38 m的相通洞穴；胸部背后两侧崖体中各有一洞，右洞深16.5 m、宽0.95 m、高1.35 m、左洞深8.1 m、宽0.95 m、高1.1 m，两洞间未连通。耳背崖体中互通洞穴、胸背两侧崖体中未连通洞穴口分别与佛身与崖壁交接处可见细沟相连，应为造像背后崖体内含水层流出水截排水洞，截排水经佛身与崖壁交接处可见细沟排至大佛佛脚平台经佛脚平台下暗沟排至江中。可惜的是，因排水洞底淤积的排水携带泥沙长期未得到清除，致其失效。

7.5 其 他

四川石窟及摩崖造像病害的产生，除前述环境地质条件外，一些人为因素亦应引起足够的重视，如造像长期处于烟熏火燎环境中、年节燃放烟花爆竹可能对造像造成的破坏等，梓潼卧龙山千佛岩石窟就曾因张献忠火烧大殿致造像被高温烘烤，尽管高温烘烤的后果尚无法考证，但对造像表面彩绘、造像表面岩石的影响毋庸置疑。

8 四川石窟及摩崖造像病害成因

8.1 风化风蚀作用致石窟及摩崖造像表面彩绘斑驳脱落、造像模糊、窟檐损毁

风化风蚀作用，造成造像表面抹灰层、抹灰层脱落后岩石表层和造像所在石窟窟檐表面的腐蚀破坏、分解、崩解、破碎、劈开、崩碎及在原地发生化学变化产生新矿物，造成石窟及摩崖造像表面彩绘斑驳脱落、造像模糊和造像窟檐的毁损，既影响造像的形象和游人对造像的观赏，又加重对造像的破坏。

8.2 风化风蚀及水下淘蚀作用形成造像所在崖面凹腔（槽）危及造像安全

如前述，四川石窟及摩崖造像所在崖体特有的地层岩石，即受构造运动影响较小、产状相对平缓的侏罗、白垩系的砂岩、泥质砂岩、泥岩，不同岩石地层间抵抗风化、风蚀、水流淘蚀的能力各异，沿抵抗风化、风蚀、水流淘蚀能力弱的岩层，形成层状水下淘蚀凹腔甚至凹槽[图 7-1（c）和图 7-1（d）]，如乐山大佛水下岸坡面分布的淘蚀凹腔。

沿崖面发育分布的风化风蚀及水下淘蚀凹腔（槽），或直接造成其上岩体的悬突并成为危岩体，或与崖体中发育分布的卸荷裂隙、节理裂隙、崖面、崖体中地层岩石层面、崖体地层岩石中的软弱夹层共同作用，形成危岩体，危岩体的变形失稳破坏，对造像所在崖体和造像安全构成威胁，甚至可能导致造像毁灭性破坏。

8.3　大气降雨致造像花脸、造像表面及所在崖面渗水、表面菌斑、杂草丛生

8.3.1　大气降雨致造像花脸、造像表面及所在崖面渗水表面菌斑、杂草丛生

大气降雨直接淋在造像上或飘上造像、造像所在崖面，因造像脸部、身上抹灰层厚薄不一，崖面出露的地层岩石不同，吸水和蒸发各异，高吸水低蒸发部位造像表面、崖面潮湿，潮湿部位利于微生物（细菌、真菌、藻类、地衣、苔藓）和植物（杂草）生长。长此如此，易形成造像脸部花脸、造像表面菌斑、长草和造像所在崖面局部渗水、杂草丛生，既影响造像的形象和游人对造像的观赏，又加重对造像的破坏。

8.3.2　无崖顶坡面截排水设施或截排水设施失效崖顶坡面流水致造像花脸、造像表面及所在崖面渗水表面菌斑、杂草丛生

一般而言，古人在凿造石窟及摩崖造像时，造像所在崖体后方设有截、引排设施（截排水沟），防止造像所在崖体后方坡面水直接流向造像所在崖面。

若造像所在崖体上方无坡面截排水设施或设施失效，坡面径流水将流向造像所在崖面，因造像表面抹灰层厚薄不一、出露的地层岩石不同，高吸水低蒸发部位造像表面、崖面潮湿，潮湿部位利于微生物（细菌、真菌、藻类、地衣、苔藓）和植物（杂草）生长。长此如此，造成造像表面菌斑、长草和崖面局部渗水、杂草丛生，既影响造像的形象和游人对造像的观赏，又加重对造像的破坏。

8.3.3　遮雨屋棚损毁致造像花脸、表面菌斑、长草和崖面杂草丛生

据考，乐山大佛建成时，有为大佛遮风挡雨的 13 层楼阁式建筑物—大像阁。据记载，大像阁为乐山大佛遮风挡雨了约 450 年[9]，后因战火被毁；安岳卧佛建成时亦有遮风挡雨的建筑物，后毁。

无遮雨屋棚，因造像表面抹灰层厚薄不一、脱落、岩石外露，不同厚度抹灰层、外露岩石吸水率不同，蒸发速率也不同，降雨过后在一些抹灰层部位和岩石外露部分残留水，特别在泥质砂岩外露面更是如此，致造像表面形成颜色不一的斑点（在脸部则形成花脸）；更有甚者，微生物、杂草在潮湿的抹灰层部位和岩石特别是泥质砂岩外露部位生长，形成造像表面菌斑、造像表面局部和崖面局部杂草丛生病害，既影响造像的形象和游人对造像的观赏，又加重对造像甚至是崖面的破坏。

8.3.4 造像石窟上缘无遮雨窟檐或窟檐毁损致石窟内及造像潮湿表面菌斑

一般而言，石窟造像凿造时，在窟口上缘均设置有窟檐，将窟口上方降雨崖面流水截引致窟口两侧，防止窟口上方降雨崖面流水流入龛窟内。

造像石窟上缘无遮雨窟檐，或无论是何种原因导致的造像石窟上缘窟檐的毁损，直接导致降雨时崖面流水倒流入石窟内，致石窟内及造像潮湿，利于微生物（细菌、真菌、藻类、地衣、苔藓）等生长，微生物的生死，造成造像表面菌斑。

造像所在崖体后方坡面水的截、引排设施（截排水沟）及造像背后崖体内设置的截排水设施（截水洞），年久失修甚至失效，势必出现造像所在崖体后方坡面水、崖体中相对透（含）水层流出水、造像上砂岩外露处渗流水或直接流向造像表面、或在相对隔水层出露位置停留，致微生物（细菌、真菌、藻类、地衣、苔藓）等生长、杂草丛生和造像花脸的现象，既影响造像的形象和游人对造像的观赏，又加重对造像的破坏。

8.3.5 窟檐外展过小降雨飘入造像石窟和造像表面致石窟及造像表面潮湿、菌斑

窟檐外展过小，风雨飘到造像石窟特别是浅窟中及造像上，加之造像表面抹灰层厚薄不一、脱落、岩石外露，不同厚度抹灰层、外露岩石吸水率、蒸发速率不同，降雨过后在一些抹灰层部位和岩石外露部分因残留水而潮湿，特别在泥质砂岩外路面更是如此，或致造像表面形成颜色不一的斑点（在脸部则形成花脸），或利于微生物生长，微生物生死造成造像表面菌斑。

8.4 卸荷裂隙、节理裂隙切割崖体或与崖面、岩层面、软弱夹层、崖面凹腔（槽）共同作用形成危岩体变形失稳致造像安全受到威胁甚至像毁灭性破坏

造像所在崖体后方发育分布的卸荷裂隙与崖体中发育分布的节理裂隙对崖体的切割，或造成崖体岩体的裂隙化，或切割体成为崖面上分布的危岩体。危岩体的变形失稳破坏，对造像所在崖体和造像安全构成威胁，甚至可能导致造像毁灭性破坏。

造像所在崖体后方发育分布的卸荷裂隙、崖体中发育分布的节理裂隙、崖面及其上发育分布的风化风蚀凹腔（槽）、岸坡水下淘蚀凹腔（槽）、崖体地层岩石层面及软弱夹层，或单独或其中几种甚至一道共同作用，形成崖面上分布

的危岩体。危岩体的变形失稳破坏，对造像所在崖体和造像安全构成威胁，甚至可能导致造像毁灭性破坏。

大气降雨灌入或经造像后方坡顶第四系覆盖层入渗进入崖面后方发育分布的卸荷裂隙，致卸荷裂隙中裂隙水压增大、卸荷裂隙扩张，导致由卸荷裂隙控制稳定性的危岩体变形失稳甚至破坏，造成造像安全受到威胁甚至毁灭性破坏。

前述浦江飞仙阁摩崖造像，即因降雨致原有危岩体坍塌，坍塌体上方与造像所在岩体为一体的岩体成为新的危岩体，如不及时对其进行加固，危岩体继续坍塌，将直接造成造像的破坏。

第4篇 石窟及摩崖造像病害治理研究

9 造像表面风蚀风化治理研究

9.1 防风化材料研究——由传统封护材料向丙烯酸酯类、有机硅树脂到纳米复合材料发展

9.1.1 天然有机高分子材料及其改性材料

天然有机高分子材料在人类生活中已经有了千百年的使用历史。天然有机高分子材料包括多糖、蛋白质类及各种天然树脂，如达玛树脂、乳香胶、松香、虫胶、蜡、油等。

天然树脂改性材料如醋酸纤维素、硝酸纤维素等。

水溶性合成树脂如聚乙烯醇、聚乙二醇等。

自高分子科学兴起，溶剂型合成树脂就不断有新的品种出现，而人工合成高分子材料一出现，就马上在文物保护上得到了试用，至今这类材料的应用仍在不断地更新。

随着实践的不断深入，很多材料如聚乙烯、聚氯乙烯等目前已经不用或很少使用。常用的材料包括聚乙烯醇缩醛、酮树脂、聚醋酸乙烯酯、丙烯酸树脂等。

反应型树脂包括醇酸树脂、甲醛树脂、有机硅材料（有机硅单体、低聚体）、聚氨酯、环氧树脂及甲基丙烯酸酯类材料。

树脂乳液类包括聚醋酸乙烯乳液、丙烯酸树脂乳液等。

有机高分子材料具有较好的粘接性、防水性、抗酸碱性、单体具有良好的渗透性，但其易滋生微生物、易老化、与无机物文物本体相容性较差的问题也十分明显。因此，要推广有机高分子材料在石质文物表面保护中的应用，应提高材料本身抗微生物性生长的能力、抗老化能力及与石质文物本体的相容性，如加大材料的硅化度、发展多孔高分子聚合物材料、根据石质文物具体情况掺加有机硅材料对有机材料进一步改性。

9.1.2 无机材料及其发展

国际上曾使用的无机加固材料主要有：石灰水、氢氧化钡、碱土硅酸盐及

氟硅酸盐。

无机材料存在的问题是可溶性盐结晶问题、加固强度问题、渗透性较差。

当前无机类材料的发展方向是纳米无机材料、生物无机材料和仿生无机材料。

纳米无机保护材料是研究的热点之一，国外无机纳米加固材料的研究主要集中在硅氧化物和碱土金属氢氧化物。在国内，浙江大学文物保护材料实验室已经开展纳米液态水硬性土遗址的加固保护材料的研究工作，目标是用于潮湿环境土遗址的加固保护。在国内浙江大学文物保护材料化学研究基本上与国际的研究同步，如草酸钙仿生膜的制备。

在国内不可移动文物保护技术中，新型材料发挥了重要的作用，如敦煌研究院的高模数硅酸钾材料和 PS 材料，对干旱地区土遗址的保护具有重要意义。

成都文物考古研究所杨盛、四川博物院韦荃等以安岳石窟圆觉洞石窟造像保护工程为依托，开展了造像岩石特性和造像表面防风化材料的试验研究，通过防风化材料与造像岩石物理力学参数指标的比较分析，确定造像表面防风化材料[11]。

表 9-1 是试验获得的圆觉洞造像岩石物理力学参数指标。

表 9-2 是采用德国 REMMERS 公司生产的 KSE OH、KSE 100 和 KSE 300 有机硅材料进行造像所在崖面岩石样品表面防风化处理后岩石的物理力学参数指标。

对比表 9-1 和 9-2 可以看出：

（1）采用三种防风化材料进行岩石表面处理后，岩石的渗透性基本不变，表明材料渗透性能良好。

（2）采用 KSE100 处理过的岩样，吸水膨胀率较采用 KSE OH 和 KSE300 处理的岩样偏高。

（3）采用 KSE OH 加固处理的岩样各项性能测试中无明显缺点。

基于采用 3 种材料处理后的岩样外表颜色均无变化且安岳属中部亚热带季风型湿润气候的实际，比较采用 3 种材料进行岩样表面处理后岩样的吸水膨胀率和热膨胀率指标，最终选择 KSE OH 作为现场实验的防风化材料。

邵高峰等以氟碳乳液为基料，采用分散剂 $Na_5P_3O_{10}$ 和偶联剂改性纳米 SiO_2、TiO_2 及相应助剂，制成一种环保型石质文物防风化剂。防风化剂成膜性好，具有较强的紫外光屏蔽作用和防水耐蚀性能，并能对石质风化层起固结作用。材料无色透明、无毒，能保持石质文物原貌，是一种综合性能优良、环保型的石质文物防风化剂[12]。

表 9-1　圆觉洞造像岩石物理力学参数指标

物理力学参数/方向/试验环境

孔隙率（%）	吸水率（%）大气	吸水率（%）真空	吸水膨胀率（95%RF，μm/m）垂直水中	吸水膨胀率（95%RF，μm/m）平行水中	吸水膨胀率（μm/m）垂直水中	吸水膨胀率（μm/m）垂直水中	热膨胀率（μm/m·℃）垂直	热膨胀率（μm/m·℃）平行	杨氏模量（GPa）	抗拉强度（MPa）	杨氏模量/抗拉强度	抗钻强度均值（N）垂直	抗钻强度均值（N）平行
20.14	6.46	9.57	448	391	2134	1375	13	11	3.72	2.43	0.65	3.6	4.2

表 9-2　表面防风化处理后岩石物理力学参数指标

物理力学参数方向/试验环境

防风化材料	孔隙率（%）	吸水率（%）大气	吸水率（%）真空	吸水膨胀率（95%RF，μm/m）平行水中	吸水膨胀率（95%RF，μm/m）垂直水中	吸水膨胀率（μm/m）垂直水中	吸水膨胀率（μm/m）垂直水中	热膨胀率（μm/m·℃）垂直	热膨胀率（μm/m·℃）平行	杨氏模量（GPa）	抗弯强度（MPa）	杨氏模量/抗弯强度	抗钻强度均值（N）垂直	抗钻强度均值（N）平行
KSE OH	2.67	2.15	19.47	6.31	9.05	500	2350	14.007	14.160	11.11	5.53	0.50	2.8	3.3
KSE 100	2.66	2.13	19.90	6.42	9.34	580	2700	16.446	16.181	7.04	4.16	0.59	3.2	4.7
KSE 300	2.67	2.14	19.80	5.90	9.26	500	1920	18.072	17.385	13.05	5.77	0.44	3.7	7.2

张晓颖等以丙烯酸酯为基料，以甲基丙烯酸十二氟庚酯和二氧化硅为改性剂，制备了一种成膜性好、无色透明的封护材料——氟硅丙烯酸酯。模拟试验表明，经氟硅丙烯酸酯封护材料封护后，能保持石质文物原貌，且具有较好的耐水、耐酸碱性和较强的抗风化能力[13]。

惠路华等介绍了具特殊性能有机氟聚合物材料、纳米材料和仿生无机材料在石质文物保护中的探索研究，得出了"随着科技的发展，有机氟聚合物材料、纳米材料和仿生无机材料由于其特殊的优良性能正在成为很有潜力的石质文物保护材料"的结论[14]。

刘绍军等以具有良好综合防风化性能的甲基三甲氧基硅烷为有机物，通过与采用溶胶凝胶法制备含有纳米二氧化硅颗粒的二氧化硅溶胶的机械混合，制备有机-无机防风化杂化加固材料。得到了"当杂化材料中甲基三甲氧基硅烷的质量分数为15%～20%时，防风化杂化材料的黏度低（接近于水的黏度）、凝胶时间短且稳定性好；胶体颗粒的添加有效地降低了单一有机物加固涂层的开裂概率；防风化杂化加固材料引起试样的色差变化较小，加固吸收率明显比单一有机物的吸收率高，且涂覆防风化杂化加固材料的石质试样，其耐酸和耐盐性显著提高"的结论[15]。

金柏创等以柯岩造像及摩崖题刻防风化处理工程为依托，通过实验室模拟老化试验，进行专用防风化材料的筛选，通过现场试验，确定了纳米级二氧化硅复合氟碳乳液+防水剂+纳米级二氧化钛封护剂作为柯岩造像及摩崖题刻防风化材料，取得了较好的防风化效果[16]。

徐飞等以浙江余杭凝灰岩摩崖石刻防风化处理工程为依托，根据文物保护原则和对石质文物保护剂的基本要求，开展了几种传统石质文物保护剂保护性能的室内试验测试，包括保护材料的封护性能、加固性能及耐候性能对比，发现了氟硅树脂和派立刻树脂在凝灰岩石刻表面防风化方面较好性能[17]。

陆春海以聚氯代对二甲苯为检验对象，采用量子化学、定量构型关系、分子动力学和蒙特卡洛等方法，对其构型、物理性质、化学性质，特别是关系到其文物保护性质的气体和水的输运特性进行了数值模拟；参照相关高分子材料的评价标准，对聚氯代对二甲苯进行了严格的测评，以验证聚氯代对二甲苯的适用性；根据实验考评、数值模拟和基于地球化学反应动力学，推断了聚氯代对二甲苯在保护文物免受有害气体和酸雨影响、延缓文物风化速度、保护文物方面的优势；用 QSPR 方法预报了聚对二甲苯、聚氯代对二甲苯的物性；推断采用聚氯代对二甲苯在文物表面刷膜，可使文物在室内环境不受空气和水的侵蚀，证实了聚氯代对二甲苯具有极强的耐化学侵蚀作用，特别适于小型石质文物的保护。成果对于延缓文物风化材料开发具有重要的现实意义[18]。

王惠珍等在高句丽石质文物保存环境、风化病害现状研究和风化机理分析基础上，采用清洗、杀菌防霉处理、加固封护方法对石质文物进行防风化处理，取得了比较满意的效果[19]。

9.2   防风化技术方法研究——表面清洗、防风化材料涂抹

王恩铭介绍了利用新的纳米材料，对天坛石质文物进行纳米复合保护、达到减缓风化速度及文物表面保护的石质文物表面全面清洗、纳米防护剂的涂抹的石质文物防风化施工技术方法[20]。

王丽琴等探讨了石质文物风化的诸因素，即石材原料、物理因素、化学因素、生物因素和人为破坏等，阐述了目前用于石质文物加固保护的无机加固剂、有机加固剂的特点、应用及其加固技术[21]。

燕学锋根据其多年从事石质文物风化防护的亲身体验，结合中国不同类型、条件下的石质文物的情况，从历史、现实、未来、科学和辩证等角度，较全面地说明了对石质文物风化防护的观点、认识及思路；详细阐明了石质文物风化防护的理念、技术措施及工艺；并较具体、系统地提出如何把握、规范中国石质文物风化防护、处理的工作内容，如何确定保护范围和程度等问题[22]。

9.3   防风化治理效果评估方法

周伟强在其论文《砂岩质文物防风化材料保护效果评估方法研究》中，提出了砂岩质文物防风化材料效果评估过程中的基本程序及其具体评估方法，如材料安全性检测方法、防风化性能检测方法、长期有效性及其耐候性检测方法等，并以表格形式给出具体的经验性评估参数[23]。

9.4   石质文物防风化机理及防风化效果研究

9.4.1   机理研究

无论是使用丙烯酸酯类、有机硅树脂类还是纳米复合材料进行石质文物表面防风化处理，毫无例外，均是通过将在石质文物表面涂抹，利用材料由石质文物表面向文物内部的渗透，在石质文物表面至其内部一定深度范围形成有限厚度的强度提高层，利用材料良好的透气性，期望其与石质文物浅表层形成的有限厚度的强度提高层具有与原石质文物浅表层同样的透气性和透水性，达到防止石质文物表面风化的效果。

9.4.2　防风化效果研究

众所周知，石质文物表面的破坏，是石质文物表面风化作用和风蚀作用的结果。

石质文物表面的风蚀作用，包括风对石质文物表面吹蚀作用和磨蚀作用。吹蚀作用是风吹过石质文物表面产生紊流，石质文物表面沙粒或尘土离开石质文物地面、石质文物表面遭受破坏的过程；磨蚀作用是风吹过石质文物表面，风中携带泥沙颗粒物质运动对石质文物表面冲击、摩擦造成石质文物破坏的过程。

石质文物表面的风化作用，包括石质文物表面与大气、水及生物接触过程中产生物理、化学变化造成石质文物表面疏松破坏的全过程。根据风化作用的因素和性质可将其分为三种类型：物理风化作用、化学风化作用、生物风化作用。

显然：

（1）石质文物经表面防风化处理、在石质文物表面至其内部一定深度范围形成的有限厚度的强度提高层的表面，具有较原有石质文物表面更高的抗风蚀能力。

（2）具有较好抗微生物生长能力的强度提高层表面，较原有石质文物表面更能抵抗微生物和植物的生长，抗化学和生物风化的能力提高。

（3）石质文物经表面防风化处理，并不能改变石质文物所处的气候环境，特别是石质文物所处环境存在的昼夜及季节温度差异，也即石质文物所处物理风化场依旧，经防风化处理形成的石质文物表面有限厚度强度提高层与强度提高层以内岩石间的差异风化，使石质文物表面"壳"效应更为明显，更为石质文物破坏留下了隐患。

也正因此，才有著名文物保护专家马家郁先生的石质文物"预防风化材料的研究，此前国内不少学者已通过各种单一因素对岩体风化的影响与破坏的实验与观测，基本上实现了对其机理与过程认识"，"先后探索、筛选出丙烯酸酯类和有机硅树脂等众多几乎被公认为是目前最理想的防风化材料。但现实的情况是，当急需对某一具体对象进行处理时，我们的保护工作却又好像很难突破'实验阶段'而举步维艰"的现状[24]。

10　造像水害治理研究

10.1　造像水害形成机理研究

四川石窟及摩崖造像水害，或表现为造像长期处于潮湿甚至渗水状态，或造像局部处于潮湿、渗水、造像花脸、表面菌斑、表面及崖面杂草丛生。造像表面清洗、杂草清除，只能暂时改变造像的表面形象，并不能改变造像表面潮湿、渗水甚至造像花脸、杂草丛生除而又长的状态。因此，明确石窟及摩崖造像水害原因，采取切实有效的水害治理工程措施，才是彻底治理造像水害，改变造像表面潮湿、渗水甚至造像花脸、杂草丛生除而又长的长效机制。

如前述，四川石窟及摩崖造像均位于四川盆地中亚热带温润气候区内的江河岸坡、沟谷两侧坡体缓倾红层地层中，区内降雨充沛，地层中存在相对透含水层和相对隔水层，岩石中发育节理裂隙，造像后方坡面多分布松散第四系残坡积层。因此，四川石窟及摩崖造像水害，不外以下原因：

（1）造像上方无遮雨屋棚和窟檐或遮雨屋棚和窟檐损毁或窟檐外展过小，大气降雨直接淋上或飘上造像表面，雨蚀作用致造像表面侵蚀，造像表面长期处于潮湿或局部潮湿状态，致造像花脸、表面菌斑、造像表面及崖面杂草丛生。

（2）造像所在崖体崖顶坡面无截排水设施或截排水设施失效，大气降雨形成的坡面片流甚至洪流水流向甚至冲上造像表面和造像所在崖面，造像表面和造像所在崖面长期处于潮湿或局部潮湿状态，致致造像花脸、表面菌斑、造像表面及崖面杂草丛生。

（3）造像所在崖体崖顶坡面无截排水设施和防渗措施或截排水设施和防渗措施失效，大气降雨形成的坡面片流甚至洪流水入渗坡顶第四系松散残坡积层，致第四系松散残坡积层饱水失稳形成溜塌。

（4）造像所在崖体崖顶坡面无截排水设施和防渗措施或截排水设施和防渗措施失效，大气降雨形成的坡面片流甚至洪流水直接灌入或经渗坡顶第四系松散残坡积层深入崖体中发育分布的卸荷裂隙内，致由卸荷裂隙控制的危岩体失稳破坏危及造像安全。

（5）造像后方崖体内无截排水设施或截排水设施损毁，崖体中地下水流向造像所在崖面甚至造像表面，包括大气降雨坡面径流水渗入坡面第四系残坡积层形成的孔隙潜水沿崖体土、岩界面和含水层水岩隔水层顶面流向造像所在崖面甚至造像表面，造像表面和造像所在崖面长期处于潮湿或局部潮湿状态，致造像表面菌斑、造像表面及崖面杂草丛生。

10.2　造像水害治理研究

基于以上四川石窟及摩崖造像水害原因和水害治理工程实施难度，目前四川石窟及摩崖造像水害治理多集中于：

（1）造像崖顶坡面截排水设施的维修和设置。

乐山大佛上世纪九十年代的综合整治工程，曾对大佛后方地面截排水设施进行维修及补充设置。

结合遮雨棚试验工程施工，广元千佛崖北段环境改造工程实施的主要就是坡面截排水沟的设置。

（2）造像后方裸露岩体节理裂隙表面封闭。

近年来，对于造像后方岩体表面裸露基岩节理裂隙，普遍采用裂隙无压灌浆和表面防渗砂浆封闭的处理措施。措施的实施，尽管对造像水害有所缓解，但离彻底治理造像水害尚有差距。

（3）造像后方坡体坡面径流水防渗工程。

在前些年完成的安岳卧佛环境改造工程中，配合卧佛后方崖体坡面截排水沟施工，在截排水沟与卧佛所在崖面间松散第四系残坡积层表面，曾实施了防渗层、防渗层上覆土植草施工。

在近期完成的通江千佛岩石窟造像水害治理工程设计中，亦在造像后方崖体坡面截排水沟与崖面间，采取了清除部分坡面松散第四系残坡积层设置防渗层覆土植草的设计。

（4）结合崖面透（含）水层微倾钻孔排水的后方坡体深层防渗截水幕墙设计研究。

在近期完成的德阳市中江县塔梁子崖墓群加固保护工程中，采用地表排水沟和仰斜排水孔等方法对裂隙渗水和表面潮湿进行综合治理。设计单位四川省考古设计研究院随后提出了造像后方沿平行崖面方向深孔旋喷注浆截水幕墙、幕墙底部积水洞与崖面微倾排水钻孔相连的塔梁子崖墓群水害综合治理措施建议。尽管基于深孔旋喷注浆在红层砂岩地层中并不适宜、注浆仅能起到堵塞岩体中节理裂隙及难以形成截水幕墙原因，建议的网审未获通过，但建议无疑为崖体后方地层存在多个透（含）水层的石窟及摩崖造像水害治理提供了参考。

相信，在石窟及摩崖造像后方崖体地形许可（地形平缓）条件下，坡面截排水沟、地下连续截水幕墙、造像后方坡体坡面径流水防渗层、透（含）水层崖面微倾钻孔排水的石窟及摩崖造像水害综合治理（图 10-1），无疑是彻底治理石窟及摩崖造像水害的发展方向。

（5）窟檐形制及修复再造研究。

造像或局部造像和崖面或局部崖面长期处于潮湿甚至渗水状态，是造像花脸、表面菌斑、局部造像表面及局部崖面杂草丛生的原因之一，窟檐外展过小、窟檐长期风蚀风化毁损造成的风雨飘上造像是造像花脸、表面菌斑、局部造像表面杂草丛生的又一原因。

如前述，窟檐长期风蚀风化造成的毁损，是四川石窟及摩崖造像普遍存在的病害。因此，毁损窟檐的修复成为四川石窟及摩崖造像水害治理面临的又一难题，关于窟檐形制的争论严重困扰了这一难题的解决。

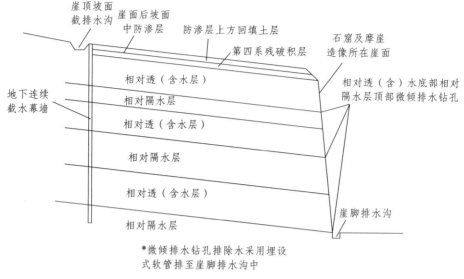

图 10-1　石窟及摩崖造像水害综合治理方案示意图

① 窟檐形制研究。

a. 传统窟檐外展过小难以解决风雨飘上造像致造像花脸、表面菌斑、局部造像表面杂草丛生

对因长期风蚀风化造成的毁损窟檐，按传统窟檐形制修复造旧，无疑符合文物修复"修旧如旧"的原则，但因外展过小，显然无法解决风雨飘上造像致造像花脸、表面菌斑、局部造像表面杂草丛生的问题。

b. 新型窟檐可解决风雨飘上造像致造像花脸、表面菌斑、局部造像表面杂草丛生问题，但有违文物修复"修旧如旧"的原则。

在 2015 年 10 月 19 日至 21 日陕西彬县召开的中国古迹遗址保护协会石窟专业委员会理事会暨石窟窟檐保护研讨会上，国家文物局副局长、中国古迹遗址保护协会理事长童明康全面回顾了我国窟檐发展历程，特别是 1949 年以来我国石窟保护和窟檐建设的三个阶段，肯定了建国后开展的一系列石窟保护和窟檐建设工作所起到的抢救保护作用，指出历史上窟檐建设设计上的不足反映了当时的认识水平和能力局限，不能否认窟檐这一保护手段的有效性；提出了今后的窟檐建设的五项基本原则：即要从保护角度考虑其建设的必要性、可行性、科学性和要加强工程实施前后文物本体安全措施和微环境控制的保护原则；要做好技术设计，确保设计质量，鼓励合理采用新技术、新材料，鼓励合理创新，确保窟檐的稳定性和持久性的坚固耐用原则；在设计时要考虑周全、留有余地，确保不会妨碍未来实施更加有效的保护措施的可逆原则；要保持与石窟自身的和谐、保持与石窟周边景观环境的和谐，尊重石窟历史形成的人文环境和景观风貌，反对刻意模仿某一时代样式的和谐原则；要适当兼顾石窟日常管理方面的合理需求以及展示、服务需求的兼顾原则。

在中德合作安岳石窟保护研究项目中，德方慕尼黑大学提出了包括利用安岳丰富的竹木资源和现代透明玻纤材料形成的外展足够的廊式、檐式在内的窟檐设计方案[25]，方案也在成都进行了演示和专家研讨。所提方案符合文物修复"可识别""可逆""兼顾""保护"和"坚固耐用"原则，但有悖"传统观念"和文物修复"修旧如旧"原则，争议依旧。

② 窟檐修复再造。

尽管关于石窟及摩崖造像窟檐修复形制的争议依旧，但因长期风蚀风化造成窟檐毁损的修复，如果因争议而停止，无疑是对因窟檐毁损造成的风雨飘上造像致造像花脸、表面菌斑、局部造像表面杂草丛生病害的无视。因此，四川在石窟及摩崖造像病害治理工程中，本着试验和视效果推广的出发点，开展了石窟及摩崖造像毁损窟檐的修复和再造研究和实践。

在巴中西龛和广元千佛崖石窟及摩崖造像保护工程中，即从试验和视效果推广的出发点，采用沿毁损窟檐位置植筋、砂浆修补和修补砂浆表面做旧的方法进行毁损窟檐的修复，广元千佛崖石窟及摩崖造像更根据实验龛窟窟檐修复取得良好效果进行了推广。

在广元千佛崖石窟及摩崖造像保护工程中，采用屋檐式窟檐再造进行了毁损窟檐的修复。

（6）遮雨屋棚的研究。

截至目前基于四川石窟及摩崖造像多有依崖壁建造楼阁的事实，截至目前，四川石窟及摩崖造像遮雨屋棚的设计仍以仿古结构楼阁形式为主，尽管也探讨过采用现代轻型材料如玻璃纤维钢进行遮雨屋棚设计，仅在广元千佛崖摩崖造像选择其中一小段进行试验，研究建造新型遮雨屋棚后石窟及摩崖造像所处环境条件的变化。

11　危岩加固研究

11.1　危岩体

危岩加固，实际上是对危岩体的加固。

危岩体，指沿山坡坡面或崖面或江、河、湖岸岸坡坡面或崖面分布的，在重力、风力、地震、降雨、震动等内外动力作用下，具备发生崩塌、倾倒、滑塌、剥落可能的，由山坡坡面或崖面，江、河、湖岸岸坡坡面或崖面，与坡体或崖体后方发育分布的卸荷裂隙，构成山体和崖体的岩体中发育分布的节理裂隙，地层岩石中的软弱夹层，山坡坡面或崖面风化风蚀凹腔（槽），江、河、湖岸岸坡坡面或崖面风化风蚀凹腔（槽），湖岸岸坡坡面或崖面水下淘蚀凹腔（槽），切割或共同作用形成的不稳定岩体。

11.2　危岩体分类

成都理工大学郭素芳对危岩体进行了系统的分类[26]。

根据危岩体的变形模式，将危岩体划分为：

（1）蠕滑-拉裂危岩体；

（2）滑移-拉裂危岩体；

（3）溃屈危岩体；

（4）倾倒-拉裂危岩体；

（5）塑流-拉裂危岩体；

（6）松弛张裂危岩体。

根据危岩体的失稳破坏模式，又可将危岩体划分为：

（1）崩落（塌）危岩体；

（2）滑落（塌）危岩体；

（3）扩离危岩体；

（4）剥落危岩体。

其中崩落（塌）类危岩体，根据其失稳破坏瞬间的运动方式和破坏机理又分为坠落式崩塌和倾倒式崩塌危岩体两个亚类。

图 11-1 为石窟及摩崖造像典型危岩体类型。

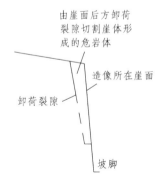

（a）沿卸荷裂隙拉裂滑塌型危岩体　（b）沿卸荷裂隙拉裂沿卸荷裂隙、岩层面或软弱夹层滑塌型危岩体

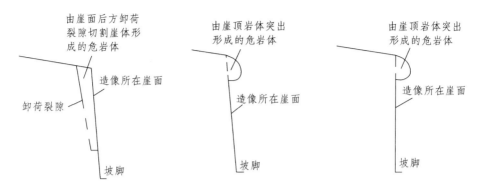

（c）沿卸荷裂隙拉裂倾倒　　（d）拉裂滑坠型危岩体　　（e）拉裂坠落型危岩体
　　　型危岩体

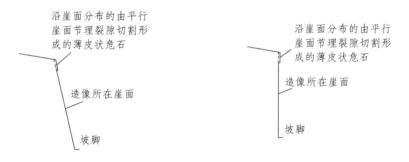

（f）崖面上由平行崖面断续节理切割成　　（g）崖面上由平行崖面断续节理切割成
　　　的拉裂滑坠型危石　　　　　　　　　　　　的拉裂坠落型危石

（h）岩层风化风蚀凹腔致上部岩体突出　　（i）岩层水下淘蚀凹腔致上部岩体突出拉
　　　拉裂坠落型危岩体　　　　　　　　　　　　裂坠落型危岩体

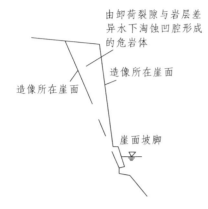

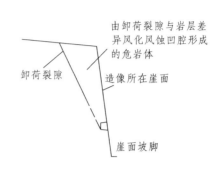

（j）卸荷裂隙与岩层水下淘蚀凹腔构成　　（k）卸荷裂隙与岩层风化风蚀凹腔构成
　　的拉裂滑塌型危岩体　　　　　　　　　的拉裂滑塌型危岩体

图 11-1　石窟及摩崖造像典型危岩体类型

在地质灾害分类分级（送审稿）[27]中，根据危岩体体量，危岩体可分为巨型、大型、中性和小型危岩体。

（1）巨型危岩体：体积≥100×10^4 m^3；

（2）大型危岩体：10×10^4 m^3≤体积<100×10^4 m^3；

（3）中型危岩体：1×10^4 m^3≤体积<10×10^4 m^3；

（4）小型危岩体：体积<1×10^4 m^3。

如前述，位列全国重点文物保护单位的全部四川地区石窟及摩崖造像，除位于川西北高山高原高寒气候区的石渠县穆日玛尼石经墙和位于川西南山地亚热带半湿润气候区的昭觉县博什瓦黑岩画，均位于四川盆地中亚热带温润气候区内的江河岸坡、沟谷两侧坡体缓倾红层地层中。在凿造造像的侏罗、白垩系地层中，除岩层面和沿平行坡（崖）面发育分布于坡（崖）面后方的贯通或断续贯通的卸荷裂隙外，厚层—巨厚层状红砂岩中节理裂隙不发育，仅在临坡（崖）面发育分布延伸度、张开度不一的卸荷裂隙；裸露在河流岸坡、沟谷崖壁及孤立近孤立岩再逼上的产状平缓的厚层—巨厚层红砂岩岩层间所夹泥质砂岩、泥岩，因风化风蚀或水下淘蚀，顺层位形成了或深或浅的凹腔凹槽。因此，在四川石窟及摩崖造像所在坡（崖）面上出现的危岩体，由岩层面、沿平行坡（崖）面发育分布于坡（崖）体内侧的贯通或断续贯通的卸荷裂隙、临坡（崖）面发育分布的延伸度及张开度不一的卸荷裂隙、厚层—巨厚层红砂岩岩层间所夹软弱夹层或其沿临坡（崖）面出露因风化风蚀或水下淘蚀形成的或深或浅的凹腔凹槽切割或共同作用形成。显然，套用地质灾害分类分级中崩塌（危岩体）规模级别划分标准进行体量分类时不合适的。

考虑到加固措施的选择，特别是确保锚杆加固有效作用深度，建议以沿平行坡（崖）面发育分布于坡（崖）面后方的贯通或断续贯通的卸荷裂隙的有无及其与造像所在坡（崖）面间的距离作为划分大小危岩体的依据，建议将四川地区石窟及摩崖造像所在坡（崖）面危岩体分为大型、中型和小型三种：

（1）大型危岩体：有沿平行坡（崖）面发育分布于坡（崖）面后方的贯通或断续贯通的卸荷裂隙，卸荷裂隙与坡（崖）面间的距离大于 5 m。

（2）中型危岩体：有沿平行坡（崖）面发育分布于坡（崖）面后方的贯通或断续贯通的卸荷裂隙，卸荷裂隙与坡（崖）面间的距离小于于 5 m。

（3）小型危岩体：坡（崖）体内侧无平行坡（崖）面的卸荷裂隙，由坡（崖）面与临坡（崖）面发育分布的延伸度及张开度不一的卸荷裂隙、岩层面、软夹层等切割岩体形成的危岩体。

11.3　危岩体稳定性分析及计算

危岩体稳定性分析方法众多，包括地质分析法、赤平投影法、模糊综合评判法、极限平衡法、数值计算法、点安全系数法、块体稳定分析法等，不一而足，在此不再作介绍。

为确保三峡大坝建成蓄水后两岸岸坡的稳定，在三峡大坝建设过程中，对三峡两岸岸坡上存在的大量地质灾害点进行了加固治理。为规范地质灾害治理，三峡库区地质灾害防治工作指挥部特别制定了《三峡库区三期地质灾害防治工程地质勘察技术要求》[28]。

《三峡库区三期地质灾害防治工程地质勘察技术要求》规定：

（1）滑移式危岩稳定性计算。

危岩体后缘无陡倾裂隙时（图 11-2）的稳定性系数：

$$F = \frac{(W\cos\alpha - V)\tan\varphi + cl}{W\sin\alpha}$$

式中　V——裂隙水压力（kN/m），根据不同工况按第 12.1.10 条的规定计算。

　　　F——危岩稳定性系数。

　　　c——后缘裂隙黏聚力标准值（kPa）；当裂隙未贯通时，取贯通段和未贯通段黏聚力标准值按长度加权的加权平均值，未贯通段黏聚力标准值取岩石黏聚力标准值的 0.4 倍。

　　　φ——后缘裂隙内摩擦角标准值（°）；当裂隙未贯通时，取贯通段和未贯通段内摩擦角标准值按长度加权的加权平均值，未贯通段内摩擦角标准值取岩石内摩擦角标准值的 0.95 倍。

α——滑面倾角（°）。

W——危岩体自重（kN/m）。

l——滑面长度（m）。

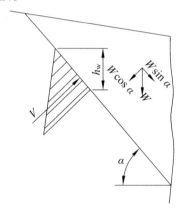

图 11-2　滑移式危岩体稳定性计算（后缘无陡倾裂隙）

后缘有陡倾裂隙、滑面缓倾时，滑移式危岩体稳定性系数：

$$F_s = \frac{R}{T}$$

$$R = N \tan \varphi + cl$$

$$T = W \sin \theta + V \cos \theta$$

$$N = W \cos \theta - V \sin \theta - U$$

$$W = V_u \gamma + V_d \gamma_{sad} + F$$

$$V = \frac{1}{2} \gamma_w h_w^2$$

$$U = \frac{1}{2} \gamma_w h_w$$

式中　V——后缘裂隙水压力（kN/m）；

U——滑面水压力（kN/m）；

h_w——裂隙充水高度（m）；

F_s——滑坡稳定性系数；

R——滑坡体抗滑力（kN/m）；

T——滑坡体下滑力（kN/m）；

N——滑坡体在滑动面法线上的反力（kN/m）；

c——滑面黏聚力标准值（kPa）；

φ——滑带土的内摩擦角标准值（°）；

l——滑动面长度（m）；

V_u——滑坡体单位宽度岩土体的浸润线以上体积（m³/m）；

V_d——滑坡体单位宽度岩土体的浸润线以下体积（m³/m）；

θ——滑面倾角（°）；

γ——岩土体的天然容重（kN/m³）；

γ_{sat}——岩土体的饱和容重（kN/m³）；

γ_w——水的容重（kN/m³）；

F——滑坡体所受地面荷载（kN）。

（2）倾倒式危岩体稳定性计算。

稳定性由后缘岩体抗拉强度控制[图 11-3（a）]、危岩体重心在倾覆点之外时，危岩体稳定性系数：

$$F = \frac{(\frac{1}{2}f_{lk} \cdot \frac{H-h}{\sin\beta}) \cdot (\frac{2}{3} \cdot \frac{H-h}{\sin\beta} + \frac{b\cos(\beta-\alpha)}{\cos\alpha})}{W \cdot a + V \cdot \frac{H-h}{\sin\beta} + \frac{h_w}{3\sin\beta} + \frac{b\cos(\beta-\alpha)}{\cos\alpha}}$$

稳定性由后缘岩体抗拉强度控制、危岩体重心在倾覆点之内时，危岩体稳定性系数：

$$F = \frac{(\frac{1}{2}f_{lk} \cdot \frac{H-h}{\sin\beta}) \cdot (\frac{2}{3} \cdot \frac{H-h}{\sin\beta} + \frac{b\cos(\beta-\alpha)}{\cos\alpha}) + W \cdot a}{V \cdot \frac{H-h}{\sin\beta} + \frac{h_w}{3\sin\beta} + \frac{b\cos(\beta-\alpha)}{\cos\alpha}}$$

稳定性由底部岩体抗拉强度控制时[图 11-3（b）]，按下式计算：

$$F = \frac{\frac{1}{3}f_{lk}b^2 + W \cdot a}{V \cdot (\frac{h_w}{3\sin\beta} + Vb\cos\beta)}$$

式中　h——后缘裂隙深度（m）；

h_w——后缘裂隙充水高度（m）；

H——后缘裂隙上端到未贯通段下端的垂直距离（m）；

a——危岩体重心到倾覆点的水平距离（m）；

b——后缘裂隙未贯通段下端到倾覆点之间的水平距离（m）；

f_{lk}——危岩体抗拉强度标准值（kPa），根据岩石抗拉强度标准值乘以 0.4

的折减系数确定；

α——危岩体与基座接触面倾角（°），外倾时取正值，内倾时取负值；

β——后缘裂隙倾角（°）。

其他符号意义同前。

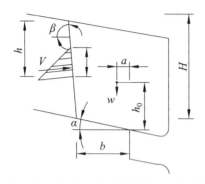 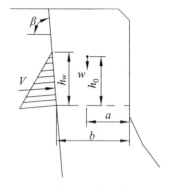

（a）稳定性由后缘岩体抗拉强度控制　　（b）稳定性由底部岩体抗拉强度控制

图 11-3　倾倒式危岩体体稳定性计算

（3）坠落式危岩稳定性计算。

后缘有陡倾裂隙的悬挑式危岩[图 11-4（a）]稳定性系数按下列两式计算，取其中较小值：

$$F = \frac{c \cdot (H - h)}{W}$$

$$F = \frac{\zeta \cdot f_{lk} \cdot (H - h)^2}{W \cdot a_0}$$

式中　ζ——危岩抗弯力矩计算系数，依据潜在破坏面形态取值，一般可取 1/12 ~ 1/6，当潜在破坏面为矩形时可取 1/6；

a_0——危岩体重心到潜在破坏面的水平距离（m）；

f_{lk}——危岩体抗拉强度标准值（kPa），根据岩石抗拉强度标准值乘以 0.20 的折减系数确定；

c——危岩体黏聚力标准值（kPa）。

其他符号意义同前。

后缘无陡倾裂隙的悬挑式危岩体[图 11-4（b）]稳定性系数按下列二式计算，取其中较小值：

$$F = \frac{c \cdot H_0}{W}$$

$$F = \frac{\zeta \cdot f_{lk} \cdot H_0^{\ 2}}{W \cdot a_0}$$

式中 H_0——危岩体后缘潜在破坏面高度（m）；

    f_{lk}——危岩体抗拉强度标准值（kPa），根据岩石抗拉强度标准值乘以 0.30 的折减系数确定。

其他符号意义同前。

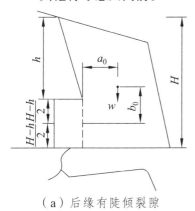 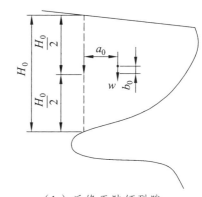

（a）后缘有陡倾裂隙   （b）后缘无陡倾裂隙

图 11-4 坠落式体危岩稳定性计算

"三峡库区三期地质灾害防治工程地质勘察技术要求"同时规定：

（1）当危岩破坏模式难以确定时，应同时进行各种可能破坏模式的危岩稳定性计算。

（2）当危岩断面尺寸变化较大时，危岩稳定性计算应按空间问题进行。

（3）按危岩稳定系数判断危岩稳定状态时，应符合表 11-1 的规定。

（4）危岩稳定状态应根据定性分析和危岩稳定性计算结果综合判定。

（5）危岩稳定性安全系数应根据危岩崩塌防治工程等级和危岩类型按表 11-2 确定。

表 11-1 按危岩体稳定系数判定的危岩稳定状态

危岩类型	危岩稳定状态			
	不稳定	欠稳定	基本稳定	稳 定
滑移式危岩	$F<1.0$	$1.00 \leqslant F<1.15$	$1.15 \leqslant F< F_t$	$F \geqslant F_t$
倾倒式危岩	$F<1.0$	$1.00 \leqslant F<1.25$	$1.25 \leqslant F< F_t$	$F \geqslant F_t$
坠落式危岩	$F<1.0$	$1.00 \leqslant F<1.35$	$1.35 \leqslant F< F_t$	$F \geqslant F_t$

注：F_t——确保危岩体稳定所需的安全系数，根据防治级别、破坏模式和工况人为确定。

表 11-2　危岩稳定性安全系数

危岩类型	危岩崩塌防治工程等级					
	一级		二级		三级	
	非校核工况	校核工况	非校核工况	校核工况	非校核工况	校核工况
滑移式危岩	1.40	1.15	1.30	1.10	1.20	1.05
倾倒式危岩	1.50	1.20	1.40	1.15	1.30	1.10
坠落式危岩	1.60	1.25	1.50	1.20	1.40	1.15

11.4　危岩体加固

危岩体加固主要技术方法，主要包括预应力锚索、锚杆、格构锚、主动防护网和网喷混凝土等。

11.4.1　预应力锚索锚固

预应力锚索（图 11-5），简称锚索。通过钻孔将锚索穿过危岩体后界面或滑坡滑面进入坚硬岩层中，采用砂浆将进入坚硬岩层段锚索锚固（称锚固段），在锚索外露端（自由端）进行张拉，实现对危岩体或滑坡体的锚固。

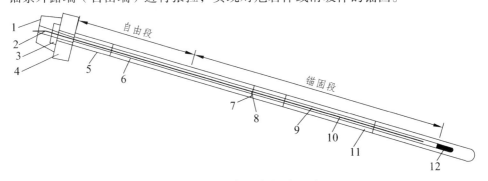

图 11-5　预应力锚索构造示意图

1—混凝土封锚；2—锚具；3—钢垫板；4—腰梁；5—孔壁；6—自由段经防腐处理的钢绞线；
7—隔离支架；8—对中支架；9—水泥浆；10—注浆管；11—裸露钢绞线；12—导向帽

锚索结构一般由锚索体、锚固段、自由段和锚头构成。锚固段是提供锚力（施加预应力）的根基，按其结构形式分为机械式和胶结式两类，胶结式又分为砂浆胶结和树脂胶结两类，砂浆式又分二次灌浆和一次灌浆式；锚头又称外锚固端，是锚索借以提供张拉应力和锁定的装置，其种类有锚塞式、螺纹式、钢筋混凝土圆柱体锚墩式、墩头锚式和钢构架式等；锚索体，是连结锚固段与锚头间的构件，也是张拉力的承受者，通过对锚索体的张拉来提供预应力，锚索体由高强度钢筋、钢绞线或螺纹钢筋构成。

锚索锚固适用于对厚度大于 5 m 的大型危岩体的加固。

在乐山大佛右手侧载酒亭危岩体加固工程中，因危岩体临河面距内侧卸荷裂隙间的距离超过 5 m，采用了砂浆胶结锚固段预应力锚索对围岩进行加固。加固工程经历了"5·12"汶川特大地震和"4·20"泸山地震，至今安然无恙。

采用锚索进行以危岩体后方卸荷裂隙为下坐滑移面或倾倒后界面的危岩体加固，关键是确保施加给锚索的张拉应力不因危岩体的下坐滑移而失去。因此，微上仰锚索与危岩体后方卸荷裂隙面法线间应有一定的交角，对于因高陡卸荷裂隙和崖面下部风化风蚀凹腔（槽）共同作用形成的危岩体加固更应如此，以确保锚索始终处于受拉状态。

由于锚索为微上仰，锚固段砂浆灌注时，应在锚固段后端设置止降塞，确保锚固段施工质量并确保对锚索自由段的保护。

为达到危岩体锚索加固后锚头位置与岸坡、沟谷崖表面环境的协调，锚头宜采用埋入式，表面以掺入崖面岩石粉末的砂浆涂抹。

11.4.2　锚杆锚固

锚杆是岩土体加固的杆件体系结构。锚杆加固的原理，是利用杆体深入稳定坚硬岩层、与岩土体形成的新的复合体及锚杆杆体本身固有的纵向抗拉能力，将锚杆头处的拉力传至稳定坚硬岩层、解决岩石和土体低抗拉能力问题，实现对岩土体变形失稳的控制。

按锚固机理，锚杆可分为全长粘接锚杆、端头（稳定坚硬岩层段）固结式锚杆、摩擦式锚杆和混合式锚杆；按锚固材料，可分为砂浆锚杆、树脂锚杆和药卷锚杆。

锚杆锚固适用于对厚度小于 5 m 的危岩体的加固。

在乐山大佛左侧栈道上方"龟背石"围岩体及广元千佛崖崖面众多围岩体的加固中，均采用了锚杆加固方法。

采用锚杆进行围岩体加固的关键，是确保杆体与危岩体失稳运动方向尽可能一致，考虑到施工方便，也应以尽可能小的交角设计施工，尽最大可能利用锚杆的抗拉能力，尽量减少对锚杆抗剪能力的利用。

为方便施工和确保锚杆加固效果，建议尽量采用药卷式锚杆。

为达到危岩体锚杆加固效果及加固后外露位置与岸坡、沟谷崖表面和孤立近孤立岩体周壁环境的协调，应设置埋入式锚头垫板，垫板表面以掺入崖面岩石粉末的砂浆涂抹。

11.4.3 格构锚（索、杆）加固

格构锚（索、杆）（图 11-6），利用浆砌块石、现浇钢筋混凝土或预制预应力混凝土进行边坡坡面防护，并利用锚杆或锚索加以固定的一种边坡加固技术。

图 11-6 现浇混凝土方形格构锚边坡加固

格构的作用，除了固定沿坡面分布的松散土石外，主要起是将边坡坡体的剩余下滑力或土压力、岩石压力分配给位于格构结点处的锚杆或锚索、通过锚杆或锚索传递给稳定地层、使边坡坡体在由锚杆或锚索提供的锚固力的作用下处于稳定状态的作用。

格构的布置灵活、形式多样、截面调整方便、与坡面密贴、可随坡就势，框格内视情况可挂网（钢筋网、铁丝网或土工网）、植草、喷射混凝土进行防护，也可用现浇混凝土（钢筋混凝土或素混凝土板）进行加固。

根据格构材料，有浆砌块石格构、现浇钢筋混凝土格构和预制预应力混凝土格构（又称 PC 格构）。

根据格构形状，可分方形、菱形、八字形和弧形格构等。

格构锚使用于对整体不稳定坡面的加固。

因石窟及摩崖造像在岸坡、沟谷崖面上分布的复杂性，采用格构锚对造像所在崖面危岩体群进行加固，布置难度大，且格构锚完成后对石窟及摩崖造像的观赏影响大。因此，在四川石窟及摩崖造像所在崖面、周壁面围岩体的加固中，极少应用，往往采用锚杆加固的方法将造像所在崖面、周壁面上的危岩体进行逐个加固。

11.4.4 主动防护网

主动防护网（图 11-7），将以钢丝绳网为主的各类柔性网覆盖包裹在所需防护斜坡上，以限制坡面裂隙化岩体破碎块体的崩塌，并将崩塌岩石块体（落石）限制在一定范围内运动。

按防护网材质，分钢丝绳网、普通钢丝格栅（常称铁丝格栅）和高强度钢

丝格栅，钢丝绳网和普通钢丝格栅通过钢丝绳锚杆、支撑绳方式固定，后者通过钢筋（可施加预应力）、钢丝绳锚杆（有边沿支撑绳时采用）、专用锚垫板以及必要时的边沿支撑绳等方式固定。

图 11-7　主动防护网公路岩石边坡防护

　　基于主动防护网对石窟及摩崖造像观赏影响，在造像所在崖面围岩体的加固中基本不予采用，但在对造像所在崖面两侧、背面裂隙化危岩体的加固中已有应用。近期施工的浦江飞仙阁石窟及摩崖造像危岩抢险加固工程，因危岩体位于造像所在崖面的侧后方，除采用支顶锚固方案对外悬式危岩体进行加固外，对造像所在崖面背面裂隙化围岩即采用了主动防护网方法进行抢险处理，待飞仙阁石窟及摩崖造像危岩中和治理方案完成后再行处理。

11.4.5　网喷混凝土

　　网喷混凝土（图 11-8），指在裂隙化岩体边坡、隧道及地下工程围岩上，挂钢筋网、喷射混凝土，在边坡或隧道及地下工程围岩表面形成一定厚度的挂网喷射混凝土层，限制裂隙化岩体边坡上节理裂隙切割岩石块体的变位、失稳和隧道及地下工程围岩的变形、失稳，确保边坡下建构筑物、交通等和隧道及地下工程施工安全。因此，坡面危石清除、挂网锚杆施工、挂钢筋网、喷射混凝土，是网喷混凝土的基本程序。

（a）边坡防护施工

（b）软弱围岩隧道施工

图 11-8　网喷混凝土

随着早高强混凝土材料的成功研制和喷射混凝土技术特别是湿喷技术的日益成熟，网喷混凝土在软弱围岩隧道及地下工程施工中得到了广泛的应用，早高强湿喷混凝土甚至有在隧道及地下工程中成为永久支护结构的趋势。

随着早高强混凝土材料的成功研制和喷射混凝土技术特别是湿喷技术的日益成熟，网喷混凝土在软弱围岩隧道及地下工程施工中得到了广泛的应用，早高强湿喷混凝土甚至有在隧道及地下工程中成为永久支护结构的趋势。

与主动防护网一样，网喷混凝土应尽量用于石窟及摩崖造像所在崖面两侧及背侧裂隙化危岩处理，目前并无应用，相信今后会有所应用，如前述浦江飞仙阁石窟及摩崖造像背侧主动防护网临时抢险处理位置。

11.4.6　外悬倾倒式、坠落式危岩体支顶

采用特殊结构（杆、墩、柱、墙），对因各种原因形成的外悬且可能因后方存在卸荷裂隙、节理裂隙存在倾倒、坠落风险的危岩体进行的临时或永久加固，称为危岩体支顶。

采用杆、柱件，如钢架管、钢轨等，对危岩体进行支顶，为临时支顶，或称抢险加固。

采用墩、柱和墙，如混凝土、钢筋混凝土、浆砌砖、浆砌条石柱、墩、墙等，对危岩体进行支顶，应为永久支顶，或称永久加固。

在四川许多石窟及摩崖造像外悬倾倒式、坠落式危岩体的支顶中，早期多采用浆砌砖和浆砌条石柱、墩和墙的形式；上世纪八十年代以后，混凝土、钢筋混凝土柱、墩和墙形式有所应用。

前述浦江飞仙阁石窟及摩崖造像所在崖壁侧因下部岩体塌落形成的外悬式危岩体抢险加固工程，即采用了钢架管临时支顶和钢筋混凝土墩支顶结合危岩体锚固的永久加固方案。

11.4.7 石窟及摩崖造像所在崖壁中下部风化风蚀凹腔（槽）、水下岸坡淘蚀凹腔（槽）嵌补

石窟及摩崖造像所在崖壁中下部风化风蚀凹腔（槽）嵌补，也即采用浆砌石、现浇混凝土、现浇钢筋混凝土，对由于风化风蚀作用，在造像所在崖壁中下部沿软弱夹层出露分布位置形成、可能对崖壁上部岩体及崖壁上分布的石窟及摩崖造像安全造成威胁的凹腔（槽）的填充。

如前述，石窟及摩崖造像所在崖体中的危岩，除了因崖面及其后方发育分布的卸荷裂隙、崖体中发育分布的节理裂隙切割岩体形成危岩体外，沿裸露在造像所在崖面中下部的软弱夹层因风化风蚀作用形成的凹腔（槽），因四川石窟及摩崖造像特殊的凿造地层岩石——红层而极为普遍，其或独立造成其上岩体外悬成为危岩体，或与崖面、崖体中发育分布的卸荷裂隙、崖体中发育分布的节理裂隙、岩层面等共同作用形成危岩体。因此，石窟及摩崖造像所在崖壁中下部风化风蚀凹腔（槽）嵌补，亦属危岩体加固的范畴。

在乐山大佛右手侧载酒亭危岩体加固工程中，除采用锚索加固，将危岩体与卸荷裂隙后方山体连为一体、防止危岩体沿高陡卸荷裂隙向下滑移和向江中倾倒外，采用向岩体中植筋、清凹槽表面除强风化岩石后立外模板现浇混凝土的方法，对危岩体中上部存在的因软弱泥质砂岩层与其上下厚层—巨厚层砂岩差异风化风蚀形成的环状凹槽（其与危岩体后方卸荷裂隙共同作用形成载酒亭危岩体中上部悬垂体状小危岩体）进行了嵌补。

在四川石窟及摩崖造像病害治理工程甚至环境改造工程中，类似的凹腔（槽）嵌补极为常见。

值得指出的是，石窟及摩崖造像危岩体的形成，往往是多因素造成的。因此，危岩体的治理，需要采用多种治理工程措施进行综合治理。以乐山大佛右手侧载酒亭危岩体治理工程为例，治理工程措施就包括了锚索、锚杆、凹槽嵌补等。

12　其他研究

12.1　造像表面风化剥壳修补材料试验研究

如同造像表面抹灰层一样，如其强度、密度、胀缩率、吸水率、蒸发率等与造像岩石存在较大的差异，则意味着造像表面风化剥壳修补后，修补层仍然存在与造像岩石间的胀缩缝隙和又一轮差异风化带来的剥壳。因此，通过试验研究确定针对具体造像表面风化剥壳的修补材料，无疑是达到造像表面风化剥

壳病害治理的关键。

成都文物考古研究所杨盛、四川博物院韦荃等以安岳石窟圆觉洞石窟造像保护工程为依托，开展了造像岩石特性和造像表现风化剥壳修补材料的试验研究，通过修补材料与造像岩石物理力学参数指标的比较分析，确定造像表面风化剥壳修补材料[25]（杨盛、韦荃等，安岳石窟圆觉洞保护修补材料研究）。

表 12-1 是试验获得的圆觉洞造像岩石物理力学参数指标，表 12-2 是 5 种修复材料的物理力学参数指标。

表 12-1　圆觉洞造像岩石物理力学参数指标

物理力学参数/试验环境											
孔隙率（%）	吸水率（%）大气中	吸水率（%）真空	吸水膨胀率（mm/m）水中	吸水饱和度（95%RF）	密度（g/cm³）	体积密度（g/cm³）	热膨胀率（μm/m·℃）	杨氏模量（GPa）	抗弯拉强度（MPa）	杨氏模量/抗弯拉强度	抗钻强度（N）
20.16	6.49	9.45	2013	0.7	2.67	2.13	12.71	3.45	2.24	0.65	4.2

表 12-2　5 种修复材料的物理力学参数指标

修复材料编号	物理力学参数/试验环境										
	孔隙率（%）	吸水率（%）大气中	吸水率（%）真空	吸水膨胀率（mm/m）水中	吸水饱和度（95%RF）	密度（g/cm³）	体积密度（g/cm³）	热膨胀率（μm/m·℃）	杨氏模量（GPa）	抗弯拉强度（MPa）	杨氏模量/抗弯拉强度	抗钻强度（N）
1	27.30	6.91	14.54	1.56	0.5	2.58	1.88	10.50	4.61	3.14	0.68	3.18
2	27.93	7.61	15.04	0.84	0.5	2.58	1.86	10.34	6.11	4.19	0.69	4.05
3	38.29	10.01	24.22	0.30	0.5	2.57	1.58	11.76	3.61	1.67	0.46	1.40
4	35.19	14.65	24.36	0.37	0.6	2.23	1.44	8.22	4.48	1.14	0.25	5.56
5	36.61	14.55	23.71	0.32	0.6	2.44	1.54	11.74	3.47	1.38	0.40	0.73

通过 5 种修补材料与安岳砂岩的各项性能测试结果的比较分析，可以看出，测试的修补材料在真空条件下都具有较高的吸水性能，这是由于这些修补材料的内部孔隙比安岳砂岩要多。修补材料 3、4、5 在大气条件下的吸湿含水率约为安岳砂岩的两倍左右，因此环境温湿度的波动对这些修补材料的影响将较安岳砂岩和修补材料 1、2 要大。测试结果还显示修补材料 1、2 受外界环境影响后，弹性模量和抗弯曲拉伸强度的变化比安岳砂岩要大。考虑到安岳地区的环境气候具有亚热带季风性湿润气候特征，筛选出的材料对潮湿气候应具有环境适应性。综合比较认为，修补材料 1 和 2 是较适合应用于圆觉洞石刻区的修补材料。

12.2 造像及造像所在崖面浅表层裂隙充填材料试验研究

中铁西北科学研究院有限公司以海龙囤、飞龙关、飞凤关、马尔康直波碉群古建筑遗址和龙山、麦积山石窟造像砖、石质表面修补加固工程为依托，采用包括 X 射线衍射、热、微观形貌、电子探针及红外及核磁分析方法，在古建筑古遗址表面耐久性建筑材料和石窟造像所在崖面岩石凝胶材料分析的基础上，基于砖、石质文物本体粘接加固修复补强材料选择的适用性、耐久性、粘接性、稳定性、不对文物产生破坏、凝固时间可调、资源性和经济性原则；采用室内试验和现场试验方法，开展砖、石质表面修补材料组成与物理化学性质关系研究，材料性能测试、比较与标准化研究，加固体与被加协同作用表征研究，研发了一种适用于砖、石质古建筑古遗址和石窟造像浅表层裂隙充填粘接加固材料——改性 PSS 二聚体矿物聚合物，通过适量掺加 Na_2SiO_3，缩短矿物聚合物凝结时间，提高矿物聚合物的密度，降低修复补强表面掉粉率和修复补强材料的吸水率；通过掺加适量石灰石粉，改善修复补强材料工作性能。

改性 PSS 二聚体矿物聚合物材料已在麦积山石窟、龙山石窟造像所在崖面浅表层裂隙充填黏结、灌浆黏结中得到成功应用。

第5篇　四川石窟及摩崖造像病害治理工程实践

"自1953年宝顶山毗庐洞洞窟坍塌岩体修复加固保护工程开始，50多年来，西部地区共进行了200余项石窟寺保护工程，其中90%是1980年以后进行的，绝大部分为抢救性保护工程，并以龛窟加固与水害治理为主，缺少系统性和预防机制。整个西部地区的石窟寺保护工作严重不足，有些石窟甚至从未进行过保护工程"[10]。

有幸的是，四川实施了的皇泽寺摩崖造像、广元千佛崖摩崖造像、毗庐洞摩崖造像、乐山大佛和大足宝顶山摩崖造像、北山摩崖造像（当年尚归属四川）载体—岩体病害—危岩的加固工程，皇泽寺摩崖造像、广元千佛崖摩崖造像、南龛石窟、卧佛院摩崖造像、毗庐洞摩崖造像、乐山大佛和大足北山摩崖造像、宝顶山摩崖造像的水害治理工程，南龛石窟、卧佛院摩崖造像、大足宝顶山摩崖造像的防风化保护工程，在石窟及摩崖造像病害治理方面走在了全国的前列。

在四川石窟及摩崖造像病害治理中，首当其冲的是危岩体的加固。石窟及摩崖造像载体——崖体上及两侧甚至背侧分布的危岩体的失稳破坏，或直接导致石窟及摩崖造像的毁灭性破坏，包括造像所在岩体失稳垮塌、垮塌危岩体坠砸造像；或影响石窟及摩崖造像的安全，造像所在岩体稳定性下降成为新的危岩体；或影响甚至破坏石窟及摩崖造像所在整体环境；或对景区道路及游人安全构成威胁。因此，采用行之有效的岩土工程措施加固石窟及摩崖造像所在崖体及两侧危岩体，既是保护造像及其所在环境的需要，更是保护景区道路特别是游人人身安全的要求。

13　乐山大佛载酒亭危岩体加固工程设计及施工

13.1　地理位置与交通状况

乐山大佛景区地理坐标为东经 103°43'12"~103°47'06"，北纬 29°31'12"~29°35'17"。景区地处四川省乐山市，东靠乐（山）—五（通）公路，北西距成（都）—昆（明）铁路乐山站30 km，西距峨眉山世界文化遗产地峨眉山市30 km，北距四川省府成都125 km，有成乐高速公路相接，并在新津与成（都）—雅（安）高速公路相连，交通十分便利。

13.2　气象、水文条件

13.2.1　气象条件

乐山大佛景区属亚热带季风气候区。据收集乐山气象台多年气象资料：乐山市多年平均气温 17.2 ℃，最高气温 38.1 ℃，最低气温-4.3 ℃；多年平均降水雨量 1 384.8 mm，日最大降雨量 248.2 mm，暴雨时降雨量可达 104.9 mm，雨量多集中在 5—9 月，占年降雨量 78.5%；年均相对湿度 81%，年均蒸发量 617.1 mm。主导风向为北和北西风，静风率 38%，多年平均风速 1.3 m/s，最大风速 29 m/s。基本风压 0.3 kN/m²。

乐山城区属煤烟型污染，主要污染物为 SO_2、CO_2、尘埃及氮氧化物，综合污染指数 1.38 ~ 1.91。由于大气污染，降雨多属酸雨。

13.2.2　水文条件

场区位于岷江、大渡河、青衣江三江交汇处的岷江左岸。三江流量分别为：岷江多年平均流量 443 m³/s，历史最大流量 15 100 m³/s，最枯流量 19 m³/s；大渡河多年平均流量 1 490 m³/s，历史最大流量 10 000 m³/s，最枯流量 300 m³/s；青衣江多年平均流量 573 m³/s，历史最大流量 18 700 m³/s。岷江枯水期水面标高 351.00 ~ 354.00 m，枯水季节日变化幅度数十厘米，洪水期可达数米，据水文观测资料，20 年一遇洪水位为 362.40 m，俗语"大佛洗脚，乐山城淹"，可见特大洪水时，岷江水流对大佛的影响。

13.3　区域地质环境条件

13.3.1　地形地貌

乐山大佛景区坐落于乐山城东郊、大渡河与岷江汇流处的凌云山，属侵蚀剥蚀丘陵地貌，为晚近时期地壳上升运动及流水作用形成的低山丘陵地貌，山体总体走向 N35°W，中部地形略高，东、西两侧稍低，西面坡为岷江河流水侵蚀剥蚀形成"断崖"，临岷江面对大渡河、青衣江，最低标高岷江江面为 351 m，最高标高 440 m，高差 90 m 左右，相对高度一般为 30 ~ 80 m。景云山危岩所在地势陡峻，边坡坡度一般 60°~ 70°，坡高 50 ~ 70 m，临岷江侧为悬崖，上部多有植被覆盖，下部悬崖区基岩裸露。

13.3.2　地层岩性

根乐山大佛景区出露地层，由新而老依次为第四系全新统人工堆积层（Q_4^{ml}）、残坡积层（Q_4^{el+dl}）、冲洪积层（Q_4^{al+pl}）和白垩系中统夹关组（K_{2j}）。

（1）第四系全新统人工堆积层（Q_4^{ml}）：由人工堆积的碎石、砂、粉质黏土等组成，以及混凝土路面、人工保坎等；此层多见于地形平缓地带、洼地等人工填方地段及建筑区域。

（2）第四系全新统残坡积层（Q_4^{el+dl}）：由砖红色、紫红色黏土、粉质黏土或粉土组成；大部分区域均夹杂有碎、块状的砂岩岩块，含量为 10% ~ 35%，粒径主要集中在 0.5 ~ 35 cm，最大可达 100 cm 或以上；此层主要出露于缓坡地段。

（3）第四系全新统冲洪积层（Q_4^{al+pl}）：为现代河床河漫滩沉积，以砂、卵石、砾石为主；粒径大小不一，小者在 0.1 cm 以下，大者可达 10 cm 或以上；成分较为复杂，多为花岗岩、片麻岩、石英砂岩等，结构较松散；此层主要分布于沟谷地带及河床。

（4）白垩系中统夹关组（K_{2j}）：基岩为砖红色块状细—中粒岩屑长石石英砂岩；具细—中粒结构，厚层状、块状构造；大型斜层理发育，铁质、钙质和泥质胶结；矿物成分较复杂，其中含石英 65% ~ 75%，长石 15% ~ 25%，岩屑 10% ~ 15%。乐山大佛景区即位于该层之上，故此层又名"大佛砂岩"。区内岩层产状 310° ~ 340°∠4° ~ 6°，产状稳定，为近水平的单斜岩层。岩屑长石石英砂岩是区内表层出露的主要基岩，岩屑长石石英砂岩的风化程度、岩层产状、软弱结构面的发育情况以及其自身的力学性质对区内场地的稳定性起着控制作用。

13.4　地质构造与地震

13.4.1　地质构造

乐山大佛景区位于杨子准地台川西台陷龙泉山褶皱带南缘，构造体系属华夏系龙泉山断裂带南缘。

景区受地质构造运动影响较弱，无褶皱和明显断裂构造，地质构造简单，岩层产状 310° ~ 340°（∠4° ~ 6°），产状稳定，为近水平的单斜岩层，属构造稳定区。

13.4.2　新构造运动与地震

乐山大佛景区位于我国南北地震带南段之东侧，与地震活动性强的龙门山断裂带和安宁河断裂带毗邻，为地震活动波及区域。区内及附近 M_s=4.0 以上历史地震统计见表 13-1。

区内及附近地震多发生在龙门山断裂带和安宁河断裂带上，且近 300 年来震级超过 6.0 级的强震频发。乐山地区虽为地震活动波及区域，但在区内及附近多次地震中均有强烈震感，影响较大，尤其是"5·12"汶川地震和"4·20"

芦山地震，尽管景区内建构筑物无大面积破坏，但临江危岩区发生过危石滚落现象。

尽管由于能量衰减，历史地震对乐山地区的破坏从未达到过Ⅶ度，但区内及附近地震对乐山地区的破坏达到抗震设防要求的Ⅶ度的可能性较大，以致区内尤其是大佛景区临江危岩发生较大破坏的可能性较大。

据《建筑抗震设计规范》（GB 50011—2010）和《中国地震动参数区划图》（GB 18306—2001）及相应的第 1 号修改单（2008 年 6 月 11 日），乐山地区抗震设防烈度为Ⅶ度，设计地震第二组，地震动峰值加速度值为 0.10g，地震动反应谱特征周期 0.35 s。

表 13-1　区内及附近历史地震统计表

序号	地震时间	震中位置			震级（M_s）	烈度
		地区	北纬	东经		
1	624-8-15	西昌	27°54′	102°12′	≥6	Ⅷ
2	814-4-2	西昌	27°54′	102°12′	7.0	Ⅸ
3	1427	西昌	27°54′	102°18′	5.0	Ⅵ ~ Ⅶ
4	1489-1-12-15	建昌、越巂、宁番	27°48′	102°18′	6.7	Ⅸ
5	1491-8-1	宝兴	30°36′	103°06′	4.8	Ⅵ
6	1513-12-30	越巂	27°48′	102°18′	5.0	Ⅵ ~ Ⅶ
7	1536-3-19	建昌、宁番	28°06′	102°12′	7.7	Ⅹ
8	1732-1-29	西昌、会理、德昌	27°42′	102°24′	6.7	Ⅸ
9	1850-9-12	西昌海南	27°42′	102°24′	7.5	Ⅹ
10	1933-8-25	松潘叠溪	32°00′	103°42′	7.5	Ⅹ
11	1952-9-30	冕宁石龙	27°54′	102°18′	6.7	Ⅸ
12	1955-9-23	会理	27°42′	102°24′	6.7	Ⅸ
13	1958-2-8	北川	31°48′	104°24′	6.2	Ⅷ
14	1961-6-28	绵竹—茂汶	31°36′	103°54′	4.8	Ⅵ
15	1970-1-20	大邑西	30°36′	103°12′	4.3	Ⅴ
16	1970-2-24	大邑与芦山间	30°36′	103°12′	6.3	Ⅷ
17	1972-5-7	西昌北山	27°54′	102°24′	4.8	Ⅵ
18	1976-8-16	松潘小河	32°42′	104°12′	7.2	Ⅸ - Ⅹ
19	1976-8-23	松潘、平武	32°30′	104°12′	7.2	Ⅸ - Ⅹ
20	1977-5-7	宝兴北西	30°22′	102°45′	4.1	Ⅴ

续表

序号	地震时间	震中位置			震级（M_s）	烈度
		地区	北纬	东经		
21	1983-10-18	宝兴北西	30°25′	102°43′	4.1	V
22	1989-3-1	小金两河口	30°57′	102°18′	5.0	VI ~ VII
23	1989-9-22	小金两河口	30°57′	102°18′	6.6	IX
24	2008-5-12	汶川映秀	31°00′	103°24′	8.0	X ~ XI
25	2013-4-20	雅安芦山	30°18′	103°00′	7.0	IX

13.5 工程地质和水文地质条件

13.5.1 工程地质条件

景区内地表主要为第四系全新统人工堆积层（Q_4^{ml}）、残坡积层（Q_4^{el+dl}）及冲洪积层（Q_4^{al+pl}）覆盖层，下伏基岩为白垩系中统夹关组（K_{2j}）岩屑长石石英砂岩。

第四系全新统覆盖层分布在场地地表，主要由松散堆积的碎石土、粉土或粉质黏土等组成。此层结构松散、压缩性较高、强度较低，承载力特征值一般在 80 ~ 120 kPa，工程地质条件较差。硬塑土承载力特征值为 150 ~ 220 kPa，工程地质条件稍好。

场地基岩为岩屑长石石英砂岩，强风化岩体厚度多在 1 ~ 3 m，岩体风化裂隙较为发育，岩体破碎—较破碎，呈碎裂状—镶嵌状结构，钙质胶结物被淋滤，岩质较软，属极软岩组；中风化岩体厚度一般 2 ~ 12 m，裂隙局部发育，岩体较破碎—完整，呈镶嵌状—块状结构，单轴极限抗压强度一般小于 15 MPa，属软岩组；原生带基岩厚度大，岩体基本未风化—弱风化，岩体完整，单轴极限抗压强度一般大于 15 MPa，属较软岩组。

13.5.2 水文地质条件

1）地表水

勘查区内地表水主要为大气降水形成的暂时性地表径流和河沟常年流水，受大气降水补给，以蒸发、地表径流、下渗等方式排泄。

2）地下水

受区内地层岩性、地质构造、地形地貌及气象、水文等因素的影响和控制，根据地下水的水理性质、水力特征及赋存条件，可将区内地下水划分为第四系松散堆积层孔隙潜水和基岩裂隙水。地下水的富集受地形地貌、地层岩性、所处的构造部位、构造的空间组合等控制，不同类型地下水的赋存规律各不相同。

松散堆积层孔隙潜水：主要赋存于第四系松散堆积层中，分布于区内缓坡地带的覆盖层内，以潜水为主，无统一稳定的潜水面，水位埋深变化大；含水层较薄，分布面积较小，其富水性极弱，仅在雨季时局部含少量上层滞水，受季节性影响明显；渗透性较强，与地表水有密切的水力联系，在不同的地段表现为互补关系。本类地下水主要接受地表水和大气降水补给，枯季河流等地表水体直接控制地下水的补给。具有地下径流较短、甚至就近补给排泄、水位受季节（丰水期、枯水期）及地表水体水量影响变化幅度较大等动态特征。

基岩裂隙水：主要赋存于中生界白垩系中统夹关组（K_{2j}）岩屑长石石英砂岩的裂隙之中。该类型水主要受大气降水和孔隙水的补给，地下水流量随季节变化大；由于基岩裂隙分布不均匀，无统一水力联系，在接受大气降水和地表水补给后，表现出渗流各向异性的特点，运移带有局限性，多以下降泉形式通过孔隙或裂隙向下游及河谷排泄。此类型水的存在可降低岩体的抗剪强度，加快岩石风化，降低岩体的稳定性。

由于富水程度受构造、岩性影响显著，存在水量分布不均的特点。其含水层厚度与风化裂隙发育深度有关，边坡区统一地下水位在坡底以下 5~10 m，对边坡无影响，暴雨时在坡面岩缝中有少许渗水。由于坡前河谷常年有水，基岩裂隙中水位受河床水位的影响和控制明显。

地下水在区内的排泄形式以地下渗流为主，天洞内贯通裂隙已形成地下水流通通道，常年可见地下水渗出。场区绝大部分区域位于当地侵蚀基准面以上，地形有利于自然排水，含水层富水性较差，水文地质条件较简单。

3）水质腐蚀性评价

根据《岩土工程勘察规范》（GB 50021—2001）附录 G 中表 G.0.1 的规定，场地环境类别为Ⅱ类；根据第 12.2 条中有关水质腐蚀性评价的标准规定，区内水质腐蚀性评价将野外所取地表水样水质监测成果资料与规范标准进行对比，评价内容包括水质对混凝土、钢筋混凝土及钢结构的腐蚀性，具体评价结果见表 13-2。

表 13-2　水质腐蚀性评价统计表

水类型对结构或钢筋的腐蚀性评价	腐蚀介质	判别标准	水样编号		判别结论
			SY01	SY02	
环境类型水（Ⅱ）对混凝土结构的腐蚀性评价	SO_4^{2-}（mg/L）	<300	59.6	83.7	微腐蚀性
	Mg^{2+}（mg/L）	<2 000	14.0	13.9	微腐蚀性

续表

水类型对结构或钢筋的腐蚀性评价	腐蚀介质	判别标准	水样编号		判别结论
			SY01	SY02	
环境类型水（Ⅱ）对混凝土结构的腐蚀性评价	NH_4^+（mg/L）	＜500			微腐蚀性
	OH^-（mg/L）	＜43 000	0.00	0.00	微腐蚀性
	总矿化度（mg/L）	＜20 000	248.1	288.4	微腐蚀性
地层渗透水（A）对混凝土结构的腐蚀性评价	pH	＞6.5	7.40	8.00	微腐蚀性
	侵蚀性 CO_2（mg/L）	＜15	0.00	0.00	微腐蚀性
	HCO_3^-（mmol/L）	＞1.0	2.74	2.45	微腐蚀性
对钢筋混凝土结构中钢筋腐蚀性评价（干湿交替）	Cl^-（mg/L）	＜100	19.90	17.10	微腐蚀性

从表 13-2 可以看出，区内地表水体类型为 HCO_3-Ca-K+Na 型水或 HCO_3-K+Na-Ca 型水，分别按环境类型、地层渗透性水体对混凝土结构、干湿交替的钢筋混凝土结构中钢筋均为微腐蚀性。工程构筑物设计时仅需进行一般防腐，无需进行专门防腐设计。

4）不良地质现象

区内的不良地质现象主要表现为崩塌、冲刷和淘蚀等。

13.6 载酒亭危岩体工程地质条件及稳定性评价

13.6.1 概述

载酒亭位于乐山大佛北侧，北门至凌云禅院栈道间，龙湫门洞靠河侧，岩体上部呈悬垂状，与山体岩体间由产状为 320°～345°（∠60°～87°）平行于岸坡的卸荷裂缝分割。

根据《中国地震烈度区划图》（1∶400 万，国家地震局 1990 年），乐山地区地震基本烈度为Ⅶ度。按照工程的重要性，地震设防按Ⅷ度设计。

13.6.2 地层及岩性

载酒亭危岩所在地层及岩性，由上而下依次为：

（1）白垩系中统夹关组上段（K_{2j}^3）砂岩，为载酒亭所在，分布高程为 334.10 m 至载酒亭所在地面，由厚层～巨厚层块状薄层细粒与中细粒长石石英砂岩互层组成，偶夹中粒砂岩，底部夹泥质细砂岩，岩层内斜层理较发育，倾向 NW50～80°，倾角 5°～9°，但裂隙不甚发育。所含 5 个溶蚀层中，383.40～354.50 m 高程位置溶蚀层下部和 351.50～343.50 m 高程位置溶蚀层岩体节理裂隙发育，岩体较破碎，风化严重，强度低。

（2）白垩系中统夹关组中段（K_{2j}^2）砂岩夹泥岩，分布在 334.10～309.68 m，顶板略低于河床，为细粒长石石英砂岩夹泥岩、泥质粉砂岩，亦有细粒与中细粒砂岩互层，对载酒亭危岩的稳定性无影响。

（3）白垩系中统夹关组下段（K_{2j}^1）砂岩夹泥岩、砾岩，分布于河床以下 7.18 m 左右，对载酒亭危岩的稳定性无影响。

（4）侏罗系上统蓬莱镇组（J_{3p}）棕红色泥岩，顶板在岷江河床 32 m 以下，对载酒亭危岩的稳定性无影响。

13.6.3　稳定性评价

383.40～354.50 m 高程位置溶蚀层下部、351.50～343.50 m 高程位置溶蚀层及载酒亭与山体岩体间产状为 320°～345°（∠60°～87°）、与岸坡斜交的卸荷裂缝对载酒亭所在地层的切割，形成了目前的载酒亭危岩。

《乐山大佛地区工程地质勘察报告》（1989 年，铁道部科学研究院勘察设计部西南勘察设计所）将载酒亭所处危岩级别确定为Ⅱ级，编号为Ⅱ-3，明确指出载酒亭"上部岩体可能发生崩塌"；铁道部科学研究院勘察设计部西南勘察设计所亦曾两次受乐山大佛景区管理委员会委托提出载酒亭危岩整治方案报国家文物局。

随着时间的推移，载酒亭上部岩体底部风蚀凹腔进一步加深，危岩表面风化日益严重，危岩稳定性将进一步下降，加之北门至佛脚平台栈道修建的安全保障问题，必须对载酒亭上部危岩体进行加固处理。

13.6.4　水文地质条件及地下水侵蚀性评价

1）地表水

载酒亭西面紧临岷江，东靠山体陡峭的基岩岸坡，其地表水主要为大气降水时的小范围地表水汇聚经载酒亭背后地面水沟向北山门方向排泄流入岷江。

载酒亭下方岷江水位枯水期为 354 m 左右，据水文观测资料，20 年一遇洪水位为 362.4 m。

2）地下水

基岩中地下水属于孔隙裂隙潜水，受大气降水补给，与岷江呈互补排关系。

3）地下水侵蚀性评价

据《乐山大佛莲花平台及凌云（北段）栈道工程地质勘察报告》，地下水水质类型属 $HCO_3SO_4\text{-}CaNa$ 型水，pH 7.6，属中性偏弱碱性，对混凝土和钢筋无腐蚀性。

13.7 加固设计原则

（1）依山就势，因势利导，通过载酒亭危岩锚固工程施工，使载酒亭所处危岩体与其背后山体岩体连为一体，提高载酒亭危岩的稳定性，使作为载酒亭基础的危岩体达到安全稳定的效果；通过清除危岩体表面风化破碎块体和挂网喷射混凝土，达到排除危岩体表面风化破碎块体和减弱危岩体表面风化速度的目的，同时为即将修建的北门河堤终点到佛脚平台的临江栈道、形成由前山门经大佛平台至碧津楼的新通道、满足日益增加的游客流量的需要、丰富景区沿江景观效果、畅通前往佛脚通道、减轻由于日益增长的游人对九曲栈道造成的压力提供安全保障。

（2）尽量维护岩壁自然原貌，确保加固工程与周围景观协调，将工程结构的视觉影响降到最小。

（3）耐久性，考虑工程涉及世界自然与文化遗产，主体结构设计使用寿命50年。

（4）安全性，确保设计结构本身的安全。

（5）易施工，禁止爆破施工。

13.8 设计荷载及主要参数

（1）地震设防：按地震烈度Ⅷ度设防；

（2）岩石物理力学参数：表层强风化砂岩饱水容重 γ=20.8 kN/m³，抗拉强度 σ_t=0.77 MPa，饱和单轴抗压强度 σ_c=1.48 MPa，抗剪断强度 φ=27°、c=0.4 MPa；弱风化砂岩 γ=21.2 kN/m³，抗拉强度 σ_t=2.02 MPa，饱和单轴抗压强度 σ_c=19.5 MPa，抗剪断强度 φ=35°、c=5.5 MPa。

（3）锚孔按俯角15°施作，直径为 ϕ150；锚固端长度 10 m，锚索长度可根据实际情况进行调整；锚索采用 7 股 1×19（ϕ15）的钢绞线预应力锚索；锚索按 4 排、每排 9 根布置，排间距（垂直高程差）3 m，水平间距为 2 m；锚索张拉应在锚固段 M30 砂浆达到设计强度后进行，预张拉后分五级张拉至设计张拉力（100 t）。

13.9 主体工程

载酒听危岩加固主体工程包括锚索锚固、危岩表面风化破碎岩块清除及网喷混凝土封闭、危岩表面风蚀凹腔嵌固。

（1）锚索锚固。

①锚孔按俯角 15°施作，直径为 ϕ150；锚孔深度以穿过后缘裂缝进入山体

岩体（即锚固端长度）10 m 为准，锚索长度可根据实际情况进行调整。

②锚索采用 7 股 1×19（φ15）的钢绞线预应力锚索。

③锚索按 4 排、每排 9 根布置，排间距（垂直高程差）3 m，水平间距为 2 m。

④锚索张拉应在锚固段 M30 砂浆达到设计强度后进行，预张拉后分五级张拉至设计张拉力（100 t）。

⑤锚索的除锈、防锈处理按有关规范进行，安装按设计进行。

（2）危岩表面风化块体清除及网喷混凝土封闭。

①表面风化块体清除。

②网喷混凝土封闭：钢筋网采用网间距为 10 cm 的φ8 圆钢，悬挂锚杆采用长度为 3 m 的φ20 螺纹钢（间距 2 m 呈梅花形布置）长喷射 C20 混凝土。

（3）危岩表面风蚀凹腔嵌固。

危岩表面风蚀凹腔采用 C30 混凝土嵌固，嵌固前对持力坡面开凿台阶（台阶宽度采用 50 cm），坡面与嵌固混凝土间采用长度为 3 m 的 3 mφ20 螺纹锚杆连接（间距 1 m 呈梅花形布置）。

图 13-1、图 13-2、图 13-3 和图 13-4 分别为危岩体锚索加固平面布置图、锚索加固剖面图、风化风蚀凹槽混凝土嵌补剖面图和表面裂隙化岩体网喷混凝土平面布置图，图 13-5 和图 13-6 分别是载酒亭危岩体加固前后照片。

图 13-1　载酒亭危岩体锚索加固平面布置图

载酒亭危岩体加固工程施工完成后已经历"5·12"汶川地震的考验。

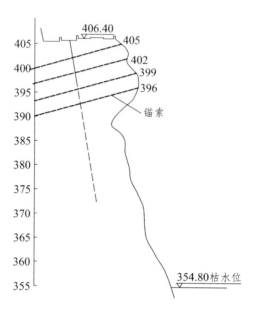

图 13-2 载酒亭危岩体锚索加固剖面图

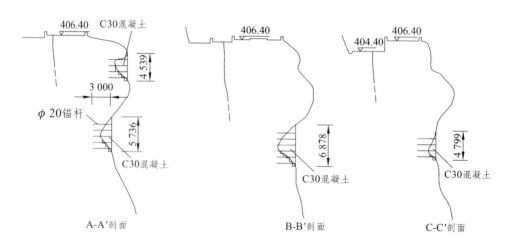

图 13-3 载酒亭危岩体中部风化风蚀凹槽混凝土嵌补剖面图

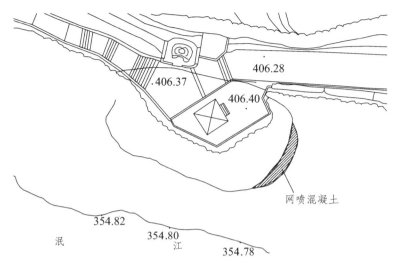

图 13-4　载酒亭表面裂隙化岩体网喷混凝土平面布置图

图 13-5　加固施工中的载酒亭危岩体

图 13-6　加固施工完成后的载酒亭

14　乐山大佛左手侧天洞-麻洞危岩体勘察及加固方案设计

工程区地理位置与交通状况、气象水文条件、区域地质环境条件、地质构造与地震条件同乐山大佛载酒亭加固工程设计及施工。

14.1　工程地质条件

区内岩土体分布较为复杂，岩性种类较多，第四系全新统覆盖层土体主要包括人工堆积层（Q_4^{ml}）杂填土、残坡积层（Q_4^{el+dl}）含角砾粉质黏土及冲洪积层（Q_4^{al+pl}）含砂砾卵石；下伏基岩主要为中生界白垩系中统夹关组（K_{2j}）砖红色岩屑长石石英砂岩。

（1）人工堆积层（Q_4^{ml}）杂填土：灰色—灰褐色，稍湿，主要由含角砾粉质黏土组成，局部含瓦片、砖块等；角砾主要为砂岩颗粒，粒径主要集中在 2.0 ～ 10.0 mm，含量约 15% ～ 20%；粉质黏土主要为砂岩的风化产物，呈可塑状，含量为 60% ～ 70%；表层土体结构较松散，下部土体稍密—中密。此层主要分布于天洞-麻洞危岩上方平台区域，厚度为 0.8 ～ 1.5 m。

根据现场钻探采取杂填土岩芯基本结构特征，其土体压缩性较高，承载力较低，不宜作为持力层。

（2）残坡积层（Q_4^{el+dl}）含角砾粉质黏土：砖红色—红褐色，稍湿—湿，可塑；角砾主要为砂岩颗粒，粒径主要集中在 2.0 ～ 10.0 mm，含量为 10% ～ 15%；局部含少量碎块石，粒径一般为 1.5 ～ 10.0 cm，含量小于 5%；粉质黏土主要为砂岩的风化产物，有轻微滑腻感；土体局部含铁锰质氧化物及钙质结核，遇水易软化，摇震反应不明显。此层分布于天洞-麻洞危岩上部缓坡地带，厚度为 0.5 ～ 1.2 m。此区现状植被茂密，主要为林地所覆盖，表层土体含少量植物根茎，耕植土层厚度一般小于 0.5 m。

区内含角砾粉质黏土层厚度较浅，结构松散，其土体压缩性较高，承载力较低，不宜作为持力层。

（3）冲洪积层（Q_4^{al+pl}）含砂砾卵石：杂色或灰褐色，湿—很湿，结构松散—中密；粒径大小不一，小者在 0.1 cm 以下，大者可达 20 cm 以上；成分较为复杂，多为花岗岩、片麻岩、石英砂岩等；砾、卵石含量约 45% ～ 60%，充填物质主要为砂，由上至下，砂质含量渐增，从 5% ～ 35%。此层分布于天洞-麻洞危岩下方岷江河床。

根据区内含砂砾卵石现场基本结构特征，其承载力特征值一般为：稍密含砂砾卵石，120 ～ 160 kPa；中密含砂砾卵石，150 ～ 200 kPa；松散含砂砾卵石压缩性较高，承载力较低，不宜作为基础持力层。

（4）中生界白垩系中统夹关组（K_{2j}）：主要为砖红色块状细—中粒岩屑长石石英砂岩，岩层微细单向斜层理、交错层理常见。通过现场钻探取芯判断，强风化岩体厚度约 1 ～ 3 m，岩体风化裂隙较为发育，裂隙充填物质主要为角砾和粉质粘土，岩体破碎—较破碎，呈碎裂状—镶嵌状结构，钙质胶结物被淋滤，岩质较软，属极软岩组；中风化岩体厚度一般 2 ～ 12 m，裂隙局部发育，岩体较破碎—完整，呈镶嵌状—块状结构，岩质相对较硬，属软岩组；原生带基岩厚度大，岩体基本未风化—弱风化，岩体完整，岩质较硬，属较软岩组。实测岩层产状为 310°∠5°。

表 14-1 是采用 13 组钻孔取芯砂岩岩样进行包括含水率、天然密度、天然单轴抗压强度、饱和单轴抗压强度及结构面直剪试验获得的岩样物理力学指标

统计结果。

表 14-1　岩样室内试验物理力学指标统计表

指标		样本数	最大值	最小值	平均值	标准差	变异系数	回归修正系数	标准值
含水率（%）		12	11.00	5.30	7.78	1.93	0.25	1.13	8.79
天然密度（g/cm³）		13	2.49	2.19	2.31	0.08	0.04	1.02	2.36
天然单轴抗压强度 R_d（MPa）		8	12.92	7.74	10.41	1.86	0.18	0.88	9.15
饱和单轴抗压强度 R_s（MPa）		8	9.40	5.27	7.12	1.30	0.18	0.88	6.24
天然抗剪断	c（MPa）	3	0.75	0.38	0.60				
	φ（°）	3	43.50	39.50	41.70				

综上所述，区内覆盖层土体工程地质条件一般，砂岩工程地质条件较好。

14.2　危岩基本特征

14.2.1　危岩区地貌形态

危岩体发育在岷江东岸乐山大佛景区离堆山西侧，大佛左手侧天洞-麻洞临江陡崖地带，区域地处构造

剥蚀浅丘区。该区为上部略凸向外的山嘴陡崖地形，地形高差约 60～80 m，整个斜坡坡向由北至南自 290°渐转为 258°；斜坡上部坡度较缓，整体坡度 28°～32°，坡面表层为厚度＜1.0 m 的第四系残坡积层土体，现状植被发育，主要为大面积林地所覆盖；斜坡中、下部整体坡度 65°～85°，局部近直立或反倾，为完全裸露的基岩陡崖。勘查区实测岩层产状为 310°∠5°，可见，斜坡为近顺向坡。

由于危岩体发育于岷江东岸岸坡，坡前直接临水，勘查期间水位 355.25 m（水深为 14～15 m）；据剖面图，水面附近坡线内凹，可见，处于水位涨落带的岩石面受到水流的冲刷、淘蚀影响，内蚀凹陷趋势较为明显；并且，处于水位涨落区间内的岩体，由于反复地遭受浸水软化和失水干裂侵蚀作用，二者交替进行，加剧岩体风化速度，导致其风化强烈，以致形成滑面可能性较大；另外，古栈道位于水下 7～11 m，呈凹岩腔状。这些相对的软弱带均有可能成为危岩的崩塌卸荷带。

14.2.2　危岩分布及形态特征

乐山大佛左手侧天洞-麻洞危岩分布于观佛台南面与后栈道以北之间区域、浮玉亭西侧与岷江东岸岸坡区，平面积约 640 m²。根据现场详细调查，区域西

侧临江陡崖为天然的临空卸荷面，东侧沿天洞-麻洞方向发育有深长陡倾裂隙一直延伸至地表，且斜坡结构类型为近顺向坡，因此，主要受岷江临空面、裂隙发育面及斜坡结构面的控制，大佛左侧岩质岸坡坡体被切割成危岩体，危岩岩性为白垩系中统夹关组（K_{2j}）岩屑长石石英砂岩。根据危岩区边界特征，危岩整体平面形态呈锥头朝向西南的锥体状，其主视（朝向东南）立面形态略呈长帽状（图 14-1）。

图 14-1　乐山大佛左侧（天洞-麻洞）危岩整体形态

根据危岩整体形态特征，危岩体下部宽约 38 m，上部宽约 23 m，整体平均高约 66 m，发育厚度 9 ~ 22 m 不等，总体积约 21 500 m³，规模为中型；通过现场实测，危岩区最低点高程 343.27 m，最高点高程 414.36 m，最大高差约 71 m，整体崩塌方向 290°（1—1′剖面）。

根据现场详细调查，由于节理发育，受裂隙面切割，坡体北侧天洞入口过道上方还发育有 3 块小型危岩体，从上至下分别编号为①#、②#、③#危岩体。其中，①#危岩体位于高程 405.80 ~ 410.90 m，受一组节理面切割形成的扒壳危岩，凸立于坡体上部，形态不规则，其体积约 28 m³，崩塌方向 295°；②#危岩体位于高程 398.70 ~ 406.10 m，受一组节理面切割形成的扒壳危岩，凸立于坡体上部，形态不规则，其体积约 75 m³，崩塌方向 350°；③#危岩体位于高程 371.30 ~ 392.40 m，坡体北侧面陡立略反倾，原凿石残留其上的凸状岩体，与母岩接触面由于风化发育形成裂隙面将其切割成危岩体，危岩体呈竖向长条状，体积约 220 m³，崩塌方向 20°。

天洞-麻洞危岩整体及①# ~ ③#危岩体基本特征统计见表 14-2，①# ~ ③#危岩体特征见图 14-2、图 14-3。

表 14-2　乐山大佛左手侧天洞-麻洞危岩基本特征统计表

危岩编号	高程 （m）	粒径 （m）	体积 （m³）	诱发因素	破坏模式	崩塌方向 （°）
天洞-麻洞 危岩整体	343.27～414.36	38×22×71	21 500	震动、风化、裂隙水等	倾倒、滑移	290°
①#危岩体	405.80～410.90	3×2.6×5.1	28	震动、风化等	滑移、坠落	295°
②#危岩体	398.70～406.10	10×1.8×7.4	75	震动、风化等	滑移、坠落	350°
③#危岩体	371.30～392.40	6×3.2×21.1	220	震动、风化	坠落、倾倒	20°

图 14-2　①#、②#危岩体特征　　　图 14-3　③#危岩体特征

14.2.3　危岩变形特征

乐山大佛左手侧天洞-麻洞危岩发育于厚层状的岩屑长石石英砂岩陡崖。

整个危岩体主要受临江临空面、崖面、裂隙面及斜坡结构面的控制。

危岩体西侧临江，坡面较陡，上部总体产状为 290°∠30°，中、下部总体产状为 290°∠85°；坡体北侧面即大佛左侧崖面，与临江面近垂直，坡面陡立略反倾，产状为 20°∠90°。临江临空面和大佛左侧崖面为危岩体的形成发展提供了天然的卸荷面。

岩层产状为 310°∠5°，斜坡为近顺向坡，有利于危岩的发育。

岩体后侧发育的裂隙促进了危岩体的形成发展，危岩体主要受 1 组深长陡倾卸荷裂隙（即 LF01）的控制，该裂隙沿天洞-麻洞方向延伸发育，其走向自北向南由 N20°E 渐转为 N35°E，且裂隙自上而下一直延伸至天洞-麻洞以下，长度＞50 m；裂隙面上部陡倾，倾角达 80°～88°，局部近直立或反倾，下部相对较缓，倾角约 72°～78°。根据裂隙面产状，可将 LF01 分为两段，即总体产状为 290°∠80°的北段和总体产状为 305°∠85°的南段。

图 14-4 是危岩体控制结构面赤平投影图，表 14-3 是裂隙发育特征统计表。

表 14-3 乐山大佛左侧（天洞-麻洞）危岩裂隙发育特征统计表

裂隙编号	走向	倾向	倾角	延伸长度	发育深度	张开程度
主裂隙 LF01	N20°E～N35°E	290°～305°	72°～88°	38 m	45～66 m	10～40 cm
LF01 上支裂隙	N25°E	295°	54°	12.2 m	1～2 m	3～12 cm
LF01 下支裂隙	N25°E	295°	78°	21.0 m	1.5～3.5 m	5～25 cm
①#节理面	N25°E	295°	55°	3 m	5.1 m	2～8 cm
②#节理面	N80°E	350°	72°	10 m	7.4 m	5～30 cm
③#裂隙面	S70°E	20°	86°	6 m	21.1 m	3～10 cm

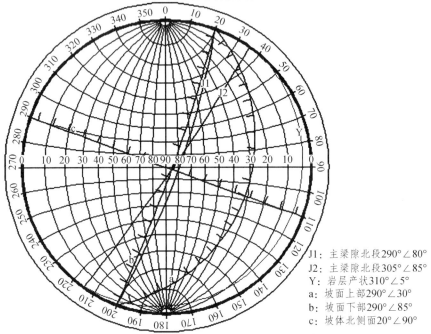

J1：主梁隙北段290°∠80°
J2：主梁隙北段305°∠85°
Y：岩层产状310°∠5°
a：坡面上部290°∠30°
b：坡面下部290°∠85°
c：坡体北侧面20°∠90°

图 14-4 天洞-麻洞危岩各控制结构面赤平投影图

由图 14-4 可见，坡面与裂隙面组合将岩体切割成孤立高耸的危岩体；岩层倾向与坡向接近，斜坡为近顺向坡。结构面组合为不利组合，有利于危岩的发育。受岩层面和裂隙面的控制，危岩体有朝向临空面倾倒或滑移的趋势。

从 LF01 对岩体的切割可见，危岩体上部厚下部薄，在天洞入口与大佛左侧面交界的陡崖处裂隙切割极为强烈，上部裂隙表层敷设的砂浆清晰可见，下部裂缝已延伸到大佛佛脚，裂缝张开度 10～40 cm（图 14-5）。

在坡体南侧，主裂隙对岩体的切割更为明显，可见裂缝张开最大处达 1.0 m 以上（图 14-6）。

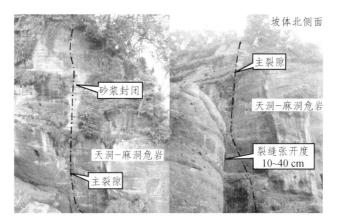

图 14-5　天洞-麻洞危岩北侧面裂隙出露

图 14-6　天洞-麻洞危岩南侧裂隙切割

　　天洞-麻洞内，裂隙穿越切割也较为明显，岩体局部已被切穿贯通地表，且贯通裂隙成为地下水流通道，天洞-麻洞洞顶常年有裂隙水渗流滴落（图14-7、图14-8）。

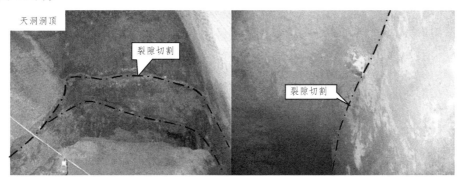

图 14-7　天洞-麻洞内裂隙穿越切割

图 14-8　天洞-麻洞内裂隙渗水

　　此外，从坡体北侧面裂隙出露情况可见，在天洞上方还发育与主裂隙斜交的 2 组支裂隙（图 14-9）。上组支裂隙与主裂隙斜向上交，呈"Y"字形，交角约 30°，裂隙产状 295°∠54°，延伸长约 12.2 m，自交点向上逐渐尖灭，该组裂隙目前发育较弱，总体影响不大；下组支裂隙与主裂隙斜向下交，呈"人"字形，交角约 7°，裂隙产状 295°∠78°，延伸长约 21.0 m，自交点向下延伸至天洞洞顶，并与主裂隙组合将洞顶上方岩体切割成楔行岩块，有可能形成危岩威胁到洞顶的稳定，不利于天洞-麻洞通道的安全使用。

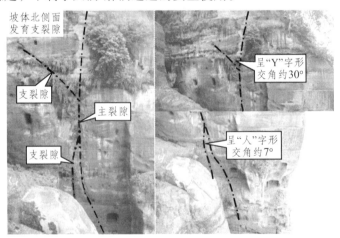

图 14-9　天洞上方支裂隙发育

　　综上所述，临江坡面、大佛左手侧崖面、卸荷裂隙及与卸荷裂隙斜交的两组支裂隙对岸坡岩体的切割，形成了天洞-麻洞危岩体，危岩体整体稳定性主要受岩体后侧发育分布的深长陡倾卸荷裂控制，在风化、裂隙水特别是大气降雨灌入裂隙或地震作用下，危岩发生变形失稳破坏甚至倾倒滑移的可能性较大，危险性大。

①#危岩体位于高程 405.80～410.90 m，为受一组节理面切割形成的扒壳危岩。危岩体凸立于坡体上部，形态不规则，其体积约 28 m³，崩塌方向 295°。切割岩体的裂隙面产状 295°∠55°，裂缝张开度为 2～8 cm（表 14-3、图 14-10），裂隙面上岩石风化较强烈，局部岩体较为破碎。危岩体近似孤立岩块，危岩体距离陡崖边缘较近，发生滑移并坠落至陡崖下方观佛台的可能性较大，直接威胁到观佛台上人员的安全，其危险性大。

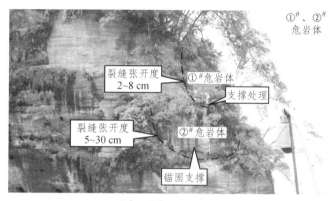

图 14-10　①#、②#危岩体裂隙发育特征

②#危岩体位于高程 398.70～406.10 m，亦未受一组节理面切割形成的扒壳危岩。危岩体凸立于坡体上部，形态不规则，其体积约 75 m³，崩塌方向 350°。切割岩体的裂隙面产状为 350°∠72°，裂缝张开度约 5～30 cm（表 14-3、图 14-10），裂隙面上岩石风化较强烈，局部岩体较为破碎。危岩体近孤立岩块，危岩体距离陡崖边缘较近，发生滑移并坠落至陡崖下方观佛台的可能性较大，直接威胁到观佛台上人员的安全，其危险性大。

③#危岩体位于高程 371.30～392.40 m，坡体北侧陡立反倾，为凿石残留在崖面上的竖向长条凸状岩体，危岩体体积约 220 m³，崩塌方向 20°。竖向长条凸状岩体与母岩上部接触面发育风化裂隙，裂隙面呈反倾状，产状为 20°∠86°，裂缝张开度约 3～10 cm（图 14-11）；下部与母岩连接完好，裂隙发育不明显。③#危岩体位稳定性主要受后侧发育风化裂隙控制，由于裂隙面反倾，裂隙面岩体以承受拉力为主，不利于岩体的稳定，风化裂隙的进一步发展或遭遇地震作用下，危岩体发生变形破坏、甚至坠落、倾倒的可能性较大，直接威胁到下方天洞入口过道、观佛台及大佛佛脚，其危险性大。

图 14-11 ③#危岩体裂隙发育特征

14.2.4 危岩物质结构特征

乐山大佛左手侧天洞-麻洞危岩发育于白垩系中统夹关组（K_{2j}）岩层中，危岩体岩性为岩屑长石石英砂岩，岩石呈砖红色，细—中粒结构，厚层状、块状构造；岩层中见微细单向斜层理、交错层理，铁质、钙质和泥质胶结；矿物成分主要为石英、长石和岩屑，石英占 65% ~ 75%，长石占 15% ~ 25%，岩屑占10% ~ 15%。

图 14-12 为钻孔揭示危岩物质结构特征。

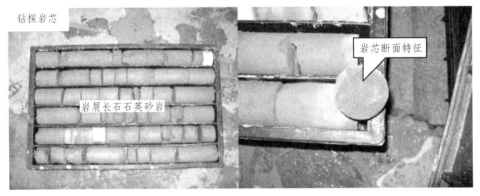

图 14-12 钻探揭露危岩物质结构特征

钻探取芯结果表明，强风化岩体厚度约 1 ~ 3 m，岩体风化裂隙较为发育，裂隙充填物质主要为角砾和粉质黏土，岩体破碎—较破碎，呈碎裂状—镶嵌状结构，钙质胶结物被淋滤，岩质较软，属极软岩组；中风化岩体厚度一般 2 ~ 12 m，裂隙局部发育，岩体较破碎—完整，呈镶嵌状—块状结构，岩质相对较硬，属软岩组；原生带基岩厚度大，岩体基本未风化—弱风化，岩体完整，岩质较硬，属较软岩组。勘查区实测岩层产状为 310°∠5°，产状稳定，为近水平的单斜岩层。

14.2.5　软弱结构面基本特征

裂隙面岩石观察及裂隙充填物质鉴定分析结果表明，裂隙发育面上岩石风化较强烈，局部岩体较为破碎，岩质较软；裂隙充填物质角砾含量较大，并含有一定量的粉粒或黏粒，有砂粒感和滑腻感，充填宽度一般为 5~15 cm（图14-13）。

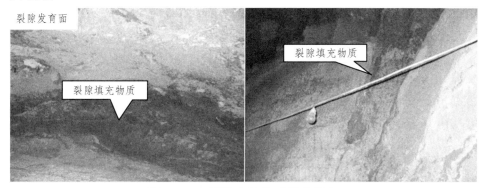

图 14-13　裂隙充填物质基本特征

分析认为，岸坡崖体局部已被深长陡倾卸荷裂隙切穿至地表，且卸荷裂隙成为大气降雨下渗水和地下水的运移通道。水的长期渗流侵蚀作用，一方面加速裂隙面上岩石的风化速度，另一方面软化裂隙充填物质致其粘结强度不断降低；裂隙面岩石风化和裂隙充填物软化的共同作用，更造成裂隙的进一步扩张，加剧了危岩体发生倾倒式崩塌的可能性。

现场钻探揭露，孔深 62.2~63.9 m 段存在一砂岩软弱夹层，夹层含泥量明显偏大，有滑腻感，岩体风化相对强烈，岩芯破碎、岩质较软（图14-14）。取样试验表明，该夹层强度明显较低。

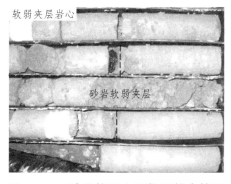

图 14-14　砂岩软弱夹层物质基本特征

根据岩层产状推算，砂岩软弱夹层在临江崖面的出露位置，正好位于现状水位处。由于夹层强度较低，若长期受到岷江水位升降的浸水软化和失水干裂侵蚀作用影响，其风化进一步加剧，强度不断降低，可发展成为危岩的潜在滑动面，造成危岩体沿夹层面向临空方向滑移破坏。

14.2.6　水下岸坡不良地质现象

据《治理乐山大佛的前期研究》报告，在大佛及其两侧上、下游250 m，水下6～21 m范围内，因河流冲刷、淘蚀，侧壁岸坡形成长60 m、宽10 m的长条形凹槽和72个淘蚀坑洞。其中，最大的长30 m、宽10 m、深2.5 m，最深的2.7 m，分布于水下6～12 m。淘蚀坑洞在大佛及其左侧一带较密集，目前尚未连通，对于水下岸坡稳定性的影响和威胁较小，但随着水下岸坡冲刷、淘蚀的进一步发展和加剧，冲刷凹槽和淘蚀坑洞有可能连通，进而对水下岸坡及其上部岩体稳定性构成威胁。

14.3　危岩稳定性分析计算与评价

14.3.1　危岩形成机制分析

危岩区为大面积基岩裸露的陡崖，岩体构造裂隙及卸荷裂隙顺坡向发育，为危岩的形成提供了临空卸荷面；基岩岩性为岩屑长石石英砂岩，在岩体的强风化—中风化带，节理裂隙较为发育，将岩体切割成碎裂状、镶嵌状或块状，且由于受长期风化作用影响降低了岩体强度，以致岩体稳定性降低；另外，各节理裂隙形成地下水排泄的通道，对裂隙面岩体的软化侵蚀作用，导致其黏结强度大大降低，有利于促使崩塌、落石的形成；同时，危岩体下部长期受到岷江水流的冲刷淘蚀作用，形成凹岩腔，对坡体稳定性极为不利。当岩体重力卸荷作用大于岩体强度抗力作用时，由于岩体内部应力调整，节理裂隙等软弱结构部位发生位移变形，使节理裂隙扩展，新的裂缝也将发生、发展，危岩带内的危岩体脱离母岩而发生崩塌、落石。因此，节理裂隙的发育程度直接影响到危岩的稳定性，从而控制着崩塌、落石的形成。

降雨入渗的软化作用，会降低岩体及裂隙中充填物的力学强度，且会在岩体裂隙中形成较大的静水压力，对危岩体稳定性的影响较大。随着时间的推移，洞天危岩下部淘蚀凹腔进一步加深，且岷江水体以上危岩表面风化日益严重，危岩体的稳定性将进一步下降。

危岩体在风化剥蚀、地表水及地下水的长期影响下，稳定性会不断降低，直至崩塌失稳；特别是当遇到地震活动等较强外力作用时，可能出现大规模崩塌，将直接对大佛本身及景区旅游安全构成极大地威胁，发生地质灾害的危险性大，危害程度大。

如前所述，由于各结构面有效的空间组合，促进了天洞-麻洞危岩的形成和发展，危岩整体的稳定性主要受岩体后侧发育主裂隙的控制，危岩现状天然工况下处于基本稳定—稳定状态，但在风化、裂隙水或遭遇地震等诱发因素的作用下，加剧裂隙张裂或以致危岩发生变形破坏、甚至倾倒、滑移的可能性较大，直接威胁到大佛本身及景区旅游安全，危险性大。

受裂隙面的控制，①#、②#两危岩体几乎被切割成孤立的岩块，由于危岩体距离陡崖边缘较近，其发生滑移并坠落至陡崖下方观佛台的可能性较大，直接威胁到观佛台上人员的安全，其危险性中等。

目前，③#危岩体裂隙面正处于发育阶段，由于裂隙面反倾，裂隙面岩体以承受拉力为主，不利于岩体的稳定；并且，由于危岩三面临空，在风化或遭遇地震等诱发因素的作用下，加剧裂隙张裂或以致危岩发生变形破坏、甚至坠落、倾倒的可能性较大，直接威胁到下方天洞入口过道、观佛台及大佛佛脚，其危险性大。

14.3.2　危岩稳定性影响因素分析

天洞-麻洞危岩的稳定性受多种条件和因素的影响及制约，这些条件和因素主要包括地形地貌、地层岩性、地质构造、地下水、人类工程活动和地震活动等。

（1）地形地貌：危岩体发育区域地处构造剥蚀浅丘区，该区为上部略凸向外的山嘴陡崖地形，地形高差为 60~80 m；斜坡上部坡度较缓，整体坡度 28°~32°；斜坡中、下部整体坡度 65°~85°，局部近直立或反倾，为危岩体的形成发展提供了天然的临空卸荷面。此外，勘查区实测岩层产状为 310°∠5°，斜坡为近顺向坡，有利于危岩的发育。

（2）地层岩性：危岩岩性为岩屑长石石英砂岩，岩体裂隙发育，且存在软弱夹层；裂隙充填物质角砾含量较大，并含有一定量的粉粒或黏粒，岩质较软，黏结强度较低，不利于危岩的稳定；夹层含泥量较大，强度较低，且风化强烈，有可能发展成为危岩的潜在滑动面。

（3）地质构造：如前所述，整个危岩体主要受岷江临空面、裂隙发育面及斜坡结构面的控制而切割形成，其结构面组合为不利组合，促进了天洞-麻洞危岩的形成和发展，受岩层面和裂隙面的控制，危岩体朝向临空面倾倒或滑移的可能性较大。

（4）地下水作用：由前述可知，岩体局部已被切穿贯通地表，并且，贯通裂隙形成了地下水流通通道，裂隙面常年在地下水的渗流侵蚀作用下，加速了裂隙面上岩石的风化速度，并使裂隙充填物质软化，致其粘结强度不断降低，从而促使裂隙发生进一步张裂破坏，不利于危岩的稳定，加剧了危岩崩塌的可能性。

（5）人类工程活动：场区属风景保护区，区内人类工程活动主要表现为局部边坡开挖、建筑物加载、排水等景区建设和开发项目，这些活动规模较小，对地质环境尤其是危岩的稳定性产生了一定的影响。

（6）地震：场区位于我国南北地震带南段之东侧，与地震活动性强的龙门山地震带和安宁河地震带毗邻，对乐山城区及大佛景区波及影响较大。区内斜坡陡倾，危岩体孤立高耸，在地震活动水平附加力的作用下，危岩稳定性急剧下降，发生倾倒、滑移或坠落等崩塌破坏的可能性较大。

14.3.3　危岩破坏模式分析

根据区内危岩分布及形态特征、岩体控制结构面组合情况及变形发展空间进行分析，可见，天洞-麻洞危岩整体的稳定性主要受岩体后侧发育主裂隙的控制，卸荷面为岷江临空面，已发育至水下凹岩腔带的裂隙面和位于水位升降带的砂岩软弱夹层等软弱结构面均有可能成为危岩的破坏结构面，在风化、裂隙水或遭遇地震等诱发因素的作用下，危岩体发生进一步裂隙开裂，或表现出朝向临空面倾倒或滑移的破坏模式。

根据危岩结构形态、变形特征及所处空间位置分析，①#、②#危岩体则以释放势能为主，危岩体表现为滑移、坠落的破坏模式；③#危岩体则表现为向下坠落或向临空面倾倒的破坏模式。

14.3.4　危岩稳定性宏观判断

通过现场对天洞-麻洞危岩变形特征、发育阶段和发展趋势的详细调查，结合危岩区周围地形地貌和地层岩性等特征判断：①#、②#危岩体，天然状态下处于稳定状态，暴雨工况下处于基本稳定—欠稳定状态，地震工况下处于基本稳定—稳定状态；③#危岩体，天然状态下处于稳定状态，暴雨工况下处于基本稳定—稳定状态，地震工况下处于欠稳定状态；天洞-麻洞危岩整体，天然状态下处于稳定状态，暴雨工况下处于基本稳定—稳定状态，地震工况下处于欠稳定—不稳定状态。

14.3.5　危岩岩体物理力学参数参数取值及危岩体稳定性计算与评价

1）岩岩体物理力学参数参数取值

根据室内试验结果和岩体现场基本特征，结合地区经验查询《工程地质手册》(第四版)，最终确定的岩体物理力学参数建议值见表 14-4。

表 14-4　岩体物理力学参数建议值表

密度 (g/cm³)		单轴抗压强度 (MPa)		抗拉强度 (MPa)		抗剪强度			
						天然		饱和	
天然	饱和	天然	饱和	天然	饱和	c (MPa)	φ (°)	c (MPa)	φ (°)
2.36	2.39	9.15	6.24	0.25	0.20	0.60	41.70	0.40	39.62

2）危岩稳定性计算与评价

工况：坡体自重+天然地下水、坡体自重+20 年一遇暴雨+暴雨状态下地下水和坡体自重+地震+天然地下水

分析计算荷载主要有：坡体自重（含天然地下水）、20 年一遇暴雨、地震力。危岩区域地表未见有建筑物等地表荷载，故计算时不考虑地表荷载。

据《建筑抗震设计规范》（GB 50011—2010）和《中国地震动参数区划图》（GB 18306—2001）及相应的第 1 号修改单（2008 年 6 月 11 日），乐山地区抗震设防烈度为Ⅶ度，设计地震第二组，地震动峰值加速度值为 0.10g，地震动反应谱特征周期 0.35 s。考虑到文物保护"最小干预"原则要求，故计算时不提高抗震设防烈度，按区内 7 度抗震设防烈度要求进行计算。

天洞-麻洞危岩整体有可能表现出倾倒或滑移的破坏模式，①#、②#危岩体可能表现出滑移、坠落的破坏模式，③#危岩体有可能表现出坠落或倾倒的破坏模式。

计算采用《三峡库区三期地质灾害防治工程勘查技术要求》推荐公式，对天洞-麻洞危岩稳定性及剩余推力进行计算分析。

后缘有陡倾裂隙滑移式危岩体稳定性计算（计算模型如图 11-2 所示）：

$$F_s = \frac{R}{T}$$

$$R = N \tan \varphi + cl$$

$$T = W \sin \theta + V \cos \theta$$

$$N = W \cos \theta - V \sin \theta - U$$

$$W = V_u \gamma + V_d \gamma_{sad} + F$$

$$V = \frac{1}{2} \gamma_w h_w^2$$

$$U = \frac{1}{2} \gamma_\text{w} h_\text{w}$$

式中　V——后缘裂隙水压力（kN/m）；

　　　U——滑面水压力（kN/m）；

　　　h_w——裂隙充水高度（m）；

　　　F_s——滑坡稳定性系数；

　　　R——滑坡体抗滑力（kN/m）；

　　　T——滑坡体下滑力（kN/m）；

　　　N——滑坡体在滑动面法线上的反力（kN/m）；

　　　c——滑面黏聚力标准值（kPa）；

　　　φ——滑带土的内摩擦角标准值（°）；

　　　l——滑动面长度（m）；

　　　V_u——滑坡体单位宽度岩土体的浸润线以上体积（m³/m）；

　　　V_d——滑坡体单位宽度岩土体的浸润线以下体积（m³/m）；

　　　θ——滑面倾角（°）；

　　　γ——岩土体的天然容重（kN/m³）；

　　　γ_sat——岩土体的饱和容重（kN/m³）；

　　　γ_w——水的容重（kN/m³）；

　　　F——滑坡体所受地面荷载（kN）。

倾倒式危岩体稳定性计算，其中稳定性由后缘岩体抗拉强度控制[图 11-3（a）]、危岩体重心在倾覆点之外时，危岩体稳定性系数：

$$F = \frac{\left(\dfrac{1}{2} f_\text{lk} \cdot \dfrac{H-h}{\sin\beta}\right) \cdot \left(\dfrac{2}{3} \cdot \dfrac{H-h}{\sin\beta} + \dfrac{b\cos(\beta-\alpha)}{\cos\alpha}\right)}{W \cdot a + V \cdot \dfrac{H-h}{\sin\beta} + \dfrac{h_\text{w}}{3\sin\beta} + \dfrac{b\cos(\beta-\alpha)}{\cos\alpha}}$$

稳定性由后缘岩体抗拉强度控制、危岩体重心在倾覆点之内时，危岩体稳定性系数：

$$F = \frac{\left(\dfrac{1}{2} f_\text{lk} \cdot \dfrac{H-h}{\sin\beta}\right) \cdot \left(\dfrac{2}{3} \cdot \dfrac{H-h}{\sin\beta} + \dfrac{b\cos(\beta-\alpha)}{\cos\alpha}\right) + W \cdot a}{V \cdot \dfrac{H-h}{\sin\beta} + \dfrac{h_\text{w}}{3\sin\beta} + \dfrac{b\cos(\beta-\alpha)}{\cos\alpha}}$$

稳定性由底部岩体抗拉强度控制时[图 11-3（b）]，按下式计算：

$$F = \frac{\frac{1}{3} f_{lk} b^2 + W \cdot a}{V \cdot (\frac{h_w}{3 \sin \beta} + Vb \cos \beta)}$$

式中　h——后缘裂隙深度（m）；

　　　h_w——后缘裂隙充水高度（m）；

　　　H——后缘裂隙上端到未贯通段下端的垂直距离（m）；

　　　a——危岩体重心到倾覆点的水平距离（m）；

　　　b——后缘裂隙未贯通段下端到倾覆点之间的水平距离（m）；

　　　f_{lk}——危岩体抗拉强度标准值（kPa），根据岩石抗拉强度标准值乘以 0.4 的折减系数确定；

　　　α——危岩体与基座接触面倾角（°），外倾时取正值，内倾时取负值；

　　　β——后缘裂隙倾角（°）。

　　其他符号意义同前。

　　坠落式危岩稳定性计算，其中后缘有陡倾裂隙的悬挑式危岩[图 11-4（a）]稳定性系数按下列两式计算，取其中较小值：

$$F = \frac{c \cdot (H - h)}{W}$$

$$F = \frac{\zeta \cdot f_{lk} \cdot (H - h)^2}{W \cdot a_0}$$

式中　ζ——危岩抗弯力矩计算系数，依据潜在破坏面形态取值，一般可取 1/12 ~ 1/6，当潜在破坏面为矩形时可取 1/6；

　　　a_0——危岩体重心到潜在破坏面的水平距离（m）；

　　　f_{lk}——危岩体抗拉强度标准值（kPa），根据岩石抗拉强度标准值乘以 0.20 的折减系数确定；

　　　c——危岩体黏聚力标准值（kPa）。

　　其他符号意义同前。

　　后缘无陡倾裂隙的悬挑式危岩体[图 11-4（b）]稳定性系数按下列两式计算，取其中较小值：

$$F = \frac{c \cdot H_0}{W}$$

$$F = \frac{\zeta \cdot f_{lk} \cdot H_0^2}{W \cdot a_0}$$

式中　H_0——危岩体后缘潜在破坏面高度（m）；

　　　f_{lk}——危岩体抗拉强度标准值（kPa），根据岩石抗拉强度标准值乘以 0.30 的折减系数确定。

其他符号意义同前。

天然地下水位以下部分采用饱和容重，以上部分采用天然容重；由于坡前直接临水，根据勘查期间岷江水位，故天然工况和地震工况下坡体岷江水位以下按全饱和考虑，暴雨工况下坡体整体按全饱和考虑。

表 14-5 是危岩稳定系数及剩余推力计算成果统计表。

表 14-5　危岩稳定性及剩余推力计算结果统计表

剖面位置、编号及破坏模式	计算工况	稳定系数（K_f）	稳定状态	安全系数（K_s）	剩余水平推力 E_{hk}（kN/m）
天洞-麻洞危岩（1—1'剖面）倾倒式破坏	工况一	1.878	稳定	1.500	0.000
	工况二	1.052	基本稳定	1.400	2437.638
	工况三	0.976	不稳定	1.300	2423.687
天洞-麻洞危岩（2—2'剖面）倾倒式破坏	工况一	2.031	稳定	1.500	0.000
	工况二	1.149	基本稳定	1.400	1239.852
	工况三	1.018	欠稳定	1.300	1558.002
天洞-麻洞危岩（整体）倾倒式破坏	工况一	1.931	稳定	1.500	0.000
	工况二	1.084	基本稳定	1.400	45 714.073
	工况三	0.992	不稳定	1.300	48 331.695
天洞-麻洞危岩（1—1'剖面上部）滑移式破坏	工况一	1.876	稳定	1.250	0.000
	工况二	1.129	基本稳定	1.200	1017.121
	工况三	1.411	稳定	1.150	0.000
天洞-麻洞危岩（2—2'剖面上部）滑移式破坏	工况一	1.878	稳定	1.250	0.000
	工况二	1.114	基本稳定	1.200	901.409
	工况三	1.426	稳定	1.150	0.000
天洞-麻洞危岩（整体上部）滑移式破坏	工况一	1.823	稳定	1.250	0.000
	工况二	1.084	基本稳定	1.200	35 565.886
	工况三	1.386	稳定	1.150	0.000
③#危岩体（3—3'剖面）坠落式破坏	工况一	1.467	稳定	1.500	49.887
	工况二	1.159	稳定	1.400	365.328
	工况三	1.334	稳定	1.300	0.000

剖面位置、编号及 破坏模式	计算工况	稳定系数 （K_f）	稳定状态	安全系数 （K_s）	剩余水平推力 E_{hk} （kN/m）
③#危岩体 （3—3'剖面） 倾倒式破坏	工况一	3.842	稳定	1.500	0.000
	工况二	1.094	基本稳定	1.400	206.373
	工况三	1.025	欠稳定	1.300	255.578
①#危岩体 滑移式破坏	工况一	1.437	稳定	1.250	0.000
	工况二	1.111	基本稳定	1.200	19.059
	工况三	1.269	稳定	1.150	0.000
②#危岩体 滑移式破坏	工况一	1.298	稳定	1.250	0.000
	工况二	1.003	欠稳定	1.200	103.562
	工况三	1.143	基本稳定	1.150	3.598

根据《滑坡防治工程设计与施工技术规范》（DZ/T 0219—2006）5.1 条规定，乐山大佛天洞-麻洞危岩治理工程为Ⅰ级防治工程；再按照 5.4 条规定，根据防治工程级别和危岩破坏模式分别选取不同工况下剩余推力设计安全系数。考虑到天洞-麻洞危岩的重要性及危害性，并兼顾文物保护"最小干预"原则要求，各安全系数均按规范范围值中值水平取值。各工况剩余推力设计安全系数选取如下：

工况一（天然）：滑移，K_s=1.25；倾倒，K_s=1.50。

工况二（暴雨）：滑移，K_s=1.20；倾倒，K_s=1.40。

工况三（地震）：滑移，K_s=1.15；倾倒，K_s=1.30。

由表 10-8 可见，天洞-麻洞危岩整体，天然状态下处于稳定状态，暴雨工况下处于基本稳定状态，地震工况下处于欠稳定~不稳定状态，并且倾倒式破坏模式下的稳定系数明显小于滑移式破坏模式，说明危岩更有可能发生倾倒式破坏；①#危岩体，天然状态下处于稳定状态，暴雨工况下处于基本稳定状态，地震工况下处于稳定状态，危岩主要有可能发生滑移式破坏；②#危岩体，天然状态下处于稳定状态，暴雨工况下处于欠稳定状态，地震工况下处于基本稳定状态，危岩主要有可能发生滑移式破坏；③#危岩体，天然状态下处于稳定状态，暴雨工况下处于基本稳定状态，地震工况下处于欠稳定状态，并且倾倒式破坏模式下的稳定系数明显小于坠落式破坏模式，说明危岩更有可能发生倾倒式破坏。

在稳定性计算的基础上，根据上述各工况对应的安全系数进行危岩剩余推力计算，由表 10-8 可见，除天然状态外，暴雨和地震工况下均存在剩余推力，且推力较大，在进行危岩治理工程设计时，应选用较大的剩余推力进行结构计算。

14.4 治理工程方案建议

根据已查明的灾害体特征、坡体厚度、保护对象等，同时考虑到治理工程的施工环境、经济合理性与环境适应性，并结合区内保护对象分布，有针对性地布置防治工程。

根据天洞-麻洞危岩区域可能出现的破坏形式，可分别采取不同的工程措施进行治理。危岩整体宜采用预应力锚索或框格锚索进行加固，其他单块危岩宜采用钢筋砼柱支撑或锚杆锚固措施。

（1）天洞-麻洞危岩整体，危岩更有可能发生倾倒式崩塌破坏，宜采用预应力锚索进行加固的措施，以改变其受力条件；并且由于其整体稳定性较差，应采用施工挠动小的治理措施。在设计施加预应力时，应考虑到危岩体的结构、完整性及软弱层层面的抗拉强度，以控制其外倾变形为目的，不宜施加较大的预应力。

预应力锚索：主要由内锚固段、张拉段和外锚固段三部分构成，通过预应力的施加，增强滑面的法向应力或抗倾覆力矩，有效提高危岩体的稳定性；能充分发挥岩体的自承潜力，调节和提高岩土的自身强度和自稳能力，减轻支护结构的自重，节约工程材料，并能保证施工的安全与稳定。

具体的锚固工程措施：在 355 ~ 400 m 高程范围内设置预应力锚索（图14-15），锚孔水平间距 3 m，竖向间距 3 m，直径为 ϕ130，按俯角 15°制作；锚固段长度约 8 m，锚索长度可根据实际情况进行调整；锚索采用 6 根 1×7 股 1860级 ϕ^s15.2 钢绞线，注浆强度等级为 M30；锚索张拉宜在锚固体强度大于 20 MPa 并达到设计强度的 80%后进行，预张拉后分五级张拉至设计张拉力（约 800 kN）。

（2）①#、②#危岩体，危岩主要有可能发生滑移式崩塌破坏，由于危岩体规模较小，剩余推力较小，宜采用锚杆进行加固的措施。

根据危岩规模和形态，对①#危岩体可布置 3 根锚杆，对②#危岩体可布置 8 根锚杆；锚杆采用 540/835 级 40Si$_2$MnV 精轧螺纹钢筋，注浆强度等级为 M30，设计拉力约 100 kN；锚孔直径为 ϕ90，按俯角 15°制作，间距可根据危岩表面形态进行调整。

（3）③#危岩体，危岩更有可能发生倾倒式崩塌破坏，由于危岩体规模较小，剩余推力较小，宜采用锚杆进行加固的措施。

锚杆主要设置在 372 ~ 386 m 高程内，锚孔水平间距 2 m，竖向间距 2 m，直径为 ϕ90，按俯角 15°制作；锚固段长度约 3.0 m，锚杆长度可根据实际情况进行调整;锚杆采用 540/835 级 40Si₂MnV 精轧螺纹钢筋,注浆强度等级为 M30;锚杆设计拉力约 150 kN。

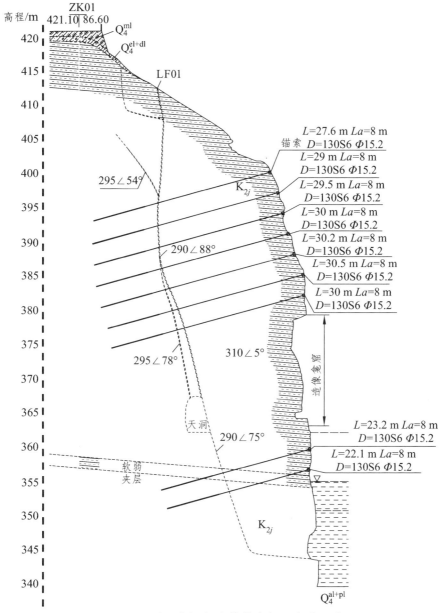

图 14-15　天洞-麻洞危岩体锚索加固方案示意图

（4）危岩体后缘卸荷裂隙,为避免大气降雨入渗裂隙加剧裂隙面岩石风化破坏、降低因大气降雨入渗造成的裂隙水压力增大、确保危岩体的稳定性,采取在裂隙顶部填注砂浆进行封堵并在坡顶设置截水沟的措施。

综上，勘查建议提出了两套综合治理方案进行比选，即：

① 方案一：预应力锚索+锚杆+裂隙封堵+截水沟；

② 方案二：预应力框格锚索+锚杆+裂隙封堵+截水沟。

通过比选，推荐采用方案一为治理工程方案。

鉴于治理工程施工有可能对危岩体临江崖面上的佛龛构成实质性威胁，施工期内须对影响范围内的龛窟进行临时防护。建议采用软泡沫材料作垫层盖于佛龛面上进行封闭，表层用竹编块压住，利用离龛窟周边最近的锚孔拉筋对其进行固定，待施工结束后拆除。

建议加强治理工程施工中的地质工作，以验证已有的勘查成果，必要时补充更正勘查结论。

建议加强治理工程施工中的文物保护工作，应针对危岩区施工可能造成影响的佛龛或摩崖造像编制专门的保护措施。

由于勘查工作及经验参数的选取受到时间和区域上的局限性，危岩稳定性评价也相应受到时间和区域上的局限性，后期应加强对坡体变形的监测。

15 通江千佛岩病害治理工程方案设计

15.1 地理位置

千佛岩位于四川通江县县城西郊 2.5 km 处的诺江镇千佛村，通江至汉中的公路通过前缘，交通便利。

15.2 环境条件

15.2.1 地形地貌

通江千佛岩石窟及摩崖造像所在地貌单元属浅丘地貌，整体坡度约 27°，勘察场地地面高程为 424.55 ~ 393.28 m，相对高差约 34.27 m。

拟防护设计的场地大致分为三段：

（1）上部陡崖段，该段主要为砂岩，基本为中等风化，岩体完整性较好，仅表面局部强风化，该段高差 15 ~ 18 m。千佛岩石刻依此陡崖而建，目前除砂岩表面由于时间久远发生风化外，文物基本保存完整，但应对基岩表层进行处理阻止岩层表面进一步破坏，进而起到保护文物的作用。

（2）中部平台段，千佛岩石刻大殿及相应配套设施位于此处，该处表层为人工填土，底部为砂岩或泥岩，覆盖层厚度小于 1.0 m，目前稳定性较好。

（3）下部缓坡地段，该段表层覆盖层厚 0.40 ~ 2.40 m，主要为坡积物，成分以粉质黏土及强风化砂岩及泥岩块为主，该段坡度约 12° ~ 15°，该段高差约 17 m，局部地区基岩裸露。

15.2.2　气象、水文

场地处于四川盆地的东北缘，北有秦岭、大巴山的屏障，因而场地所处区域气候温和，雨量丰富，冬季不太冷、夏季不太热，年平均气温在 16 ℃ 左右，夏季气温一般 25 ~ 30 ℃，冬季一般 3 ~ 6 ℃，年平均相对湿度 75% 左右，多年平均蒸发量为 1 000 mm 左右，年降雨量一般为 1 000 ~ 1 400 mm，最高可达 1 600 mm 以上。

区域内河溪主要为山溪性水流，分别属于巴河和州河水系。巴河水系主要有巴河、大（小）通江、渐滩河等，州河水系主要有后河、前河、中河及长荡河等。巴、州两河，一西一东，蜿蜒曲折，自北向南流，于渠县三汇镇会合，纳入渠江。

小通江属于巴河水系二级支流，通江一级支流，其积水面积约 5 000 ~ 6 700 km^2，河床宽缓，宽约 30 ~ 40 m，最宽可达 45 ~ 70 m。年洪枯水位变化较大，洪水期河水基本满槽，枯水期水面宽约 25 ~ 35 m，其多年平均流量为 120 m^3/s，最大流量约为 8 000 m^3/s，最小流量约 4 ~ 8 m^3/s。

15.2.3　地质构造

区域上处于大巴山歹字型构造中段的南侧（又称大巴山弧形构造）与川东新华夏构造、巴（中）—平（昌）莲花状构造的复合交接部位。区域内构造线展向多变，构造形迹主要以褶皱为主，断裂不发育，其中又以大巴山弧形构造和川东新华夏构造为主，其褶皱轴线多呈弧形，岩层倾角变化频繁（场地内已有体现），并常有挠曲现象。该种构造格局表明，场地所处区域内无活动断裂通过，构造总体稳定。

15.2.4　地层岩石

（1）第四系全新统人工填土层（Q$_4^{ml}$）：灰、褐灰、灰黄、黑等色，很湿，松散，主要为素填土，局部含碎砖瓦块。

（2）第四系全新统坡积层（Q$_4^{dl}$）：黄褐色，以粉质粘土为主，局部夹杂有强风化泥岩块，含量约 10%，但含量不均匀，整个场地都有分布。

（3）白垩系下统苍溪组（K$_{1c}$）砂岩：中等风化黄灰色—灰白色。矿物成分以石英、长石为主，次为云母及暗色矿物等。中细粒结构，中厚—巨厚层构造，钙质胶结。裂隙较少，岩质较坚硬，岩芯呈短柱状—中柱状，少量长柱状。岩芯采取率为90%左右。

（4）白垩系下统苍溪组（K_{1c}）泥岩：上部为紫灰—紫红色强风化泥岩，由黏土矿物组成，泥质结构，中厚层—厚层构造，泥钙质胶结。岩芯呈碎块状，个别短柱状。风化裂隙发育，原岩结构清晰。岩芯采取率80%左右；下部紫红色、紫灰色中风化泥岩，间夹砂质泥岩。由黏土矿物组成，含少量云母，泥质结构，薄—中厚层构造，泥钙质胶结，裂隙稍发育。局部段夹砂质泥岩。岩芯呈短柱状—中长柱状。岩芯采取率为90%左右。

15.2.5　水文地质条件

场地内地下水主要为孔隙潜水及基岩裂隙水，地下水赋存于第四系坡积层及基岩裂隙中。主要靠大气降水、地表渗透补给，水量不大，勘察时未见地下水水位。

第四系坡积层孔隙度较大，透水性较好；基岩裂隙贯通性较差，故地下水在裂隙中的渗透性较差。

15.2.6　场地土腐蚀性评价

场地土腐蚀性评价见表 15-1。场地土对钢筋结构、钢筋混凝土中钢筋具微腐蚀性、对钢结构具微腐蚀性。

表 15-1　场地土的腐蚀性判定表

评价类型	腐蚀介质		测试值	评定标准	评价结果	腐蚀等级
按环境类型土混对凝土结构	SO_4^{2-}（mg/kg）		90.57～102.35	<450	微	微腐蚀性
	Mg^{2+}（mg/kg）		12.84～15.96	<3000	微	
	总矿化度（mg/l）			<30 000	微	
按地层渗透性水对混凝土结构	pH	A	7.18～7.39	>6.5	微	
		B		>5.0	微	
钢筋混凝土结构中的钢筋	Cl⁻含量（mg/L）	A	18.94～25.11	<400	微	微腐蚀性
		B		<250	微	
钢结构	pH		7.18～7.39	>5.5	微	微腐蚀性

注：表中 A 是指强透水土层；B 是指弱透水土层。A 是指地下水位以上的碎石土、砂土，坚硬、硬塑的黏性土；B 是湿、很湿的粉土，可塑、软塑、流塑的黏性土。

15.2.7　地震效应评价

历史记载表明,该地区地震以弱震为主,无大于6.5级以上地震记录。据《建筑抗震设计规范》(GB 50011—2001)附录A"我国主要城镇抗震设防烈度、设计基本地震加速度和设计地震分组"第A.0.20条规定,巴中市通江县抗震设防烈度为Ⅵ度,设计基本地震加速度值为0.05*g*,设计地震分组为第一组。

场地内上覆土层有素填土及粉质黏土,厚为0.40～2.40 m,整个场地分布连续,按《中国地震动峰值加速度区划图》和《建筑抗震设计规范》(GB 50011—2010)规范,场区属抗震设防烈度为Ⅵ度。

根据当地的工程经验结合《建筑抗震设计规范》(GB 50011—2010)的划分原则,各土层的剪切波速取值如表15-2。

表 15-2　场地土的剪切波速建议值

序号	土层名称	剪切波速 V_s(m/s)
1	人工填土	110
2	粉质黏土	180
3	中等风化砂岩	900
4	强风化泥岩	500
5	中等风化泥岩	850

根据《建筑抗震设计规范》(GB 50011—2010)4.1.5条规定的相关公式计算场地的等效剪切波速:

$$V_{se} = \frac{d_0}{t} = 482.66 \ (\text{m/s})$$

$$t = \frac{d_1}{v_{s1}} + \frac{d_2}{v_{s2}} + \cdots + \frac{d_i}{v_{si}} + \frac{d_n}{v_{sn}}$$

式中　V_{se}——场地的等效剪切波速(m/s);

　　　d_0——计算深度(m),取覆盖层厚度;

　　　t——剪切波在地面至计算深度之间的传播时间;

　　　v_{si}——计算深度范围内第i层土的剪切波速度(m/s);

　　　n——计算深度范围内土层的分层数。

根据《建筑抗震设计规范》(GB 50011—2010)的场地划分原则,250(m/s)<V_{se}=482.66(m/s)≤500(m/s),覆盖层厚度≤5.00 m,故本场地属Ⅱ1类建筑场地。依据《建筑抗震设计规范》(GB 50011—2010)4.1.1条,判定该场地处于可进行建设的一般地段。

15.2.8 场地稳定性评价

场地位于稳定地块，地貌单元属浅丘地貌，地层结构简单，场地具有一定缓坡，除局部地段发生小规模崩塌外，场地整体稳定性良好。

15.2.9 岩土体物理力学指标

表 15-3、15-4 和 15-5 分别为土、岩石物理力学参数试验成果统计表和场地岩土层物理力学参数建议值 E_0。

表 15-3　土的物理力学参数试验成果统计表

土层名称		含水率 W（％）	密度 ρ_0（g/cm³）	孔隙比 e_0	液限 ω_L（％）	塑限 ω_p（％）	塑性指数 I_p	液性指数 I_L	压缩系数 a_{1-2}（MPa⁻¹）	压缩模量 E_s（MPa）	黏聚力 C（kPa）	内摩擦角 φ（°）
粉质黏土	样本容量	6	6	6	6	6	6	6	6	6	6	6
	最大值	36.7	1.99	1	39.2	25.4	16.3	0.67	0.577	5.25	37.0	15.6
	最小值	22.9	1.83	0.67	26.7	16.0	10.3	0.55	0.318	3.47	22.0	12.3
	平均值	29.5	1.91	0.848	33.7	20.8	13.6	0.64	0.441	4.28	30.8	14.3
	标准差	5.364	0.074	0.146	5.200	3.865	2.513	0.045	0.090	0.614	6.43	1.277
	变异系数	0.182	0.039	0.172	0.154	0.186	0.185	0.071	0.203	0.143	0.21	0.089
	统计修正系数										0.83	0.926
	标准值										26.0	13.2

表 15-4　砂岩及泥岩抗压强度成果统计表

岩石名称		天然密度 ρ_0（g/cm³）	含水率 W（％）	天然抗压强度（MPa）	饱和抗压强度（MPa）	烘干抗压强度（MPa）	软化系数
中风化砂岩	样本容量	6	6	6	6	6	6
	最大值	6.50	2.57	31.40	16.10	53.80	0.41
	最小值	2.70	2.40	18.70	6.67	35.50	0.13
	平均值	3.44	2.53	24.99	12.67	46.19	0.28
	标准差	1.260	0.054	4.720	3.742	6.442	0.083
	变异系数	0.367	0.021	0.189	0.295	0.139	0.300
	统计修正系数			0.872	0.800	0.906	
	标准值			21.80	10.14	41.84	

续表

岩石名称		参数指标					
		天然密度 ρ_0（g/cm³）	含水率 W（%）	天然抗压强度（MPa）	饱和抗压强度（MPa）	烘干抗压强度（MPa）	软化系数
强风化泥岩	样本容量	6	6	6			
	最大值	9.50	2.42	2.14			
	最小值	7.60	2.37	1.35			
	平均值	8.83	2.40	1.83			
	标准差	0.650	0.018	0.288			
	变异系数	0.074	0.007	0.158			
	统计修正系数			0.870			
	标准值			1.59			
中风化泥岩 ④-2	样本容量	6	6	6	6	6	6
	最大值	9.20	2.48	14.50	6.71	34.30	0.26
	最小值	2.90	2.30	8.91	5.04	20.80	0.18
	平均值	7.82	2.41	12.32	5.72	26.67	0.22
	标准差	1.909	0.054	2.021	0.523	4.963	0.029
	变异系数	0.244	0.023	0.164	0.091	0.186	0.131
	统计修正系数			0.897	0.943	0.884	
	标准值			11.06	5.40	23.56	

从表 15-3 可知，粉质黏土天然重度取 19.1 kN/m³，孔隙比取 0.848，液性指数 I_L 取 0.640，黏聚力 26.0 kPa，内摩擦角 13.2°，压缩系数为 0.441，属中等压缩地基土。

从表 15-4 可知：中等风化砂岩天然状态下单轴抗压强度标准值为 21.80 MPa，饱和状态下单轴抗压强度标准值为 10.14 MPa，为软岩，软化系数平均值为 0.28（小于 0.75），为软化岩石。中等风化砂岩的基本质量级别为Ⅳ级；强风化泥岩天然状态下单轴抗压强度标准值为 1.59 MPa；中等风化泥岩天然状态下单轴抗压强度标准值为 11.06 MPa，饱和状态下单轴抗压强度标准值为 5.40 MPa，软化系数平均值为 0.22，为软化岩石，中等风化泥岩的基本质量级别为Ⅳ级。

表 15-5　岩土物理力学指标建议值

岩土名称	参数建议值						
	天然重度 g（kN/m³）	地基土承载力特征值 f_{ak}（kPa）	压缩模量 E_s（MPa）	变形模量 E_o（MPa）	黏聚力 c（kPa）	内摩擦角 φ（°）	基床系数 K（MN/m³）
素填土	18.5		3.5		10	10.0	
粉质黏土	19.0	150	4.0		20	12.0	15
中风化砂岩	25.0	900					180
强风化泥岩	24.0	300		25.0			70
中风化泥岩	24.5	700					120

15.3　主要岩土病害特征

通过现场调查，千佛岩石窟保护区主要存地表污水腐蚀、地下水下渗软化、危岩体、构筑物变形 4 类岩土病害。

15.3.1　地表水长期对石窟的污染腐蚀和冲刷侵蚀

1）崖顶平台污水沟的渗漏和污染

崖顶平台污水沟是远处居民小区生活污水排放通道，沿着崖顶平台排放到坡底水沟中，污水沟只是在菜地中开挖了宽 0.5 m，深 0.4 m 左右的浅沟，沟道内无防渗措施，在沿着沟槽流动的同时，污水下渗，同时在降雨条件下，污水沟的污水会向沟外溢出渗流，对佛像的造成腐蚀（图 15-1）。

图 15-1　千佛岩崖顶平台污水沟的渗漏和污染

2）佛像屋顶面截排水沟堵塞及排水路径不畅，腐蚀佛像表面

佛像崖顶上部截水沟因断面小，坡度缓，已被剥落的岩石碎屑和树叶堵塞，下部排水管发生破裂，出水口被阻塞，不能满足排水需求（图 15-2~15-5）。

图 15-2　屋顶截排水沟堵塞

图 15-3　屋顶截排水沟导流不畅

图 15-4　屋顶截排水沟导流管破裂

图 15-5　屋顶截排水沟出口堵塞

15.3.2　地下水对石窟岩体长期湿润、软化，加速风化

崖顶平台覆盖层厚度 0.3～1 m，由于污水及降雨入渗，在砂岩中渗流，导致石窟岩体长期湿润、腐蚀软化岩体，加速其表面风化（图 15-6~15-7）。

图 15-6　石窟表面出水点

图 15-7　石窟表面出水点处腐蚀

15.3.3　危岩

千佛岩石窟危岩病害主要有 5 处。

1）石窟危岩体（WY1）

千佛岩东侧有一自然形成的危岩体边坡，通过对 WY1 崩塌危岩的初步调查，危岩体高 12 m，宽 25 m，厚约 4.2 m，约 1 260 m³。由 2 组卸荷裂隙与崖面及眼层面切割而成。在自重应力作用下，存在沿岩层面发生滑移式或倾倒式崩塌，危及石窟整体的安全，需进行稳定性分析与评价后，进行加固处理（图15-8~15-11）。

图 15-8　石窟危岩体 WY1 全貌

图 15-9　石窟危岩体 WY1 节理 1

图 15-10　石窟危岩体 WY1 节理 2

图 15-11　石窟佛像表面处节理

2）石窟东侧危岩凹腔（WY2）

石窟东侧因差异风化严重，形成上凸下凹的危岩体 WY2，高 12.5 m，宽 6 m，厚约 3.5 m，约 262.5 m³。危岩体向外突出，且凹腔经过高温炙烤，存在许多细小裂缝，将会加速其风化（图 15-12~15-13）。

3）石窟东侧屋顶上方小块危岩（WY3）

在屋顶东侧上部，有一小型危岩体 WY3，高 1.8 m，宽 1.5 m，厚约 0.8 m，约 2.16 m³。在降雨或地震等影响下，危岩体坠落可能砸坏房屋和佛像，建议人工清除（图 15-14）。

图 15-12 WY2 凹岩腔围墙开裂　　　　图 15-13 WY2 凹岩腔泥岩风化

图 15-14 石窟东侧屋顶上方小块危岩体 WY3

4）崖面局部剥裂岩块（WY4、WY5）

崖面局部区域，部分岩块剥离母岩形成壳状危岩块，高 0.85 m，宽 1.1 m，厚约 0.5 m，约 4.7 m³。在地震或其他因素影响下有掉落的可能（图 15-15~15-16）。

图 15-15 佛像表面剥裂岩块 WY4　　　　图 15-16 佛像表面剥裂岩块 WY5

15.3.4 构筑物变形

石窟景点原有围墙，由于"5·12"地震影响，下部条石基础下沉，围墙出现开裂（图 15-17~15-18）。

图 15-17　石窟地基下沉围墙开裂　　　图 15-18　石窟围墙裂缝

15.4　危岩体稳定性评价

由于石窟危岩体规模较大包括 WY1 和 WY2 两部分，对其进行专门的稳定性分析与评价。

危岩体主要由产状 265°∠85° 的卸荷裂隙 J_1、产状 320°∠75° 的卸荷裂隙 J_2、产状为 295°∠11° 的岩层层面与产状为 275∠80° 的崖面切割而成。J_1 裂缝宽约 15~25 cm，裂面较平直，无填充；J_2 宽为 5~10 cm，间距 1.8 m，裂面较平直，无填充；岩层层面，延伸好，无充填。

15.4.1　赤平投影稳定性分析

表 15-5 和 15-6 分别为 WY1 和 WY2 危岩体赤平投影稳定性分析表。

表 15-5　危岩 WY1（E—E'剖面）赤平投影稳定性分析表

危岩体中部，无照片	剖面图	编号	E—E'剖面
		坐标	$X = 36\,426\,479.1834$，$Y = 3\,533\,158.3978$
		危岩体特征	E—E'断面处危岩体，在自重及卸荷作用下略微外倾，部分岩体已脱离母岩，危岩体高 12 m，宽 25 m，厚约 4.2 m，约 1260 m^3，可能沿坡面倾倒坠落。
		结构面特征	该危岩体上主要发育有两组结构面：J_1：320°∠75°，宽为 5~10 cm，裂面较平直，无填充。J_2：265°∠80°，宽为 10~25 cm，裂面较平直，无填充。两组节理与岩层面切割岩体呈块状

续表

		岩性	砂岩	
		诱发因素	地震，暴雨	破坏模式	倾倒式
		威胁对象	下部道路，危及佛像	
		治理方案建议	锚索	
		稳定性分析	J₂裂隙倾向与坡向基本一致，为一组不利结构面，在 J₁、J₂ 及层面的共同作用下，将岩体局部切割成块状，其交线 A 倾角比坡角小，为潜在不利结构面组合，对危岩体稳定性不利	

表 15-6　危岩 WY2（D—D′剖面）赤平投影稳定性分析表

	编号	D—D′剖面
	坐标	X=36 426 338.01，Y=3 533 101.81
	危岩体特征	D—D′断面处危岩体，在自重及卸荷作用下略微外倾，部分岩体已脱离母岩，危岩体高 12.5 m，宽 6 m，厚约 3.5 m，约 262.5 m³，可能沿坡面倾倒坠落
	结构面特征	该危岩体上主要发育有两组结构面：J₁：320°∠75°，宽为 5～10 cm，裂面较平直，无填充。J₂：265°∠85°，宽为 10～25 cm，裂面较平直，无填充。两组节理与岩层面切割岩体呈块状

剖面图

		岩性	砂岩		
		诱发因素	地震，暴雨	破坏模式	倾倒式
		威胁对象	下部道路，危及佛像		
		治理方案建议	凹岩腔用片石混凝土支撑，锚索		

立面图　　赤平投影

续表

	稳定性分析	J₂ 裂隙倾向与坡向基本一致，为一组不利结构面，在 J₁、J₂ 及层面的共同作用下，将岩体局部切割成块状，其交线 A 倾角比坡角小，为潜在不利结构面组合，对危岩体稳定性不利

15.4.2 极限平衡稳定性计算

计算是为危岩稳定性评价及治理工程提供依据。

计算考虑降雨和地震工况。

危岩上方未见有建筑物等，故计算时不考虑地表荷载。

据《建筑抗震设计规范》（GB 50011—2010）和《中国地震动参数区划图》（GB 18306—2001）及相应的第 1 号修改单（2008 年 6 月 11 日），通江地区抗震设防烈度为Ⅵ度，设计地震第一组，地震动峰值加速度值为 0.05g，地震动反应谱特征周期 0.35 s。基于千佛岩石窟为国家级文物，提高为Ⅶ度抗震设防烈度，取地震动峰值加速度值为 0.10g。

工况一：坡体自重，包括勘查期间的地下水位；

工况二：坡体自重+20 年一遇暴雨；

工况三：坡体自重+地震，包括勘查期间的地下水位。

通过系统分析危岩空间结构、形态特征和已有变形破坏迹象，得出千佛岩危岩体有可能表现出倾倒或滑移的破坏模式，本次危岩稳定性分析，共选取了控制性剖面（D—D′和 E—E′），分别进行上述三种工况下的稳定性计算分析。危岩稳定性计算剖面模型分别见图 15-19、图 15-20。

计算采用《三峡库区三期地质灾害防治工程勘查技术要求》推荐公式，对千佛岩危岩稳定性及剩余推力进行计算分析。

后缘有陡倾裂隙滑移式危岩体稳定性计算（计算模型如图 11-2 所示）。

$$F_s = \frac{R}{T}$$

$$R = N \tan \varphi + cl$$

$$T = W \sin \theta + V \cos \theta$$

$$N = W \cos \theta - V \sin \theta - U$$

$$W = V_u \gamma + V_d \gamma_{sad} + F$$

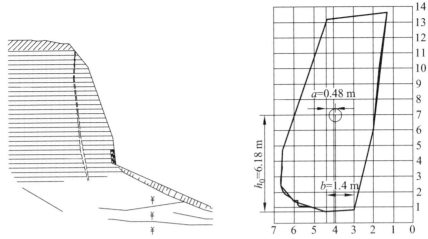

图 15-19　千佛岩危岩体 D—D′剖面稳定性计算模型

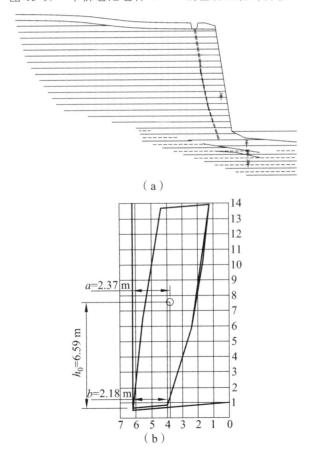

（a）

（b）

图 15-20　千佛岩危岩体 E—E′剖面稳定性计算模型

$$V = \frac{1}{2}\gamma_{w}h_{w}^{2}$$

$$U = \frac{1}{2}\gamma_{w}h_{w}$$

式中　V——后缘裂隙水压力（kN/m）；

　　　U——滑面水压力（kN/m）；

　　　h_{w}——裂隙充水高度（m）；

　　　F_{s}——滑坡稳定性系数；

　　　R——滑坡体抗滑力（kN/m）；

　　　T——滑坡体下滑力（kN/m）；

　　　N——滑坡体在滑动面法线上的反力（kN/m）；

　　　c——滑面黏聚力标准值（kPa）；

　　　φ——滑带土的内摩擦角标准值（°）；

　　　l——滑动面长度（m）；

　　　V_{u}——滑坡体单位宽度岩土体的浸润线以上体积（m³/m）；

　　　V_{d}——滑坡体单位宽度岩土体的浸润线以下体积（m³/m）；

　　　θ——滑面倾角（°）；

　　　γ——岩土体的天然容重（kN/m³）；

　　　γ_{sat}——岩土体的饱和容重（kN/m³）；

　　　γ_{w}——水的容重（kN/m³）；

　　　F——滑坡体所受地面荷载（kN）。

倾倒式危岩体稳定性计算，其中稳定性由后缘岩体抗拉强度控制[图 11-3（a）]、危岩体重心在倾覆点之外时，危岩体稳定性系数：

$$F = \frac{(\frac{1}{2}f_{lk} \cdot \frac{H-h}{\sin\beta}) \cdot (\frac{2}{3} \cdot \frac{H-h}{\sin\beta} + \frac{b\cos(\beta-\alpha)}{\cos\alpha})}{W \cdot a + V \cdot \frac{H-h}{\sin\beta} + \frac{h_{w}}{3\sin\beta} + \frac{b\cos(\beta-\alpha)}{\cos\alpha}}$$

天然地下水位以下部分采用饱和容重，以上部分采用天然容重，暴雨工况下坡体整体按全饱和考虑。

根据室内试验结果和岩体现场基本特征，结合地区经验查询《工程地质手册》（第四版），岩石物理力学参数建议值见表 15-7。

WY1 和 WY2 危岩体在不同工况组合下的稳定性及剩余推力计算结果见表 15-8。

表 15-7　岩体物理力学参数建议值表

密度（g/cm³）		单轴抗压强度（MPa）		抗拉强度（MPa）		抗剪强度			
						天然		饱和	
天然	饱和	天然	饱和	天然	饱和	C（MPa）	φ（°）	C（MPa）	φ（°）
2.36	2.39	9.15	6.24	0.25	0.20	0.60	41.70	0.40	39.62

表 15-8　危岩稳定性及剩余推力计算结果统计表

危岩编号 剖面编号 破坏模式	计算工况	稳定系数（K_f）	稳定状态	危岩安全系数（K_s）	剩余水平推力E_{hk}（kN/m）
WY2 危岩（D—D′剖面） 倾倒式破坏	工况一	5.18	稳定	1.45	0.00
	工况二	0.66	不稳定	1.40	106.79
	工况三	0.75	不稳定	1.35	79.62
WY1 危岩（E—E′剖面） 倾倒式破坏	工况一	14.33	稳定	1.45	0.00
	工况二	1.98	稳定	1.40	0.00
	工况三	2.92	稳定	1.35	0.00
WY2 危岩（D—D′剖面） 滑移式破坏	工况一	7.46	稳定	1.45	0.00
	工况二	2.63	稳定	1.40	0.00
	工况三	4.54	稳定	1.35	0.00
WY1 危岩（E—E′剖面） 滑移式破坏	工况一	6.35	稳定	1.45	0.00
	工况二	2.01	稳定	1.40	0.00
	工况三	4.10	稳定	1.35	0.00

15.5　岩土病害治理工程设计

危岩剩余推力计算中涉及安全系数，根据《建筑边坡工程技术规范》（GB 50330—2013）中 5.3.1 条之规定，一级边坡稳定安全系数不小于 1.35，考虑到千佛岩危岩的重要性及危害性，天然和暴雨工况下稳定安全系数应适当提高，各工况剩余推力计算安全系数选取如下：

工况一（天然）：K_s=1.45；

工况二（暴雨）：K_s=1.40；

工况三（地震）：K_s=1.35。

由表 15-8 计算结果可见，WY2 危岩体天然状态危岩体处于稳定状态，在暴雨和地震工况存在剩余推力，有发生倾倒破坏的可能，需要进行治理设计。WY1

危岩体在三种工况下，总体上处于稳定状态，但从保护危岩体长期稳定及佛像本体安全的角度出发，可以参考 WY2 设计结果，进行治理。

在稳定性计算的基础上，根据上述各工况对应的安全系数进行危岩剩余推力计算，WY2 危岩体在暴雨工况下的剩余水平推力最大，建议按此进行锚索设计。

15.5.1　总体设计思路

千佛岩石窟岩土工程治理的总体思路如下：

（1）对崖顶的污水沟进行防渗治理，在崖顶部增设排水沟，将污水和雨水引排出文物保护区。

（2）对屋顶既有截水沟进行清理，在其排水口处采用 PVC 管引流，减小对崖面的冲刷，在坡脚修消能水池，并在水池底部埋设涵管，将水排入远处冲沟。

（3）对 WY1、WY2 危岩体整体进行锚索加固，对佛像东侧危岩体 WY2 凹腔采用浆砌块石支撑。

（4）对佛像东侧的小型危岩 WY3 进行人工清理，对崖面局部剥裂岩块 WY4、WY5 进行小型锚杆加固。

（5）对大门西侧开裂的围墙以及基础进行重新修建。

15.5.2　工程治理分项设计

1）崖顶平台排水沟设计

降雨标准、地表排水工程设计用到的首先是降雨标准，包括暴雨重现期和降雨历时标准两方面，并由此确定设计暴雨强度，设计降雨重现期为 10 年，设计暴雨强度按 10 年一遇，20 年校核。

由暴雨重现期和降雨历时标准确定设计暴雨强度为 60 mm/h，校核暴雨强度为 80 mm/h。

根据地形排水沟布置于崖顶平台，由 1# 和 2# 条排水沟组成，最终将污水和降雨汇入冲沟，具体布置位置参见治理工程布置平面图。

设计采用中国公路科学研究提出的经验公式计算确定截水沟地表水汇流量，设计频率按 10 年一遇选取。

流量经验公式为：

$$Q_p = \varphi \cdot SP \cdot F \quad （当 F < 3 \ \text{km}^2 时）$$

式中　Q_p——设计频率地表水汇流量（m³/s）；

　　　φ——径流系数（各排水沟段均取 0.5）；

　　　　SP——设计降雨强度（mm/h）；

　　　　F——汇水面积（km²）。

　　计算得出沟渠的设计和校核流量如表 15-9 所示。

表 15-9　沟渠的设计和校核流量

名 称	汇流面积	单向长度	单向设计流量
	km²	m	m³/s
排水沟	0.005	95	0.2

　　截排水沟水力计算

　　排水沟过流量计算公式为：

$$Q = w \cdot C \sqrt{R \cdot i}$$

式中　　*Q*——过流量（m³/s）；

　　　　w——过流断面面积（m²）；

　　　　C——流速系数（m/s）；

　　　　R——水力半径（m）；

　　　　i——水力坡降。

　　其中流速系数 *C* 采用满宁公式 $C = \dfrac{1}{n} R^{\frac{1}{6}}$ 计算，*n* 为糙率；水力半径 $R = \dfrac{A}{X}$，*A* 为排水沟有效过水断面面积（m²），*X* 为湿周（m）。

　　根据上述计算得到排水沟尺寸如表 15-10 所示。

表 15-10　排水沟尺寸简表

名称	截面宽度（m）	截面高度（m）	过水断面面积（m²）	设计流速（m/s）	实际过流量（m³/s）
截水沟	下 0.4，上 0.9	0.5	0.325	10	2

　　沟道开挖采用人工开挖法，为保证排水沟的基础稳定，所有新建排水沟都坐落于挖方土上，开挖深度必须大于沟底厚度与侧边墙高度之和，开挖边坡比（0 ~ 1）：0.5。1# 和 2# 排水沟均按梯形断面设计，排水沟采用 M10 浆砌片石铺砌，厚度 0.30 m。

　　2）屋顶截排水沟设计

　　通过计算，崖顶修建排水沟后，既有截水沟可以满足排水要求，排水不畅是由于上部树叶、杂草以及小型岩块堵塞了截水沟导致排水不畅，在排水口处，截水沟引出的范围不够长，导致雨水沿着坡面往下流，从而导致雨水渗透到房屋内部，导致佛像渗水腐蚀。

在截水沟的出水口处采用 ϕ200PVC 管把截水沟的雨水引流到消能水池，减小流水对坡面的冲刷。水池紧贴陡崖坡脚和佛像边墙修建，在水池底部，埋设 ϕ500 水泥涵管，把水池中的水排入到坡下冲沟。

3）石窟东侧屋顶小型危岩 WY3 清除

小型危岩高 1.8 m，宽 1.5m，出露厚度 0.8 m，体积约 6 m³，位置在屋顶的坡面处，已出露较多，在降雨或者地震的作用下，可能会导致崩塌。

危岩位于崖顶坡面往下约 2 m 处，距离下部佛像的房顶约 2 m，直接清除可能会砸坏房屋及佛像。

4）崖面局部剥裂岩块 WY4、WY5 治理设计

通过现场实地勘察发现在 3、8 号佛像上部各有一块岩石块体有较大的裂缝，长 1.2 m，宽 0.8 m，厚 0.3 m，体积约 0.3 m³，在降雨或震动影响下，有剥落的可能。

由于剥裂岩块下部为佛像，为保证安全和佛像完好，经验算，各采用 1 m 长、ϕ16 小型锚杆加固满足要求。处理后，裂缝用水泥砂浆进行勾缝处理，在处理部位粉刷涂料，恢复佛像表面的颜色。

5）石窟东侧危岩体 WY2 凹岩腔治理设计

石窟东侧由于差异风化形成凹岩腔，建议在凹岩腔内采用片石混凝土支撑。

6）开裂围墙修复设计

千佛岩石窟正门西侧围墙，在 2008 年汶川地震中基础下沉，墙面开裂，在暴雨、地震的情况下，有进一步破坏的可能。

为了保证墙体稳定，应重新修筑此段的底部基础，通过勘察资料，此地的上部覆土较薄，建议把基础建在基岩上面，底部基础采用条石，浆砌条石砌体必须采用铺浆法砌筑，砂浆稠度宜为 3～5 cm，当气候变化时应进行适当调整。砌筑时石块应分层卧砌，上下错缝中间填心的方法砌筑，不得有空缝。

根据场地条件，设计挡土墙，墙高 1 m，墙顶宽 0.65 m，根据理正软件，进行重力式挡土墙的验算，其结构和稳定性均满足要求（详见重力式挡土墙计算书）。

7）WY1 和 WY2 石窟危岩体治理设计

设计标准参照《滑坡防治工程设计与施工技术规范》（DZ/T 0219—2006）的有关要求执行，确定为 I 级，设计安全运行年限 50 年。

根据已查明的灾害体特征、坡体厚度、保护对象等，同时考虑到治理工程的施工环境、经济合理性与环境适应性，并结合区内保护对象分布，有针对性地布置防治工程。

根据千佛岩危岩区域可能出现的破坏形式，采取合适的工程措施进行治理。危岩体宜采用锚索进行加固。

对于千佛岩危岩体，由前述分析可知，危岩更有可能发生倾倒式崩塌破坏，宜采用预应力锚索进行加固的措施，以改变其受力条件；并且由于其整体稳定性较差，应采用施工挠动小的治理措施。在设计施加预应力时，应考虑危岩体的结构、完整性及软弱层层面的抗拉强度，以控制其外倾变形为目的，不宜施加较大的预应力。

预应力锚索：主要由内锚固段、张拉段和外锚固段三部分构成，通过预应力的施加，增强滑面的法向应力或抗倾覆力矩，有效提高危岩体的稳定性；能充分发挥岩体的自承潜力，调节和提高岩土的自身强度和自稳能力，减轻支护结构的自重，节约工程材料，并能保证施工的安全与稳定。

根据表 15-8 计算结果可见，千佛岩危岩体，天然状态下处于稳定状态，暴雨、地震工况下处于不稳定状态，发生倾倒式破坏的可能性较大。

在稳定性计算的基础上，根据上述各工况对应的安全系数进行危岩剩余推力计算，由表 15-8 计算结果可见，选用 WY2 危岩体暴雨工况下的剩余推力进行支护结构计算。另外，治理工程施工有可能对区内佛像形成威胁，因此，施工期间须对影响范围内的佛像采取临时防护措施。

建议防护措施：采用软泡沫材料作垫层盖于佛像面上进行封闭，表层用竹编块压住，在佛像周围使用铆钉对其进行固定，待施工结束后拆除。既有古建筑房屋拆除，待治理工程结束后，在原地恢复重建（另有专门拆建方案设计）。

岩石与锚固体之间的粘结强度取 f_{rb}=250 kPa，水泥砂浆与钢绞线之间的粘结强度取 f_b=2 950 kPa。

内力为：

$$P_t = \frac{F}{\sin(\alpha+\beta)\tan\varphi + \cos(\alpha+\beta)}$$

式中　F——推力设计值（kN）；

　　　P_t——设计锚固力（kN）；

　　　φ——滑动面内摩擦角（°）；

　　　α——锚索与滑动面相交处滑动面倾角（°）；

　　　β——锚索与水平面的夹角，以下倾为宜，不宜大于 45°，一般为 15°～30°。

设计锚固力 P_t，应小于容许锚固力 P_a，即 $P_t \leqslant P_a$。

根据每孔锚索拉力设计值 P_t 和所选用的钢绞线强度，可按下式计算每孔锚索钢绞线的根数 n。

$$n = \frac{F_{\text{s1}} \cdot P_{\text{t}}}{P_{\text{u}}}$$

式中　F_{s1}——安全系数，取 1.7 ~ 2.0，高腐蚀地层取大值；

　　　P_{u}——锚固钢材极限张拉荷载。

按水泥砂浆与锚索张拉钢材粘结强度确定锚固段长度 l_{sa}，即：

$$l_{\text{sa}} = \frac{F_{\text{s1}} \cdot P_{\text{t}}}{\pi \cdot d_{\text{s}} \cdot \tau_{\text{u}}}$$

当锚索锚固段为枣核状时：

$$l_{\text{sa}} = \frac{F_{\text{s2}} \cdot P_{\text{t}}}{\pi \cdot d_{\text{h}} \cdot \tau}$$

式中　d_{s}——张拉钢材外表直径（m）；

　　　d——单根张拉钢材直径（m）；

　　　d_{h}——锚固体（即钻孔）直径（m）；

　　　τ_{u}——锚索张拉钢材与水泥砂浆的极限黏结应力；按砂浆标准抗压强度 f_{ck}
　　　的 10%取值（kPa）；

　　　τ——锚孔壁对砂浆的极限剪应力（kPa）。

根据上述计算公式，锚索结构设计计算见表 15-11。

表 15-11　锚索结构设计计算汇总表

危岩编号 剖面编号	锚固体 直径 （mm）	锚索入 射角 α（°）	锚孔 间距 （m）	推力 设计值 F（kN）	设计锚 固力 P_{t}（kN）	钢筋或 钢绞线 n（根）	锚固长度 l_{sa} （砂浆与锚索 间，m）	锚固长度 l_{a} （锚固体与岩体 间，m）
WY2 D—D 剖面	130	15	3×3	106.79	133.43	3	0.95	1.96

根据锚索轴向拉力设计值，选用 1×7 股 1860 级 ϕ^{s}15.2 钢绞线，从佛像危岩体长期安全考虑，选择 3 根钢绞线；由锚固长度计算结果，根据《建筑边坡工程技术规范》（GB 50330—2002）中 7.4 节要求，锚索锚固段长度取 5 m。

对于 WY2 危岩体在 410 ~ 420 m 高程范围内设置 3 排预应力锚索，锚孔水平间距 3 m，竖向间距 3 m；对于 WY1 危岩体在 410 ~ 420 m 高程范围内设置 1 排预应力锚索加固，间距 3 m。锚索直径为 ϕ130，按俯角 15°制作；锚索采用 1×7 股 1860 级 ϕ^{s}15.2 钢绞线，注浆强度等级为 M30；锚索张拉宜在锚固体强度大于 20 MPa 并达到设计强度的 80%后进行，预张拉后分五级张拉至设计张拉力。

图 15-21、图 15-22、图 15-23 和图 15-24 分别为通江千佛岩石窟及摩崖造像病害治理工程平面布置图、WY-1 危岩体锚索加固布置图、WY-2 危岩体锚索加固布置图和 WY-2 危岩体底部凹腔嵌补布置图。

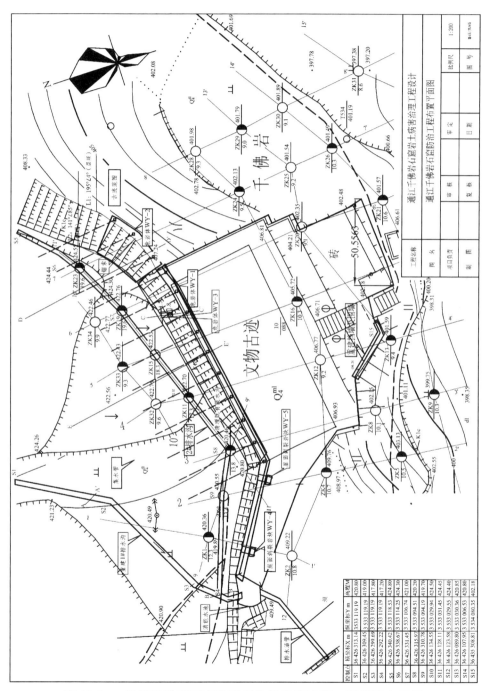

图 15-21　通江千佛岩石窟及摩崖造像病害治理工程平面布置图

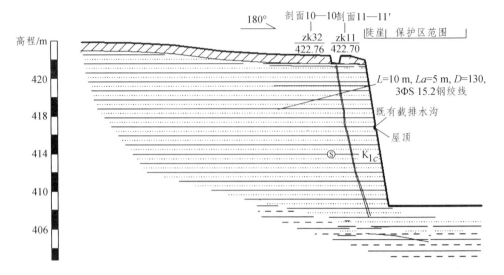

图 15-22 通江千佛岩石窟及摩崖造像病害治理工程 WY-1 危岩体锚索加固布置图

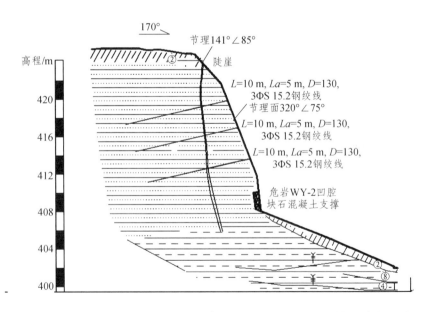

图 15-23 通江千佛岩石窟及摩崖造像病害治理工程 WY-2 危岩体锚索加固布置图

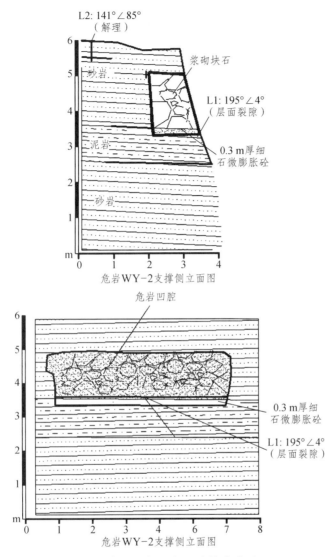

图 15-24　通江千佛岩石窟及摩崖造像病害治理工程 WY-2
危岩体底部凹腔嵌补布置图

16　安岳佛慧洞摩崖造像保护工程勘察设计

16.1　概　述

安岳佛慧洞摩崖造像，位于四川省安岳县护龙镇聪明村 2 组。造像分布在鲤鱼岩半山腰距地面 2～60 m 的崖壁上。现存造像 5 龛窟 362 尊，碑刻题记 3 处。造像多为南宋及明、清作品，保存较好。

佛慧洞摩崖造像的凿造，充分利用高岩峭壁上岩石风化风蚀形成的凹腔，依岩造像，自然遮雨。造像主要有千手千眼观音、接引佛、释迦佛、送子观音、千佛、三菩萨等。

"千手千眼观音"摩崖造像呈桃型布局，身、手自然有机结合；送子观音与幼童、千佛雕像动静结合，排列有序，雕刻技艺十分精致；高7.1 m的释迦佛造像，顺天然弧形岩壁雕刻而成，恰当地运用了力学、光学、透视学的手法，充分表现了佛的慈颜悦色，达到了恭迎众生、和蔼可亲的特殊效果。

佛慧洞摩崖造像保存较为完好，是安岳众多南宋至明清摩崖石刻造像中的佼佼者，对于研究当时的政治、经济、文化、石刻艺术和宗教信仰等具有较高的价值。

16.2　县域气候特征

安岳县位于四川盆地中部，属大陆性季风气候。冬季受西伯利亚冷气团影响，冬干少雨；夏季受暖湿的太平洋高压和西伯利亚冷气团的综合影响，旱、涝交替。春末夏初是南北气流交替季节，西北干冷空气流减弱，南方暖湿气流逐渐加强，5—6月南北气流交锋形成"梅雨"天气。夏末秋初，南方暖湿气流逐渐减弱，北方干冷空气流加强，南北冷暖气流势均力敌，形成9—10月多秋绵雨；年平均降雨量969.4 mm，呈逐年减少趋势，降雨主要集中在5—9月，占年总量的74%。

多年年平均气温17.3 ℃，极端最高气温为40.3 ℃，极端最低气温-3.0 ℃。

多年年平均风速为1.6 m/s，最大风速11.0 m/s，极大风速为25.0 m/s（1999年8月2日和1993年4月25日），风向多为北及北东。

16.3　区域构造位置、地形地貌、地层岩性及水文地质概况

16.3.1　区域构造位置

安岳县位于华夏系四川沉降地带之川中褶皱带、四川盆地川中台拱之次级构造单元。受龙女寺穹隆和威远穹隆的影响。龙女寺穹隆由龙女寺半环状构造、巴中—仪陇莲花状构造和中台山半环状构造组成；威远穹隆受威远辐射构造影响。安岳位于龙女寺半环状构造和威远辐射构造之间的三级构造单元安岳鞍坡的中部，主要受龙女寺半环状构造影响。

16.3.2　地形地貌

安岳县各类地质构造，始于燕山期，定型于喜马拉雅山期。喜马拉雅山期

受南北向反时针直扭和东西向顺时针对扭两种应力场作用，以直应力主，因应力微弱，县域内地表呈现以北东向褶曲为主，含东西、南北向、弧形等 18 个小型背斜、向斜，组成排列有序的水平状褶曲构造格局。地表以褶曲为主，断裂罕见；地层平缓，倾角 0°～6°，一般为 1°～3°；构造简单，新构造运动不显著，表现为大面积缓慢间歇抬升形成的丘陵地貌。

16.3.3　地层岩性

县域内出露地层以中生界侏罗系为主，余为新生界第四系全新统。

出露地层按由老到新，依次为侏罗系上沙溪庙组、遂宁组、蓬莱镇组下段和第四系全新统地层。

（1）第四系全新统。

（2）侏罗系上统蓬莱镇组下段（J_{3p}^1），厚层红色泥岩与红色砂岩互层。

（3）侏罗系中统遂宁组（J_{3sn}），灰白色中厚层砂岩，局部夹薄层粉砂岩。

（4）侏罗系中统沙溪庙组（J_{2s}），褐灰色、灰白色砂岩与紫色泥岩、钙质泥岩互层，底部砂岩层较厚。

16.3.4　水文地质条件

1）地表水

境内沱江、涪江水系中、小支流 300 条。源于沱江、涪江分水岭，分别向岭西南和岭东北汇流出境。特征为溪河水系，注入沱江和涪江。佛慧洞所在的护龙镇附近主要为涪江支流中的龙台河鼎新溪支流。

龙台河全流域分布于县东、东南部元秀寺坡至云峰寺坡丘岭与天锅岭至东胜场丘岭、银子岩丘岭间。干流源于县南部瓦店乡红石坝，向东北经瓦店、协和、鱼龙、横庙、乾龙、坪河、偏岩转东至龙台、白水等乡，于白水田家坝出境入潼南境，径流入琼江。干流北侧有永清溪、龙西溪，南侧有石羊河、白水溪等较大支流；石羊河西侧有高升溪、两板桥溪，东侧有林凤溪、赤云至顶新溪等支流。主支石羊河源于大足青龙场四方碑，向北流经县境双龙街、赤云、石羊、瑞云、林凤、琼江至龙台大桥与主干流汇合。全流域面积 663.91 km²，其中主干流域面积 374.27 km²，主支流域面积 289.64 km²。干、支流总长 99.5 km。

2）地下水

按区内地下水的赋存条件、水动力特征等，分为第四系松散堆积层孔隙潜水、基岩隙裂隙水。

第四系松散堆积层孔隙潜水主要埋藏于松散堆积体中，地下水位变幅大而总体较低，其补给来源为大气降水，少数为河水补给。

浅层风化裂隙带地下水大多在斜坡地带以裂隙泉排泄，并由高处向低处运移。该类泉流量较小，动态不稳定，即雨季流量大，旱季流量小，久旱则干枯，具"就近补给，就近排泄"的特点，含水层厚度不大，补给范围小，径流途径短，分散排泄。

16.4　岩土物理力学参数

表 16-1 是佛慧洞摩崖造像所在崖壁砂岩岩样室内试验获得的物理力学参数指标。

表 16-1　砂岩物理力学参数指标统计表

密度（g/cm³）		弹性模量（10⁴ MPa）		泊松比	单轴抗压强度（MPa）		抗拉强度（kPa）	
天然	饱和	天然	饱和		天然	饱和	天然	饱和
2.41	2.48	2.41	2.12	0.23	28.41	17.5	1840	1120

16.5　场地地震效应

场地抗震设防烈度：根据《建筑抗震设计规范》（GB 50011—2010）附录 A：安岳县抗震设防烈度Ⅵ度，设计基本地震加速度值为 0.05g，设计地震分组为第一组，设计特征周期 0.25 s。

16.6　危岩体发育分布特征及其稳定性分析计算

16.6.1　佛慧洞摩崖造像分区

佛慧洞摩崖造像主要由上下两部分（图 16-1）组成：上部释迦佛、三菩萨、送子观音及千佛雕等为Ⅰ区；下部千手观音、接引佛等为Ⅱ区。

图 16-1　佛慧洞摩崖造像分区示意图

本次勘察针对Ⅰ区内释迦佛两侧、顶部的危岩、底部的软弱泥岩夹层以及送子观音旁的一处危岩进行。

16.6.2　危岩体分布及其特征

图16-2是佛慧洞摩崖造像危岩体分布。

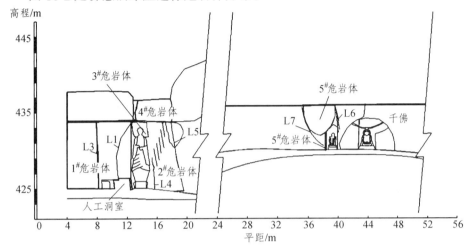

图16-2　佛慧洞摩崖造像危岩体分布示意图

1#危岩体（图16-3），位于释迦佛右侧，分布高程425～433.7 m，高度约为 8.7 m，危岩体积约为112 m³，由贯通裂隙L1（产状275∠89°）、L3（产状182∠90°）和断续延伸裂隙L2（产状26∠43°）及临空崖面切割岩体形成。其上又附着 1—1#危岩体、1—2#危岩体。侧向释迦佛的崖面产状为21∠86°。

2#危岩体（图16-3），位于释迦佛左侧，呈不规则的三棱柱，分布高程425～433.7 m，高度约为 8.7 m，危岩体积约为 94 m³，由岩层面（顶部）、两条断续延伸卸荷裂隙L4（张开15～55 mm，产状42°∠80°）和L5（张开5～15 mm，产状 180°∠52°～70°）及临空崖面切割岩体形成。侧向释迦佛的崖面产状为 3°∠82°。其上又附着2-1#危岩体。

3#危岩体（图16-5），位于释迦佛头部，分布高程432.3～433.9 m，大体呈四边形，尺寸 1.7 m×1.5 m，厚度为 0.5～1.2 m，体积约为 2.5 m³。由岩层面与临空崖面切割岩体形成。3#危岩体与后部山体已完全分离，重量几乎全压在释迦佛身上，时刻威胁大佛安全。

4#危岩体（图16-6），位于释迦佛上部，分布高程433.9～436.7 m，平面呈"L"形，内尺寸 2.5 m×3.3 m，外尺寸 4.6 m×6.8 m，厚度约为 2.8 m，危岩体积约为 64.5 m³。由临空崖面及其后高陡卸荷裂隙切割岩体形成。4#危岩体近释迦佛侧已全部悬空，为悬臂梁式的结构，节理裂隙又将危岩体切割成不同形状的小块危岩，时刻威胁大佛安全。

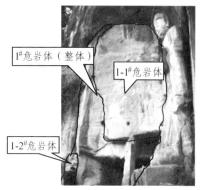

图 16-3　1#危岩体

图 16-4　2#危岩体

图 16-5　3#危岩体

图 16-6　4#危岩体

5#危岩体（图 16-7），位于送子观音旁边佛印的右上方，分布高程 432.9～436.0 m，呈不规则的悬垂状，直径约为 5.1 m，厚度约为 2.6 m，为底部差异风化风蚀凹腔形成。

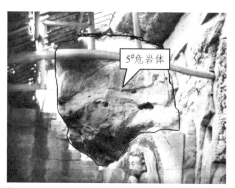

图 16-7　5#危岩体

16.6.3　危岩体稳定性分析

表 16-2 为危岩体（带）在坡体自重（包括勘查期间的地下水位）、体自重 +20 年一遇暴雨和坡体自重+地震（包括勘查期间的地下水位）三种工况的稳定性定性分析表。

表 16-2　危岩体（带）稳定性定性分析表

危岩体编号	形态	主控裂隙充水可能性	现状描述	基座	稳定性评价
1#	块状	可能	危岩体在裂隙 L3 的作用下被切割成块状，主控裂隙 L3 倾角约 90°，张开度约 15～25 mm，切割深度较深，贯通程度达 100%	基座为泥岩，风化破碎严重，较软弱	工况一：稳定 工况二：基本稳定 工况三：欠稳定
1-1#	片状	可能	危岩体在裂隙 L1 的作用下被切割成片状，主控裂隙 L1 倾角约 89°，张开度约 12～17 mm，切割深度较深，贯通程度达 80%	基座为泥岩，风化破碎严重，较软弱	工况一：稳定 工况二：稳定 工况三：欠稳定
1-2#	块状	可能	危岩体已经与后部岩体几乎完全分离，成为独立危岩	基座为泥岩，风化破碎严重，较软弱	工况一：稳定 工况二：基本稳定 工况三：欠稳定
2#	块状	可能	危岩体在裂隙 L4 的作用下被切割成块状，主控裂隙 L4 倾角约 80°，张开度约 15～55 mm，切割深度较深，贯通程度达 90%	基座为泥岩，风化破碎严重，较软弱	工况一：稳定 工况二：稳定 工况三：欠稳定
2-1#	块状	可能	危岩体在裂隙 L5 的作用下被切割成块状，主控裂隙 L5 倾角约 50°～70°，张开度约 5～15 mm，切割深度较深，贯通程度达 80%	基座为泥岩，风化破碎严重，较软弱	工况一：稳定，工况二：稳定 工况三：欠稳定
3#	块状	可能	危岩体已经与后部岩体几乎完全分离，成为独立危岩	基座为砂岩，风化破碎严重	工况一：欠稳定 工况二：欠稳定 工况三：不稳定
4#	块状	可能	危岩体被多组裂隙切割成块状，切割深度较深，裂隙贯通程度达 80%	基座为砂岩，风化破碎严重	工况一：稳定 工况二：基本稳定 工况三：欠稳定
5#	块状	可能	危岩体主要受后缘拉张裂隙 L6 控制，主控裂隙 L6 倾角 84°，张开度约 15～55 mm，切割深度较深，贯通程度达 100%	基座为砂岩，风化破碎严重	工况一：稳定 工况二：基本稳定 工况三：欠稳定

1）1#危岩体

从已发生的变形破坏看，1#危岩体破坏模式以倾倒破坏为主。在降雨及地震在作用下，上部危岩有沿外倾结构面和裂隙组合面向下发生坠落或倾覆可能。

2）2#危岩体

从已发生的变形破坏看，2#危岩体破坏模式以倾倒破坏为主。在降雨及地震作用下，危岩有沿外倾结构面和裂隙组合面向下发生坠落或倾覆的可能。

3）3#危岩体

从已发生的变形破坏看，2#危岩体破坏模式以坠落破坏为主。

4）4#危岩体

4#危岩体破坏模式以沿高陡卸荷裂隙滑动坠落为主。

5）5#危岩体

5#危岩体破坏模式以倾倒破坏为主。

16.6.4 危岩稳定性影响因素及稳定性计算评价

1）影响危岩稳定性因素

大雨与崩塌落石有下列关系：① 崩塌落石有 80%以上发生在雨季，很少发生在旱季和非雨天。② 连续降雨时间越长，暴雨强度越大，崩塌落石次数越多。③ 阴雨连绵天气较短促的暴雨天气崩塌落石多。

地震对危岩主要有两种影响，一种是震中区危岩受到垂直地震力的影响，使危岩更加破碎和发生崩塌；另一种是指向坡外的水平地震力易使危岩失稳。

风化作用、植物的根劈作用以及人类工程活动，破坏了坡体结构，加剧了斜坡的变形破坏。

从以上影响因素分析可知，地震是影响危岩体稳定性的诱发因素，风化作用和雨水是影响危岩体稳定性的主要因素。

2）稳定性计算及评价

表 16-3 和 16-4 分别为危岩体稳定性计算参数一览表和危岩稳定状态划分标准表。

表 16-3　危岩体稳定性计算参数一览表

密度（g/cm³）		弹性模量（10⁴ MPa）		泊松比	单轴抗压强度（MPa）		抗拉强度（kPa）		结构面抗剪强度			
									c（kPa）		φ（°）	
天然	饱和	天然	饱和		天然	饱和	天然	饱和	天然	饱和	天然	饱和
2.41	2.48	2.41	2.12	0.23	28.41	17.5	1840	1120	40	50	18	15

表16-4　危岩稳定状态划分标准表

危岩类型	危岩稳定状态				F_t取值
	不稳定	欠稳定	基本稳定	稳定	
倾倒式危岩	$F<1.00$	$1.00\leqslant F<1.25$	$1.25\leqslant F<F_t$	$F\geqslant F_t$	1.30
滑移式危岩	$F<1.00$	$1.00\leqslant F<1.15$	$1.15\leqslant F<F_t$	$F\geqslant F_t$	1.20

危岩体稳定性计算引用重庆市地方标准《地质灾害防治工程勘察规范》（DB 50/143—2003）采用倾倒破坏模式进行稳定性计算，结果如表16-5所示。

表16-5　危岩稳定性计算结果及状态划分表

危岩体编号	计算剖面	破坏模式	危岩稳定状态					
			工况一		工况二		工况三	
			稳定系数	稳定状态	稳定系数	稳定状态	稳定系数	稳定状态
1#危岩体	1—1	倾倒破坏	3.70	稳定	2.23	稳定	1.25	基本稳定
1-1#危岩	1′—1′		3.30	稳定	2.61	稳定	1.14	欠稳定
1-2#危岩	1—1		2.13	稳定	1.27	基本稳定	1.17	欠稳定
2#危岩体	2—2		4.89	稳定	3.37	稳定	1.13	欠稳定
2-1#危岩	2—2		2.85	稳定	1.692	稳定	1.20	欠稳定
3#危岩体	3—3		1.23	欠稳定	1.05	欠稳定	0.93	不稳定
4#危岩体	4—4		4.14	稳定	3.29	稳定	1.26	基本稳定
5#危岩体	5—5		3.20	稳定	2.52	稳定	1.21	欠稳定

16.7　危岩体加固设计

图16-8、图16-9、图16-10和图16-11分别为1#、3#、4#和5#危岩体加固设计图。基于2#危岩体失稳破坏对造像影响小，暂不作加固。

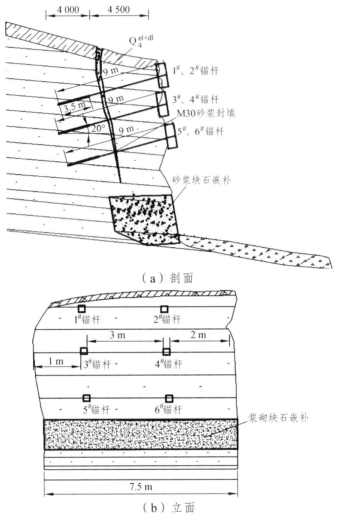

（a）剖面

（b）立面

图 16-8　1#危岩体锚杆锚固及底部风化风蚀凹槽浆砌块石嵌补

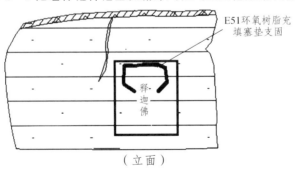

（立面）

图 16-9　3#危岩体背后裂缝 E51 环氧树脂充填塞垫支固

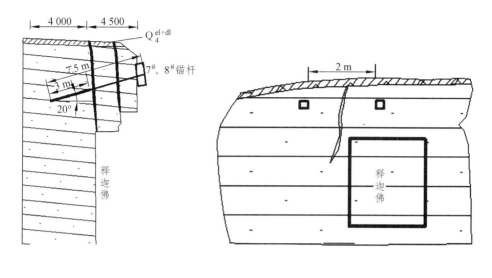

图 16-10　4#危岩体锚杆锚固

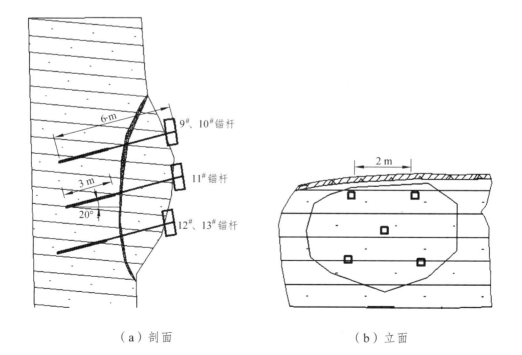

（a）剖面　　　　　　　　　　　　　（b）立面

（c）照片立面

图 16-11 5#危岩体锚杆锚固

17 毗卢洞石窟抢险加固保护工程设计

17.1 石窟地理位置及概况

毗卢洞位于安岳县城东南的石羊镇赤云片区油坪村塔子山上，距县城 45 km。

毗卢洞是毗卢洞、幽居洞、千佛洞和观音堂的总称，现存摩崖石刻造像 465 尊，碑刻题记 32 处。造像始凿于五代后蜀，之后历代都进行过培修、补刻。观音堂内高 3 m 的被称为"紫竹观音"的"水月观音"，被英籍华人作家韩素英誉为"东方的维纳斯"，是全国少有的北宋石刻艺术珍品。观音悬坐于弧形荷叶之上，背倚浮雕的紫竹和柳枝净瓶，头戴富丽华贵的贴金花冠；蛾眉上竖，凤眼下垂，直鼻微隆，朱唇略闭；上着短袖薄袈，袒胸裸肘，臂戴膀圈，璎珞象随身而泻的金色瀑布，网坠于胸腹；下穿长裙薄如蝉翼，紧贴于腰腿之间，衣裙飘逸，极富动感；左手抚撑叶面，右手放在膝盖，五指自然下垂；一双秀丽的赤脚，左脚悬于莲台，轻轻踏着花蕊，右腿弯曲上翘，脚踏莲叶，宛如一风姿绰约、温柔潇洒的妙龄女郎，兼具少女的妩媚和女神的仪容。

17.2 县域气候特征、区域构造位置、地形地貌、地层岩性、水文地质概况、场地地震效应

同安岳佛慧洞摩崖造像保护工程勘察设计。

17.3 抢险加固保护工程设计原则

（1）不改变文物现状原则；

（2）保护文物真实性原则；

（3）保护工程可识别、可逆性原则；

（4）化学保护工程室内、现场试验成功应用原则；

（5）危岩体加固保护必须考虑暴雨、地震突发因素，保护措施宜采用埋入式锚固结构原则。

17.4　抢险加固保护工程设计及计算

17.4.1　毗卢洞滑坡加固设计

1）预应力锚索墩和混凝土挡墙

图 17-1 是毗卢洞滑坡预应力锚索墩和混凝土挡墙加固平面布置图，图 17-2 是预应力锚索墩和混凝土挡墙加固剖面图。

共布设锚索墩 96 个，其中锚索 96 根，锚索钻孔总长 1 975 m，C25 混凝土锚索墩 83.52 m³；C25 钢筋混凝土挡板墙 84 m，混凝土 624.54 m³；钢筋桩计 144 根 864 m；灰土回填 3838.32 m³；地面石板铺设 750.82 m²；石栏杆 95 m。

2）滑坡推力计算

采用滑坡推力计算公式，第 *i* 块滑体的剩余下滑力为：

$$E_i = E_{i-1} \cdot \psi_{i-1} + K_t \cdot T_i - R_i$$

式中　E_i——第 *i* 块滑体的剩余下滑力（kN/m）；

　　　E_{i-1}——第 *i*-1 块滑体的剩余下滑力（kN/m）；

　　　K_t——滑坡推力安全系数；

　　　Ψ_{i-1}——传递系数；

　　　T_i——作用于第 *i* 块滑面上的滑动分力（kN/m）；

　　　R_i——作用于第 *i* 块的抗滑力（kN/m）。

按《岩土工程勘察规范》GB 50021—20014.7.7 条规定推荐，考虑文物的不可再生性和崖壁岩体破坏，将对石刻造像造成的毁灭性破坏，滑坡推力计算安全系数在自然状态、暴雨状态和地震状态下分别取值为 2.0、1.8、1.5。计算时取滑体单位宽度 1 m、地震基本烈度Ⅷ度计算，针对Ⅱ—Ⅱ′断面、Ⅳ—Ⅳ′断面及Ⅵ—Ⅵ′断面代表的前级滑坡按自然状态、暴雨状态、地震状态分别计算，计算结果如表 17-1 所示。

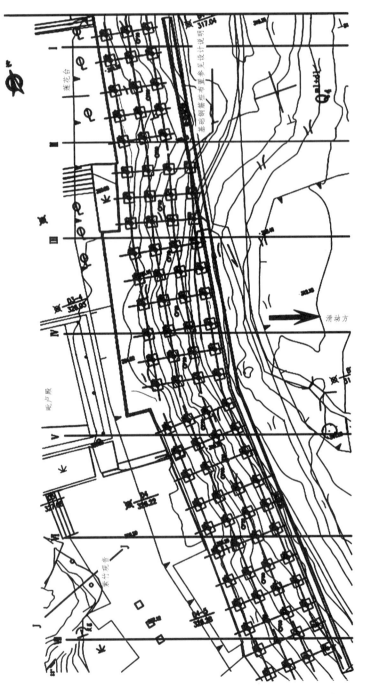

图 17-1　毗卢洞滑坡预应力锚索墩和混凝土挡墙加固平面布置图

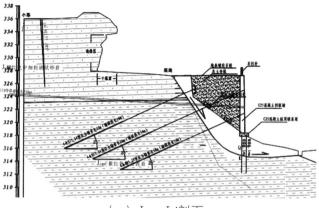

（a）Ⅰ—Ⅰ′剖面

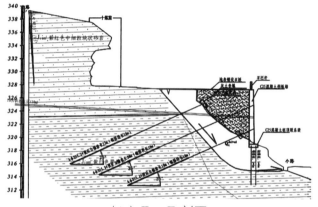

（b）Ⅱ—Ⅱ′剖面

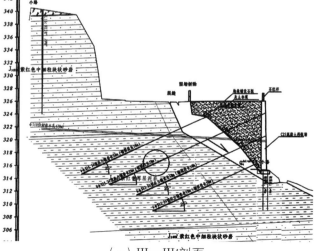

（c）Ⅲ—Ⅲ′剖面

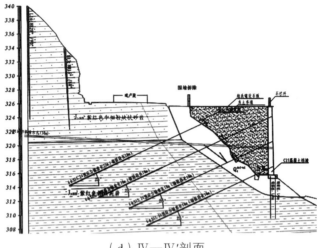

（d）Ⅳ—Ⅳ'剖面

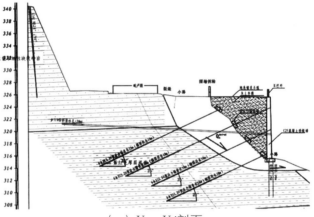

（e）Ⅴ—Ⅴ'剖面

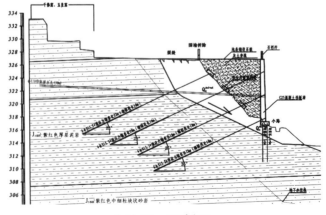

（f）Ⅵ—Ⅵ'剖面

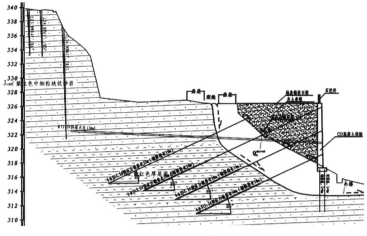

（g）Ⅶ—Ⅶ′剖面

图 17-2　毗卢洞滑坡预应力锚索墩和混凝土挡墙加固剖面图

表 17-1　毗卢洞滑坡推力计算结果

代表断面	滑动面位置	自然状态		暴雨条件		地震条件	
		安全系数	推力（kN）	安全系数	推力（kN）	安全系数	推力（kN）
Ⅱ—Ⅱ断面	后级	2.0	200	1.8	230	1.5	310
Ⅳ—Ⅳ断面	后级	2.0	260	1.8	235	1.5	430
Ⅵ—Ⅵ断面	后级	2.0	510	1.8	575	1.5	610

17.4.2　排水工程

1）地表排水

（1）在院内设置一道排水沟，将地表径流引入南侧自然沟。排水沟断面尺寸 40 cm×40 cm，用 MU7.5 实心黏土砖砌筑，沟顶用混凝土预制板覆盖。

（2）在滑坡体周界外依地形地貌修截排水沟，将汇水面积内的地表水排向滑坡体两侧自然沟。截排水沟断面尺寸 50 cm×50 cm，用 M10 浆砌片石砌筑。

2）滑坡体内地下水引排

采用仰斜排水孔进行滑坡体内地下水排放，降低滑坡体内地下水位，防止地下水浸润软化滑带。仰斜排水孔位置布置在锚索墩所在坡面上砂岩地层底部，排水孔间距 6.0 m，孔深 30 m，仰角 3°；孔径 110 mm，孔内设 ϕ100 mm 透水软管。

共设截排水沟 500 m，仰斜排水孔计 12 孔 360 m。

17.4.3　紫竹观音危岩体加固

紫竹观音危岩体顶部设置二排预应力锚索（图 17-3），水平间距 2.5 m，垂直方向间距 2.0 m。每孔锚索由 4 根 ϕ^s15.24 高强度、低松弛的 1860 MPa 级钢绞线组成。锚孔孔径 110 mm，锚索长度 25 m，锚固段长度 10 m，锚索俯角 5°。锚索设计荷载 300 kN，锁定荷载 300 kN。

共布设 4ϕ^s15.24 预应力锚索 6 孔，合计 150 m。

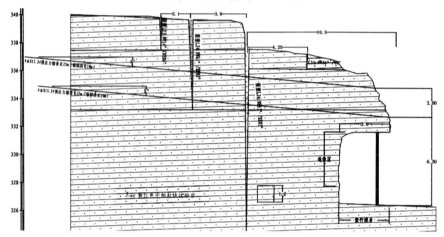

图 17-3　毗卢洞紫竹观音围岩体预应力锚索加固设计图

17.4.4　龛窟区截排水水措施

在毗卢洞石刻造像区顶部设置一条截排水沟，将地表径流水汇入西南方向自然冲沟。

截排水沟底宽 50 cm，顶宽 50 cm，深 50 cm，靠山侧水沟侧壁预留 ϕ90 排水孔。

共布设截排水沟 200 m。

18　圆觉洞石窟摩崖造像表面修复及防风化处理试验

18.1　自然地理位置及摩崖造像简述

安岳石窟圆觉洞摩崖造像，位于四川省安岳县城东南 2 km 之云居山上，属第六批全国重点文物保护单位。

圆觉洞摩崖造像，现存造像 103 龛窟 1 933 躯，以唐、五代、宋时期作品居多，因十二圆觉而得名。以释迦、净瓶观音、莲花手观音三尊 6 米多高的大像最为壮观；三尊 7 米高的"西方三圣"石像分龛雕刻，有别于其他地方；圆觉洞五代的"地藏菩萨"为我国南方出现最早；五代时期的"地狱变"龛在国内当属最早。

18.2　县域气候特征、区域构造位置、地形地貌、地层岩性、水文地质概况、场地地震效应

同安岳佛慧洞摩崖造像保护工程勘察设计。

18.3　摩崖造像表面病害

由于圆觉洞摩崖造像长期处于露天环境，日晒雨淋，在风化风蚀作用下，石质造像表面出现了鳞片状剥落、分层开裂、块状崩塌等病害。

图 18-1 是圆觉洞 10 号龛造像 20 世纪 50 年代和 2013 年照片对比情况，可见圆觉洞摩崖造像表面病害的严重程度。

图 18-1　圆觉洞 10 号龛造像前后对比照片

10 号龛为释迦佛龛，属于彩绘大型佛龛。造像表面鳞片状剥落和分层开裂病害严重，鳞片状剥落单片面积从 1 cm² 到 10 cm²，最大单片面积约 25 cm²；分层开裂方向不定，裂隙宽度在 1 mm 至 30 mm 之间；龛西壁下侧有宽 20 cm、高 30 cm、深 20 cm 的松动体；佛龛西壁下角有一裂隙发育，上部闭合，下部较宽，历史上曾使用水泥封堵；主佛表面由于裂隙切割及风化风蚀多处掉块缺失。

18.4　造像岩石特性

造像所在崖面岩石为侏罗系中统遂宁组（J$_{3sn}$）中厚层钙质胶结岩屑质细粉砂岩，碎屑石英含量 70%~90%、黏土岩屑 5%~14%、斜长石碎屑含量 1%~4%、白云母 2%~3%，呈均匀红色、细粒砂状结构、质地松散。该类型岩石抗风化能力不强。

岩石物理力学参数见表 9-1 和表 11-3。

18.5　造像表面修复试验

造像表面修复试验是在圆觉洞 10 号龛外侧区域进行的。

修补材料由 Remmers 专用石粉填料、石英粉、安岳当地红砂岩石粉和 SAE 500 组成。SAE 500 为硅酸乙酯类材料，与水反应形成新的胶结成分。砂浆的配比为 70 g Remmers 专用石粉填料 A、40 g Remmers 专用石粉填料 B、130 g 石英粉和 200 g 安岳当地红砂岩石粉、100 mL SAE 500，调制混和后颜色与圆觉洞石刻区砂岩颜色相匹配。

修复试验步骤如下：

（1）试验面选取及清理。

试验面在 10 号龛外侧选取。

1 号试验面由于裂隙切割及风化影响产生掉块缺失，早期曾使用水泥封堵，四周有析盐现象，试验面上的局部有硬度较高的水泥材料。采用凿子和錾子一一剔除，再采用微型打磨机清理，直至露出岩体表面。

2 号试验面已经分层开裂，开裂岩片与岩体之间存在裂隙，但大部分仍然相连尚未脱落，试验面分层开裂部位的裂隙开口处岩石表面聚集大量灰尘。使用毛刷清扫裂隙表面浮尘（图 18-2），采用棉签蘸取清洁剂轻轻滚动去除局部附着细尘。

图 18-2　试验面清理

3 号试验面的岩片开裂后完全松动脱落。揭取脱落岩片后，参照 2 号试验面清理方式清理。

（2）试验面润湿。

根据试验面的大小与空间形态，采用软毛刷蘸取去离子水或尖嘴喷壶对选定的试验面进行润湿。润湿需充分到位，防止出现积聚成膜的情况。

（3）试验面修复。

1 号试验面掉块缺失部位呈不规则多边形，面积约 50 cm²。用钢制修复刀往掉块缺失部位表面一层层涂抹调制好的修补材料，按原貌填充补平。

需要指出的是，后一涂抹层应在前一涂抹层达到半干燥状态后实施。遇前一涂抹层出现干裂现象时，应立即再做修补压实修复程序，如此反复直至修复完成为止。

2 号试验面分层开裂部位的裂隙开口朝上，裂隙宽度约 12 mm。用钢制修复刀、竹制刮刀等先在裂缝两侧岩面上涂抹一层调制好的修补材料（图 18-3），再将材料填入缝隙。为起到有效粘接加固，填入材料需逐层填充密实，材料填入应尽可能不产生外溢。

图 18-3　2 号试验面修复

3 号试验面岩片脱落面积约 10 cm²，用竹制刮刀往试验面均匀涂抹调制好的修补材料后，将脱落岩片归位回贴（图 18-4）。

图 18-4　3 号试验面脱落岩片归位回贴

（4）修补表面区域外清理。

试验面修复完成后，采用小扁铲、竹刀等刮除试验面修补区域外修补材料，再用棉签蘸离子水将残余修补材料清理干净。

（5）谐色处理。

试验面修补完成后，采用矿物颜料加硅酸乙酯类材料 SAE 500 对修补表面进行描绘或涂刷谐色处理。

图 18-5 是修复试验完成后的试验面，修复表面与周围岩体整体色调谐调，达到远瞻一致、近观有别的效果。

图 18-5　谐色处理后的 1 号试验面

18.6　造像表面防风化处理试验

造像表面防风化现场试验选择在 10 号窟右侧崖壁（图 18-6）。

图 18-6　造像表面防风化现场试验区分布

防风化材料选择经试验确定的 KSE OH。

（1）材料配置。

标准浓度防风化材料由一份加固剂掺入两份稀释剂配制而成，用药量为 1.75 L/m²。

低浓度防风化材料由一份加固剂掺入两份以上稀释剂配制而成。

（2）施工工艺。

采用喷涂法施工。

材料喷涂前，采用塑料薄膜将试验区以外部分覆盖，防止喷涂外延至试验区以外岩面。

先喷低浓度加固试剂，再喷标准浓度的加固试剂。

后次喷涂应在前次喷涂被岩面吸收完成后再进行，反复喷涂，直至岩石表面吸收饱和为止。

（3）效果评价。

传统的岩石表面防风化处理效果采用划痕硬度、贯入硬度或回弹硬度来评价，这些方法在定量分析时具有一定的局限性。在欧洲 DRMS 抗钻强度测试仪通常被推荐为表征岩石硬度和评价风化岩石加固处理效果的标准工具。

圆觉洞号窟右侧崖壁岩石表面防风化处理效果，采用 SINT 抗钻强度测试仪（图 18-7）进行。

图 18-7　SINT 抗钻强度测试仪

图 18-8 和 18-9 分别是 R1 和 R2 两试验区喷涂防风化材料前后岩石表面 0～10 mm 抗钻强度曲线。

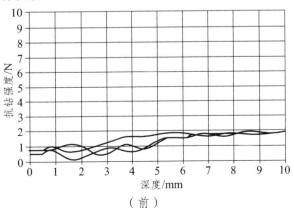

（前）

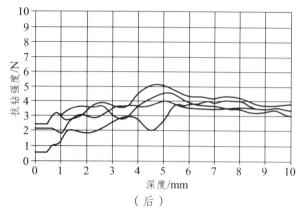

（后）

图 18-8　R1 试验区域防风化材料喷涂前后岩表 0～10 mm 抗钻强度区曲线图

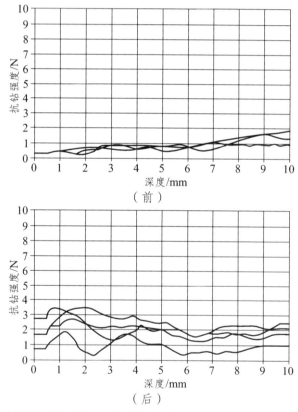

（前）

（后）

图 18-9　R2 试验区域防风化材料喷涂前后岩表 0～10 mm 抗钻强度区曲线图

　　由图 18-8 和 18-9 可以发现，喷涂防风化材料后，岩石表层 0～10 mm 深度强度为未喷涂防风化前的 0～1.5 倍，达到新鲜砂岩强度的 75%，渗透深度为 8～10 mm，达到了岩石表面风化层加固补强的效果。

19　卧佛院摩崖造像加固保护工程设计及施工

19.1　卧佛院摩崖造像地理位置及其概况

卧佛院石窟位于安岳县城东北 25 千米的八庙乡卧佛村，石刻造像凿造于卧佛沟南北两侧的岩石崖壁上。现存龛窟 139 个，大小造像 1 613 躯，题材内容主要有：释迦说法图、涅槃变、三身佛、弥勒佛、凉州瑞像、千佛、千手观音、经幢等。

19.2　自然环境条件

19.2.1　气候

卧佛院石窟区属亚热带季风气候，冬暖夏热，四季分明。年平均降雨量 1 000 mm 左右，多集中于 7 月，其中月平均降雨量约 190 mm，日最大降雨量 24.7 mm。空气湿度大且变化小，年平均相对湿度在 80% ~ 90% 之间。终年日平均气温大于 0 ℃，年平均气温在 6.5 ℃ 以上。日照季节变化明显，夏季最多，多年月平均日照 531.3 h，冬季最少，多年月平均日照 154 h，多年年平均日照 1285.7 h。多年平均风速为 1.4 m/s，4 月和 5 月平均风速最大，约 1.7 m/s。

19.2.2　地形地貌

卧佛院石窟区地形最低高程 284.83 m，最高高程 355.09 m，相对高差 68.26 m，区内台状、桌状丘峦起伏，宽缓沟谷纵横发育，地貌为典型的川中台状、桌状浅丘地貌。卧佛院位于走向北东的"U"字型宽缓卧佛沟中。沟谷切割深度约 30 m，底部宽 80 ~ 90 m。释迦佛临终说法和释迦涅槃像雕造于沟谷右侧 12.7 m 高的崖壁上，左侧开凿有经文龛窟及造像。

19.2.3　地层岩性

区内出露的地层为第四系亚黏土和侏罗系上统蓬莱镇组砂岩、泥岩互层，其中第四系亚黏土主要分布在冲沟底部及缓坡地带，厚 1 ~ 6 m，属坡积、残积物；砂岩呈浅紫红色—浅黄色，厚层状，中细粒结构，块状构造，层理发育，在崖壁岩体及石刻造像岩体表面可明显见线条状的沉积层理；岩体局部有泥质团块、泥质条带。岩石成分为石英、长石、黑云母和少量泥质，且有泥质分布不均匀和易风化剥落的特点，地貌上多以陡壁、陡坡形式出现，高度 2 ~ 15 m。泥岩呈紫红色，块状构造，泥质粉砂质结构，易风化，尤其遇水，强度急剧衰减，风化速度加剧。

19.2.4　地质构造及节理裂隙

卧佛院石窟位于川中台拱龙寺环状构造威远辐射状构造之间的三级构造单元通贤背斜北西翼，属单斜构造区，岩层产状 340°∠5°。区内岩体发育三组构造裂隙和三组卸荷裂隙（主要发育在冲沟左侧）：构造裂隙①产状 44°∠78°，间距约 5 mm，张开 5～60 cm，黏土充填，裂隙走向垂直坡面，将砂岩陡坎切割成不同的崖壁岩体段；构造裂隙②产状 118°∠45°，张开，无充填；构造裂隙③产状为 95°∠3°，含地下水。卸荷裂隙①产状 280°∠54°，张开，与冲沟方向一致；卸荷裂隙②产状 352°∠72°，裂隙面张开，无充填或半充填，间距约 2 m，此组裂隙走向与坡面走向成小角度相交，为岩体主要崩塌破坏面；一卸荷裂隙③近水平发育，呈闭合状，间距约 6 m，为岩体滑移破裂面。三组构造裂隙与三组卸荷裂隙相互交切，将崖壁岩体切割得支离破碎，形成许多危岩体。

19.2.5　水文地质

石窟区地层平缓，构造裂隙较发育，冲沟发育；桌状、台状浅丘的地下水排泄条件较好，地下水贫乏，一般水量较少，且受大气降雨和稻田水补给，补给途径短，季节影响大。按其成因分为第四系空隙潜水和基岩裂隙水，基岩裂隙水细分为泥岩风化裂隙水和砂岩裂隙水。第四系孔隙水，主要分布在冲沟底部及地势低洼地带，厚度大；泥岩风化裂隙水主要发育在上覆第四系亚黏土的冲沟底部，一般地势低洼处汇水面积大，水量丰富，受季节影响小，泥岩风化裂隙水常与第四系空隙潜水成为一个统一的含水系统；因砂岩倾角近水平，沟谷切割严重，砂岩多以陡崖、陡坡地貌为主，排泄条件较好，砂岩裂隙水十分贫乏，仅有少量裂隙含水，且受季节控制。

19.3　造像病害

卧佛院石窟存在的主要病害包括危岩体失稳垮塌、造像风化破坏和裂隙渗水。

19.3.1　危岩体失稳垮塌

卧佛院冲沟左侧崖壁岩体发育的三组构造裂隙在后期卸荷、风化、地下水静水压力等作用下，进一步发展，裂隙深度加深，裂隙面张开变宽，长度增长，并派生出风化、卸荷等各类次生裂隙。这些裂隙相互交切，形成了具有完整切割面、滑动面、稳定性差的危岩体。有些裂隙已发育到龛窟内，产生开裂、变形、错位，甚至崩塌垮落，对文物体构成严重破坏。根据裂隙的发育、交切情况和被切割岩体的稳定性计算、分析，将具有失稳、垮塌危险的危岩体分为五块危岩体区和三个悬空区。

1）1#危岩体

1#危岩体位于卧佛冲沟的左侧，74 号至 80 号龛窟区域的崖壁岩体。危岩体高 16 m，宽 12 m，厚 5 m。此危岩体右侧发育一条垂直崖壁的构造裂隙 L2，其产状 95°∠65°，后部发育一条平行于崖壁的卸荷裂隙，其产状 174°∠74°，隙宽 10～15 mm。两条裂隙相互交切，将崖壁岩体切割成孤立体，诱使岩体崩塌破坏的破坏力有岩体下滑力、裂隙静水压力及由地震使岩体突然承受的惯性荷栽。

2）2#危岩体

2#危岩体位于卧佛沟左侧 70 号至 73 号龛窟的崖壁岩体。危岩体高 17 m，宽 10 m，厚 5 m。

3）3#危岩体

3#危岩体位于卧佛沟左侧 58 号至 69 号龛窟的崖壁岩体。危岩体高 18 mm，宽 15 m，厚 5～7 m。危岩体右侧发育一条构造裂隙 L4，其产状 225°∠80°，隙宽 10～50 cm，裂隙中含有角砾泥质夹层，裂隙已经过后期卸荷、风化作用。后部发育一条平行于崖壁的卸荷裂隙，其产状 2°∠84°，此裂隙切穿石窟，并诱发一些次生裂隙，造成石窟岩体小块状垮落。

4）4#危岩体

4#危岩体位于卧佛沟左侧 43 号至 50 号龛窟的崖壁岩体。危岩体高 16 m，宽 12 m，厚 5～8 m。危岩体右侧发育一条构造裂隙 L7，其产状 50°∠78°。后部发育一条平行于崖壁的卸荷裂隙，其产状 5°∠51°。此危岩体呈上大下窄蘑菇云状。

5）5#危岩体

5#危岩体位于卧佛沟左侧 39 号至 40 号龛窟的崖壁岩体。危岩体高 10 m，宽 12 m，厚 5 m。岩体后部发育一条平行崖壁的卸荷裂隙 L9，其产状 5°∠65°，隙宽 4～5 cm，并切穿石窟。

19.3.2　造像风化破坏

卧佛院石窟岩层主要为砂岩，岩体表面局部明显显现线条状的沉积层理，岩体局部有泥质团块、泥质条带，泥质含量高，抗风化能力弱，极易风化。泥岩在砂岩体下面常形成风化侵蚀凹腔，造成上部砂岩体失去支撑、悬空，引起崩塌、垮落。在卧佛沟左侧 81 号至 87 号上部 S1 悬空区、71 号至 74 号上部 S2 悬空区、39 号至 42 号 S3 悬空区，就是由于泥岩于砂岩的差异风化，泥岩风化成凹槽造成的。

砂岩是题刻造像依托的岩体。砂岩呈浅紫色、灰色，矿物组分石英占 56%、长石占 20%、黑云母占 6%、泥岩和粉砂质泥岩碎屑含量占 8%，且分布不均匀，其胶结物为黏土和方解石。砂岩中的泥岩碎屑、黏土、方解石及长石，都较易风化。在泥质碎屑、黏土含量较高的部位，风化破坏十分严重，加之砂岩体的斜层理、交错层理发育，在雨水、裂隙水、空气凝结水等作用下，岩石的风化破坏加剧。

卧佛院题刻造像的风化破坏形式有起鼓、砂状或粉砂状风化剥落、沿岩石层理面呈条带状风化剥落。严重风化破坏的面积约 800 m²。

19.3.3 裂隙渗水病害

卧佛院石窟的渗水病害主要是由于岩体发育的各类裂隙渗流引起的，水源是大气降水。卧佛沟左侧的经文龛窟，由于卸荷裂隙、风化裂隙切穿石窟岩体，裂隙成为水的渗流通道。降雨时，雨水沿裂隙进入石窟内，水沿经文岩体石壁漫流，对经文题刻造成严重溶蚀、软化等侵蚀破坏；或在石窟内形成积水，使石窟长期处于潮湿状态，加剧题刻的风化破坏。遭受渗水侵蚀的 43#、44#、59#、60# 等龛窟题刻造像风化破坏严重。

19.4 造像病害治理工程设计

造像病害治理工程设计包括：

（1）危岩体锚固；

（2）凹腔（槽）嵌补；

（3）裂隙灌浆；

（4）崖顶坡面防渗；

（5）造像表面防风化。

表 19-1 为设计工程数量表。

表 19-1 卧佛院石窟病害治理工程设计数量表

工程部位	φ25 锚杆		φ12 锚杆	裂隙灌浆	嵌补工程	土方清理	脚手架	铺设土工膜	表面防风化
	长度（m）	注浆量（m³）	（m）	水泥砂浆/水泥浆（m³）	（m³）	（m³）	（m²）	（m²）	（m²）
1# 危岩体	621	4.3	40	10	26	100	336	60	70
2# 危岩体	345	2.22	30	4	10	55	192	36	50

续表

工程部位	φ25 锚杆		φ12 锚杆	裂隙灌浆	嵌补工程	土方清理	脚手架	铺设土工膜	表面防分化
	长度（m）	注浆量（m³）	（m）	水泥砂浆/水泥浆（m³）	（m³）	（m³）	（m²）	（m²）	（m²）
3#危岩体	780	4.78	50	8	10	158	450	100	100
4#危岩体	738	5	20	12	40	161	390	85	20
5#危岩体	216	2.68	20	6	5	78	192	45	60
合计	2700	18.98	160	40	91	552	1560	326	300

19.5　造像病害治理工程施工

在安岳卧佛院摩崖造像加固工程的施工过程中，由于崖体实际构造、岩层性质、危岩分布状况与原勘察报告和设计文件有一定的差异，为了使岩体加固措施更加合理和完善，使工程加固效果更加显著，由建设单位、设计单位、监理单位和施工单位共同协商现场核对决定对原设计进行了部分变更。

主要设计变更如下：

（1）10 月 17 日现场技术交底会，与会人员一致决定取消石刻造像表面防风化，将工程区域范围内的裂隙化学浆液灌注变更为裂隙水泥砂浆（水泥浆）灌注。为防止坡面树木的根系劈裂作用，将工程区域内坡面上树木根系进行清除。

（2）由于工程区域内崖面龛窟顶部岩体坡度较陡，一般达到 50°以上，坡度较缓或有平台处很少，若按照原设计中在窟顶铺设土工膜进行防水，容易产生滑移或脱落等不良现象或安全隐患，同时在窟顶裂隙已进行砂浆封堵和坡面清理可有效地进行防渗水，故取消龛窟顶部岩体的土工膜铺设。

（3）5#危岩加固区上部存在一软弱岩层，由于长期自然风化掏蚀作用，在软弱层部位形成一凹槽，凹槽高约 1.5 m 左右、深约 2.0 m 左右，为避免软弱层继续风从化掏蚀和岩体稳定，对凹槽进行片石嵌补，并对嵌补体表面进行作旧处理。

（4）2#危岩体与 3#危岩体崖顶之间的冲沟，经开挖地质条件与原设计不符，严重威胁崖面龛窟的安全，为防治岩体被雨水进一步冲刷，威胁崖面龛窟的安全，冲沟间增设锚杆护面墙。增加工程量：砂浆锚杆 102 m，M10 浆砌砌体 52.5 m³，人工清方 112.6 m³。

表 19-2 为实际完成工作量。

表 19-2　卧佛院石窟病害治理工程施工实际完成数量表

工程部位	$\phi25$ 锚杆		$\phi12$ 锚杆	裂隙灌浆	嵌补工程	土方清理	脚手架	铺设土工膜	表面防分化
	长度（m）	注浆量（m³）	（m）	水泥砂浆/水泥浆（m³）	（m³）	（m³）	（m²）	（m²）	（m²）
1#危岩体	645	12.9	39	23	29	100	396		
2#危岩体	333	6.85	38	15.5	6.3	55	204		
3#危岩体	636	14.65	30	17.3	11.9	158	350		
4#危岩体	750	17.05	36	22.5	34.7	136	468		
5#危岩体	348	8.4	21	5.6	87.8	78	255		
合计	102	2.25			52.5	112			
	2814	62.1	164	83.9	222.2	639	1773		

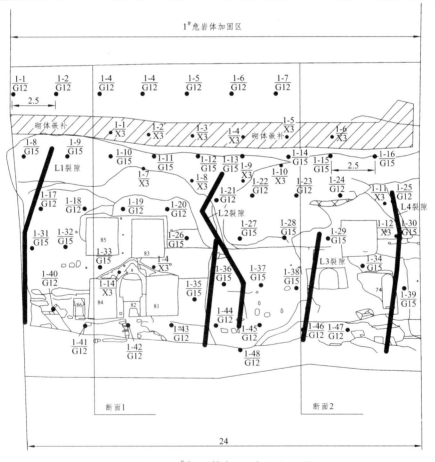

图 19-1　1#危岩体加固竣工立面图

　　图 19-1、19-2、19-3、19-4 和 19-5 分别为 1#危岩体、2#危岩体、3#危岩体、4#危岩体和 5#危岩体加固竣工图（图中"G12"代表长度为 12 m 的 φ25 锚杆，G12 上横划线上的 1-1 表示 1#危岩体加固 1 号 φ25 锚杆；"X12"代表长度为 12 m 的 φ12 锚杆，X12 上横划线上的 1-1 表示 1#危岩体加固 1 号 φ12 锚杆），图 19-6 是 2#危岩体加固锚杆护面墙竣工图。

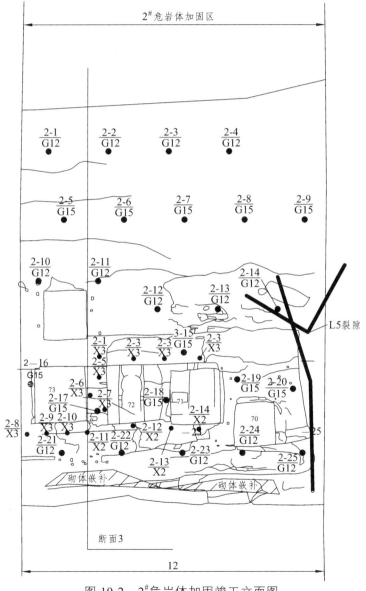

图 19-2　2#危岩体加固竣工立面图

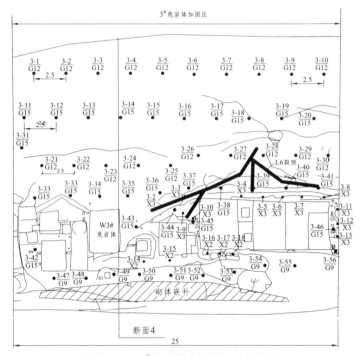

图 19-3   3#危岩体加固竣工立面图

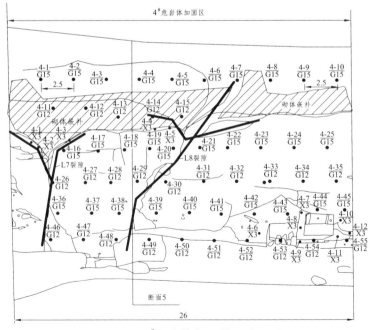

图 19-4   4#危岩体加固竣工立面图

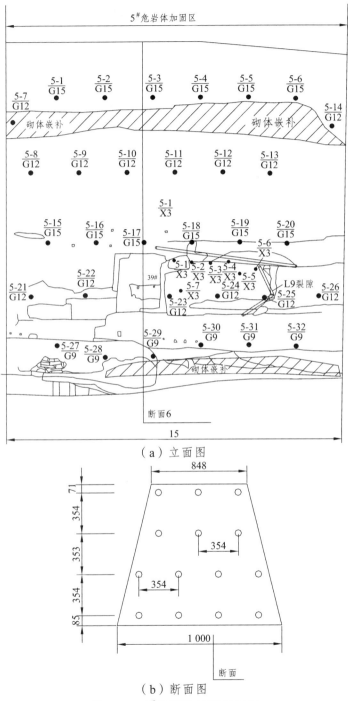

（a）立面图

（b）断面图

图 19-5　5#危岩体加固竣工图

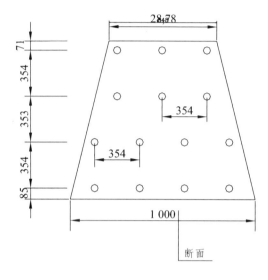

（a）立面图

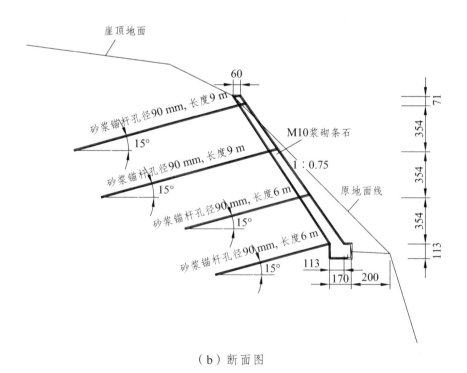

（b）断面图

图 19-6　2#危岩体加固锚杆护面墙竣工图

20 浦江飞仙阁摩崖造像危岩坍塌应急抢险加固设计及施工

20.1 摩崖造像概况

20.1.1 基市情况

蒲江飞仙阁摩崖造像属浦江石窟的一部分，位于四川省成都市蒲江县朝阳湖镇仙阁村。

蒲江石窟包括朝阳湖镇仙阁村二郎潭两岸的飞仙阁摩崖造像和蒲砚村古佛山的包括庵子崖、龙拖湾、石马庵和土地嘴四处在内的龙拖湾摩崖造像。浦江石窟及摩崖造像自东晋开始，至唐代早期兴盛，发展迅速，充分体现出北魏、盛唐和宋代造像风格，具有唐代佛教鼎盛气魄及宋代佛像之精美。

飞仙阁摩崖造像位于县城西南朝阳湖镇二郎潭两岸山崖上，共 92 龛窟 777 尊，其中北岸 87 龛窟，南岸 5 龛窟，最早造像为唐永昌元年（公元 689 年）凿造。在 92 龛窟造像中，有唐代造像 64 龛窟 491 尊，分布于二郎潭北岸、汗龙洞山岩，包括飞仙洞中的佛道同龛 2 龛窟、飞仙阁山麓释迦牟尼立像等 47 龛、大佛坪弥勒善跏趺坐等 9 龛、禽星岩释迦牟尼佛与多宝佛二佛并坐等 4 龛；五代造像 17 龛 256 尊，包括飞仙阁下西崖上一佛六菩萨等 3 龛、禽星岩西方净土等 14 龛；清代造像 11 龛 30 尊，包括汗龙洞山岩南海观音等 3 龛、飞仙阁下男性观音等 2 龛、大佛坪诃梨帝母 1 龛、二郎潭南岸山岩上山王等 5 龛。此外，还有宋代石窟文字 4 方，明代石窟文字 2 方，民国石窟文字 6 方。

造像龛窟基本形制为长方形龛，最高大为大佛坪 8 号窟，高 6 m，宽 2.3 m，深 1 m，所造弥勒佛，结善跏趺，坐高 6 m，肩宽 2 m。

龙拖湾摩崖造像，位于蒲江县城东南 3.5 km 的蒲砚村古佛山，主要分布于龙拖湾、庵子崖、土地嘴、石马庵四处相邻的地点。

蒲江石窟有着深厚的文化积淀，蒲江石窟摩崖造像从东晋、唐、五代至宋，延续时间较长，反映佛教题材较多，内容丰富，充分体现了中国佛教文化的内涵，展现出唐初佛教传入中国后的发展和变迁。是当时社会文化的一个缩影，集中反映了这个时期的宗教文化、艺术、社会及风俗，蒲江石窟对中华传统文化的延续和传承，起着非常重要的作用。

蒲江飞仙阁是一个有 2000 年历史的摩崖造像古迹，多年来受风化和雨水侵蚀，景区内岩体风化严重、裂隙发育。受"5·12"汶川地震和"4·20"芦山地震的影响，蒲江石窟飞仙阁景区中碧云峰、大佛坪和禽星岩等三处岩体因软弱夹层风化风蚀和卸荷裂隙切割，多处岩体存在凹岩腔，有随时崩落的可能。

景区 38 号龛右侧岩体于 2016 年 4 月 9 日下午 16 时 20 分，发生崩落（图 20-1），崩落岩体位于坡脚河岸，崩塌规模 80 m³，最大块径约 4 m。崩落岩体损坏坡脚景区河堤道路、栏杆，长约 8 m。目前，邻近 38 号龛右侧岩体裂缝发育，在降雨及暴晒等外界诱发因素作用下，再次发生崩落的可能性极大，一旦发生危岩崩落灾害，将直接威胁到 38 号龛文物本体安全，造成不可逆转毁灭性破坏。目前正值雨季，发生崩塌的可能性极大，因此，开展该处危岩应急抢险治理迫在眉睫。

图 20-1　38 号龛窟右侧崩落危岩及其与 38 号龛窟关系图

图 20-2 和 20-3 分别是 38 号龛旁悬空危岩贯通裂缝和 38 号龛右侧崩落危岩上方及侧面坡表残留松动危岩体。

图 20-2　38 号龛旁悬空危岩贯通裂缝

图 20-3　38 号龛右侧崩落危岩上方及侧面坡表残留松动危岩体

20.1.2　自然地理及地质环境条件

1. 自然地理条件

"蒲江石窟—飞仙阁摩崖造像"位于四川省成都市蒲江县朝阳湖镇仙阁村，距离蒲江县城约 9 km，位于蒲江河的左岸，地理坐标为东经 103°26'23.3"，北纬 30°09'40.3"。

蒲江县是四川省成都市下辖县，位于成都平原西南缘，地处成都、眉山、雅安三市交汇处，毗邻天府新区，属成都"半小时经济圈"，是"进藏入滇"的咽喉要道，县城鹤山镇距成都市区 75 km，交通便利。全县面积 583 km²，辖 8 镇 4 乡。县域位于东经 103°19′~103°41′、北纬 30°5′~30°21′，东西最长 37 km，南北最宽 27.5 km，总面积 582.86 km²。县域东邻眉山市东坡区、彭山区，西靠名山区，南接丹棱县，北接邛崃市，东缘与彭山区接界，东南缘以长秋山一线与眉山市东坡区接界，南缘以界牌湾、月南山一线与丹棱县接界；西南缘以陡岩山、两合水、龙潭水库一线与名山区接界，北、西北、东北缘以汪染房、余大冲、刘石桥、法明寺、刘码头、石牯牛一线与邛崃市接界。

2. 区域气候条件

蒲江县年平均气温 16.3 ℃。

由平坝至丘陵至山地，随地势升高，夏季昼长逐渐缩短，冬季逐渐增长，"两河"下游的寿安地区为夏季昼长最长地区，长秋山区为冬季最长地区。

县境属暖水区，"两河"平坝区水温平均比气温高 2.0 ℃；耕作层 5~20 cm 处，年平均地温在 17.9~18.2 ℃，高于年平均气温 1.6~1.9 ℃。

县境内日照时数，春夏足而秋冬短。

降雪少，年平均降雨量 1 196.8 mm。

年平均相对湿度为 85%，除 5 月份最低为 79% 外，其余月份均在 80% 以上。

风向以东北风、西南风为主。

蒲江县主要河流为蒲江河和临溪河。蒲江河属岷江水系，发源于总岗山—丹棱县王场土地坳之杨山，境内流程 44 km，流域面积 287.5 km²。临溪河，又名铁溪河，属岷江水系，古以溪旁山中有铁矿而得名，县境内穿越大、小五面山，接纳两山溪流，于五星镇上场口汇入蒲江河，流程 38.2 km，流域面积 147.8 km²。

飞仙阁摩崖造像所在属蒲江河流域，位于蒲江河左岸斜坡地带。

3. 区域地质条件

1）地形地貌

蒲江县县域东西长，南北窄，全县平均海拔 534 m。地势西南高，最高处白云乡月南山海拔 1022 m；东北低，最低处寿安镇夏河坝海拔 465 m。地貌类型以浅丘为主，兼有深丘、山地、平坝。浅丘遍及县境北部和中部，面积 352.05 km²，占全县总面积的 60.40%；深丘绵延于县境西南部，面积 40.50 km²，占 6.95%；山地分布于县境南部和西南部边缘一线，面积 72.27 km²，占 12.40%。平坝沿西北至北东流向的蒲江河、临溪河展布，呈带状平川，在县域东部与成都平原主体衔接，面积 118.04 km²，占 20.05%。县境山丘属邛崃山脉东延余脉，有大、小五面山及长秋山。大五面山连绵于县境北和东北部，海拔 520 m 以上的山峰有大定、玉龙、铜鼓、棋盘、福果、金鸡洞等山峰，最高处金鸡洞山海拔 607 m。小五面山从县境西南部向东北部铺陈，横卧县境中部，海拔 535 m 以上山峰有九仙、红岩、金鹅、狮子、来龙、双凤、白鹤、龙头、黄鹤、钟鹤等山峰，最高处九仙山海拔 630 m。长秋山峙立于县境西南和南部边缘，海拔 658 m 以上山峰有月南、长秋、看灯、尖山寺、擦耳岩、官帽、玉芝、佛儿岩、太清观、灵鹫等山峰，最高处月南山海拔 1 022 m。

飞仙阁摩崖造像所在属侵蚀构造裙边式低中山地形。

2）区域地质构造

蒲江县地质构造形迹由成都凹陷、大兴隆起（隐伏背斜）和熊坡背斜组成。成都凹陷位于成都平原，北起安县，南达名山，西抵灌县（都江堰市），东至金堂县。第四系沉积中心，大体循大邑安仁，经崇庆（崇州市）附近一线北出此段。东西两缘皆有断裂控制，西缘称邛崃至彭县（彭州市）断裂；东缘称成都至蒲江断裂。蒲江县境跨成都凹陷西南段之南部，所跨面积占全境五分之四。

境内地质构造单元，位于新华夏系第三巨型沉降褶皱带四川沉降褶带。区内主要构造有石桥场扭压性断层，熊坡背斜及康乐场压扭断层。飞仙阁摩崖造像所在位于康乐场断层影响区，挽近地质时期构造运动主要表现为间歇性面状升起。

石桥场扭压性断层：位于熊坡背斜中南段石桥场附近，斜切背斜南翼出露。断面倾向南东东，倾角69°至直立，上盘相对下盘往南西方向，水平移距由北往南增大，由1.6～2.6 km。断线两旁派生牵引褶曲发育，南段双石碑与龙鹄场附近，导生断层角砾岩宽达数米，兼有挤压透镜体及挤压片理，石桥场之北，袁沟附近，断裂带中近与水平的擦痕比较发育，显示其具扭性为主兼压性。整体来看，应为康乐场冲断层之分支断层。

康乐场断层：康乐场断层亦称蒲江新津断层，又系复合继承性断裂，规模大，断层沿熊坡背斜轴部及北翼出露，西起名山县吴冈东至境内天华，没于第四系之下，表露长度30 km，此断层在光明乡擦耳岩附近与丹棱石桥扭压性断层呈30°角相交。石桥断层也是康乐场断层之分支断层，往南在龙鹄场第四系下掩覆。

3）新构造运动与地震

飞仙阁摩崖造像所在在构造体系上处于川西褶带。该体系于印支运动早期已具雏形，印支运动晚期已基本定型，进入喜山运动早期成为沉降中心，随着构造活动，周边参差错落抬升，中心相对沉降，中心接受了厚大的第四系松散堆积，四周成山，形成了错落有致的盆地地貌景观。

早更新世初期，龙门山随着青藏高原的抬升而隆起，平原相对沉降，接受沉积。早更新世末，中更新世初，构造运动强烈，龙门山、龙泉山继续抬升，整个平原普遍下沉。中更新世晚期，新构造运动变得强烈和复杂起来，龙门山、龙泉山加速抬升，原有的一些主干断裂活动加强，成都坳陷解体，东部边缘构造带和西部边缘构造带上升，局部成为台地，中央凹陷和边缘构造带接受沉积。晚更新世，平原处于缓慢、相对稳定的沉降阶段。全新世早、中期，平原又经历了一次比较明显的构造变动，仍表现为龙门山的强烈上升，山前形成"悬挂式"冲洪积扇群，平原东部又相对有抬升，沿河形成一级阶地。

总之，周边山地新构造活动是比较强烈的，更新世以来至今一直有构造活动，只是在不同地段其活动强烈有差异而已。

根据《中国地震动参数区划图》（GB 18306—2001）国家标准第1号修改单，四川、甘肃、陕西部分地区地震动峰值加速度和地震动反应谱特征周期修改为新值。根据《四川、甘肃、陕西部分地区地震动峰值加速度区划图》（1：100万）和《四川、甘肃、陕西部分地区地震动反应谱特征周期区划图》（1：100万），评估区抗震设防烈度为Ⅶ度，设计地震分组为第二组，地震动峰值加速度为 0.10g，地震动反应谱特征周期为 0.45 s。

4）地层岩性

蒲江飞仙阁摩崖造像崩塌危岩所在区域内为白垩系中统夹关组（K$_{2j}$）厚层砂岩和薄层岩互层，其上覆土层为第四系全新统残坡积层（Q$_4$$^{el+dl}$），蒲江河地带为第四系上更新统冲积层（Q$_4$$^{al+pl}$）卵石土夹粉细砂及零星漂石。

第四系全新统残坡积层（Q$_4$$^{el+dl}$）：紫红色粉质黏土，硬塑状，局部可塑状，土质一般较纯，局部含砂质感轻微，分布于表层或填筑土下部，层厚一般为 0.5～4.5 m，少数地段较厚，部分地段缺失。

第四系上更新统冲积层（Q$_4$$^{al+pl}$）：紫红色卵石土，稍密—中密为主，潮湿—饱和，卵石成分主要为中等风化—强风化泥岩或石英砂岩，磨圆度较好，以亚圆形为主，少量圆形，分选性差。卵石含量约占 55%～65%，粒径一般 6～8 cm，砾石含量约占 15%～20%，余为细砂充填，局部夹杂少量的漂石。

白垩系中统夹关组（K$_{2j}$）：紫红色厚层块状岩屑砂岩和薄层泥岩互层，岩层厚度不等，泥岩抗风化能力较弱，岩质较软，易风化剥落，遇水易崩解；砂岩构造裂隙发育，与风化裂隙、层面裂隙互相交织，致使岩体成块状、长方体状及楔形体。

5）水文地质

根据地下水的赋存条件、水理性质和水力特征，区内地下水可分为第四系松散堆积层孔隙水、基岩裂隙水两种类型。

孔隙潜水：埋藏于第四系松散堆积层中，分布于沟谷及两侧坡地的残坡积层中，无统一的稳定的潜水位。受大气降水、基岩裂隙水补给，排泄于沟谷或渗入补给基岩裂隙水，水量极为贫乏。

基岩裂隙水：赋存与区内白垩系中统夹关组紫红色厚层块状岩屑砂岩和薄层泥岩互层岩体裂隙之中。受大气降水、孔隙水的补给，通过孔隙、裂隙，主要以蒸发方式排泄。由于富水程度受构造、岩性影响显著，存在水量分布不均的特点。

区内地下水以 HCO$_3$-Ca 型水为主，地下水一般对混凝土、钢筋混凝土结构中的钢筋具有微腐蚀性。根据调查和收集的资料，调查区内无污染源，水质不受污染。

20.2 抢险加固危岩体基本特征及稳定性计算

20.2.1 危岩体基本特征

飞仙阁危岩体（图 20-4），位于 38 号龛旁、2016 年 4 月 9 日崩塌（方量约

80 m³）形成下部悬空部位的上方。危岩体因岩体中断续贯通的垂直卸荷裂隙切割和 2016 年 4 月 9 日崩塌造成的下部悬空形成，危岩体宽 4.8 m，高 4.2 m，厚 3.5 m，危岩体积约 70.56 m³。沿断续贯通卸荷裂隙滑倾方向为 340°，坡面整体坡度约 60°，局部近直立。应急抢险范围危岩整体宽 25 m，高 20 m，坡体松动危岩约 111 m³，整体危岩方量约 1 500 m³。危岩地层岩石为白垩系中统夹关组（K_{2j}）紫红色厚层块状岩屑砂岩和薄层泥岩互层，岩层厚度不等，泥岩抗风化能力较弱，岩质较软，易风化风蚀剥落；砂岩构造裂隙发育，与风化裂隙、层面裂隙互相交织，致使岩体成块状、长方体状及楔形体。由于砂泥岩差异性风化，在危岩底部沿泥岩出露位置形成凹岩腔（槽），导致卸荷裂隙发育，在岩体自重作用下，裂隙进一步发展贯穿，在降雨、根劈、暴晒诱发因素作用下，发生坠落式崩塌。

图 20-4　蒲江石窟飞仙阁摩崖造像 38 号龛旁危岩体

20.2.2　危害性及发展趋势

蒲江石窟飞仙阁摩崖造像危岩失稳模式为沿崖面后方断续贯通卸荷裂隙面滑坠落为主。一方面受卸荷裂隙控制，裂隙面倾角陡立，卸荷应力作用明显；另一方面由于岩体砂、泥岩互层，上硬下软，因差异性风化，在下伏泥岩的强风化作用下于底部形成凹岩腔，加速了岩层面卸荷裂隙的发育、贯穿，易出现坠落变形；此外，在上部砂岩岩体的强风化—中风化带，节理裂隙较为发育，将岩体切割成碎裂状、镶嵌状或块状，且由于受长期风化作用影响降低了岩体强度，以致岩体局部出现滑移变形；另外，各节理裂隙形成地下水流通排泄的通道，对裂隙面岩体的软化侵蚀作用，导致其粘结强度大大降低，有利于促使崩塌、落石的形成；同时，危岩体表部植物茂密，植物的根劈作用对坡体稳定性极为不利。当岩体重力卸荷作用大于岩体强度抗力作用时，由于岩体内部应力调整，节理裂隙等软弱结构部位发生位移变形，使节理裂隙扩展，新的裂缝也将发生、发展，危岩带内的危岩体脱离母岩而发生崩塌、落石。

降雨入渗的软化作用，会降低岩体及裂隙中充填物的力学强度，且会在岩体裂隙中形成较大的静水压力，对危岩体稳定性的影响较大。随着时间的推移，飞仙阁摩崖造像危岩下部泥岩风化剥落，凹腔进一步加深，危岩体的稳定性将进一步下降。

危岩体在风化剥蚀、降水及植物根劈作用的长期影响下，稳定性会不断降低，直至崩塌失稳；特别是当遇到降雨、地震活动等较强外力作用时，可能出现大规模崩塌。

目前邻近 38 号龛的危岩体，基座悬空，卸荷裂隙断续贯通，在上述不利因素作用下，随时可能发生大规模整体崩塌，一旦发生崩塌，将对 38 号龛文物本体造成毁灭性的、不可逆转的破坏，对飞仙阁摩崖造像的观瞻构成影响，极大地威胁到景区旅游安全。

20.3 应急抢险加固设计及施工

20.3.1 38 号龛旁危岩体锚固支顶（图 20-5）

锚固支顶危岩体宽 4.8 m、高 4.2 m、厚 3.5 m，危岩体积约 70.56 m^3。

加固采取嵌补支顶、12 m 锚杆点锚。

（钢筋混凝土支墩）

（ϕ28 长 12 m 砂浆锚杆点锚锚固）

图 20-5 飞仙阁石窟及摩崖造像 38 号龛旁危岩体锚固支顶设计

（1）嵌补施工前采用 ϕ100 钢板垫底钢架管临时支顶危岩体，防止施工过程中危岩崩落造成人员伤亡。

（2）人工清理凹腔（槽）表层风化岩壳（厚度不小于 20 cm）。

（3）支顶基槽（坑）开挖（挖深为现石铺地面以下 2 m）。

（4）采用 ϕ100 钢架管，以基槽（坑）底为基础，置换原危岩体 ϕ100 钢架管临时支撑。

（5）布筋（钢筋笼为间距 20 cm ϕ12～18 HRB335 螺纹钢绑扎），现浇支墩（3.2 m×5.4 m×4.6 m）C30 混凝土，置换的支撑作为支墩布筋的一部分留在浇筑的支墩内。为确保支顶效果，C30 现浇钢筋混凝土，应掺加膨胀剂，膨胀剂掺和量不得大于 12%。

（6）采用 4 根 ϕ28 长 12 m 砂浆锚杆点锚锚固危岩体，防止危岩倾覆（图10-86）。

（7）人工肢解 2016 年 4 月 9 日崩塌大块岩石，人力转运至浦（江）名（山）公路装车运至弃碴场。

20.3.2 危岩体侧临江坡面危岩带清危、挂网防护工程设计

图 20-6 是飞仙阁危岩体侧临江坡面危岩带挂网防护设计图。

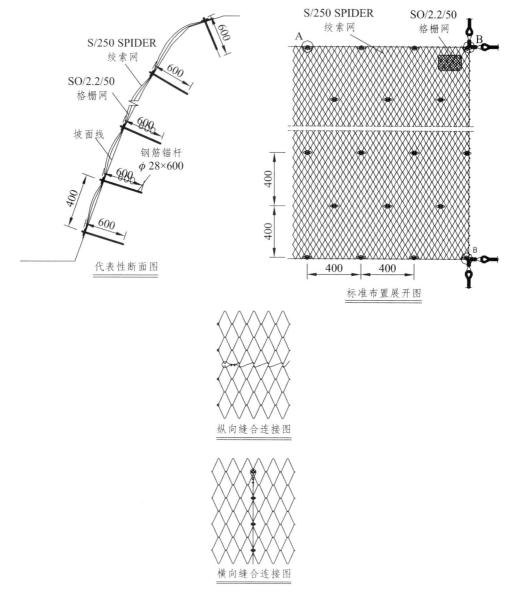

图 20-6　危岩体侧临江坡面危岩带挂网防护工程设计图

（1）对 2016 年 4 月 9 日崩塌形成的凹腔（槽）上方危岩体侧面临江坡面上的松动小危岩体，采用人工清除人力运至浦（江）名（山）公路装车运至弃碴场的方式处理。

（2）坡面清危后，采用 S250 型 SPIDER 绞索网和 SO/2.2/50 格栅、ϕ28 普通螺纹钢筋锚固锚杆（锚固深度 6.0 m，抗拔力不小于 100 kN，锚杆锚固采用

4 m×4 m 网格，网格轴线中间加密一根加强锚杆）进行坡面主动防护，主动网防护面积 600 m²，防护区域宜向危岩带上侧及两侧延伸 1 m 以上。

（3）危岩带内砂岩裂缝发育，为防止地表水下渗破坏危岩稳定性，治理工程利用坡面锚杆进行压力注浆，采用标号 M30 的水泥砂浆，灰砂比 1∶（1~1.2）、水灰比 0.45~0.50 的水泥砂浆或水灰比 0.45~0.50 的纯水泥浆，水泥宜用 42.5 普通硅酸盐水泥，优先选用粒径不大于 3 mm 的中细砂，确保浆液饱满，在进行下一道工序前注浆体养护不少于三天。

2. 应急抢险加固施工

截至本书完稿时，浦江飞仙阁石窟及摩崖造像应急抢险工程施工已完成，避免了因 2016 年 4 月 9 日崩塌造成下部悬空、上部岩体因断续贯通卸荷裂隙切割形成的危岩体塌落可能对 38# 龛窟造像造成的危害，确保了 38# 龛窟造像、飞仙阁石窟及摩崖造像所在山体背侧临江崖面下游人通道和游人的安全，达到了应急抢险加固的目的。

图 20-7、20-8 和 20-9 分别是浦江飞仙阁石窟及摩崖造像 38 号龛旁危岩体危岩体钢筋混凝土墩支顶、锚固和造像背侧临河岸坡危岩体主动防护网防护图。

图 20-7　飞仙阁　　　图 20-8　飞仙阁　　　　图 20-9　飞仙阁造像背侧
　危岩体支顶　　　　　危岩体锚固　　　　　　　岸坡主动防护

21　广元千佛崖石窟及摩崖造像病害治理工程设计施工

21.1　地理位置

千佛崖所在的广元市，位于四川盆地的北部边缘、龙门山地与秦巴山地的南坡，地理坐标为东经 104°36′至 106°45′，北纬 31°31′至 32°56′之间。北与甘肃省武都县、文县、陕西省宁强县、南郑县交界；南与南充市的南部县、阆中市为邻；西与绵阳市的平武县、江油市、梓潼县相连；东与巴中市的南江县、巴州区接壤，素有"蜀北重镇，川北门户"之称。

千佛崖摩崖造像，位于广元市中区北 5 km 处的嘉陵江东岸。

21.2 气候气象水文特征

广元市属亚热带湿润季风气候区。气候温和，光照比较适宜，四季分明，境内处于西风气流高原东侧下滑区，冬春季节又常受北方冷空气影响，水汽含量少，降水稀，蒸发快，干旱特别严重。降水量集中在受东南气流控制的夏季，往往形成夏洪。盛夏，又因地处太平洋副热带高压脊的西北边缘，北上暖气流过盆周山地迅速抬升而成云致雨。当青藏高原前沿偏北气流引导冷空气南下与北上的暖湿气流相遇，常形成暴雨或大暴雨天气，造成洪涝灾害。

广元的四季具有春迟、夏长、秋凉、冬冷四季分明的特点。风向随季节变化明显，春夏各月受西南季风和副热带高气压影响，盛行偏南风，秋冬各月受北方冷空气影响，盛行偏北风。当冷空气越秦岭南下，经嘉陵江河谷入川，广元首当其冲。风多、风大成广元气候特征之一。广元大风常出现在每年春秋季节转换交替阶段，风力常大于 8 级以上，有时山口河谷达 10 级以上，每年 3—5 月和 10—11 月，大风日数最多，持续时间一般 16～18 h，常称寒潮大风。千佛崖正处于嘉陵江河谷的风口上，大风直接吹在石刻造像上，风蚀是石窟造像的主要病害因素之一。

广元 1951—1985 年平均降水量 993.0 mm，年降水量总的趋势是由南向北减少，降水有随季节变化的特点。夏半年（5—10 月）降水占年均降水 88%，冬半年（1 月—次年 4 月）降水占年均降水 12%。

多年平均相对湿度 69%，7—10 月相对湿度较大，降水量也较大，1—3 月相对湿度很小，降水量也较少。多年平均气温 16 ℃，极端最高气温一般出现在每年 5—8 月，为 36—38 ℃，极端最低气温一般年份零下 6 ℃ 左右。

广元地区年降水总量 53.7×10^8 m³，产生的地表径流达 27.14×10^8 m³，多年均径流深 546 mm，除生产建设生活耗水和自然蒸发外，余皆注入嘉陵江。由于降水时空分配不均，其地表径流在年际间和地区间的变化较大。

区域水系主要为嘉陵江，诸多支流，注入嘉陵江，嘉陵江在广元境内流长 182 km，沿江两岸有筹笔驿、清风峡、明月峡、千佛崖、皇泽寺等名胜古迹及古栈道遗迹。

勘察发现的 2 处地下水位露头点，均属于岩体裂隙水下降泉，高程约 490 m，低于石刻区的底界，泉水出露于砂岩与泥岩接触面附近，泉水流量均小于

0.1 L/s，但常年不干涸，水化学类型属于重碳酸钙水，矿化度 0.2 ~ 0.3 g/L，pH 值为 7.1 ~ 8.1，故石刻区不受地下水影响。

石窟及摩崖造像渗水病害的水源，主要是大气降水。

地下水以重碳酸钙型水为主，次是重碳酸钙镁型水，重碳酸钙镁水，重碳酸钙钠水、碳酸钙镁水所占比例极小。

21.3　地形地貌

广元市处于四川北部边缘，山地向盆地过渡地带，摩天岭、米仓山东西向横亘市北，分别为川甘、川陕界山；龙门山呈北东—南西向斜插市西；市南则由剑门山、大栏山等川北弧形山脉覆盖。地势由西北向东南倾斜，北高南低，相对高差达 3 200 m。摩天岭山脊海拔由西端最高点 3 837 m（大草坪）向东下降至 2 784 m，向南则急剧下降到 800 m。龙门山接摩天岭居青川全境及市中区西部。山脊海拔由北至南从 3 045 m（轿子顶）降到 1 200 m。山顶尖削，坡面一般在 25°以上；河谷深切，相对高差在 600 ~ 800 m。米仓山居朝天区全境和旺苍县城至广元一线以北，山脊海拔从北向南由 2 276 m（光头山）下降到 1 368 m（石家梁），坡面多在 25°以上，山顶浑圆，河谷深切相对高差一般在 500 ~ 800 m。川北弧形山脉居元坝区、旺苍县城以南，及苍溪、剑阁两县全境。海拔从北而南由 1 200 余米下降到 600 余米。河谷切割亦深，多呈 "V" 形。相对高差在 200 ~ 500 m。山顶平缓，多呈台梁状，坡面一般在 12°左右。

千佛崖石窟造像区域，属构造剥蚀单斜低山地貌，山体为典型的长梁状单斜丘陵。区内制高点位于岩背上，海拔 622.5 m，最低处位于嘉陵江畔，海拔 480 m，文物区西侧紧临嘉陵江。嘉陵江在千佛崖段平面呈新月形曲流展布，文物区位于冲刷凹岸，河水的冲刷力及冲蚀破坏作用最大，但目前河水的冲刷尚未对崖壁岩体的稳定性构成威胁。崖下公路的路基，其实发挥着一种洪水防护作用。

21.4　地层岩石

广元市位于四川盆地北部，龙门山与大巴山南部，扼嘉陵江上游，属秦巴构造褶皱带。区内地层发育较完整，除缺失第三系外，从震旦系到第四系均有出露。各时代地层呈由南至北，由老到新有规律分布，以侏罗系中统千佛崖组地层（J_{2q}）为主，属长石石英砂岩、石英砂岩与粉砂岩、泥岩互层，厚 50 ~ 353 m。

（1）第四系残坡积层（Q_4^{el+dl}）：以褐黄色粉质黏土、粉土、砂的堆积为主，厚度为 0.3 ~ 0.5 m。在北边石家沟局部出露Ⅱ级阶地冲积层（Q_2^{al}），厚约 25 m，可见 2 层砾石层，砾石层厚 3 ~ 7 m，其上部为黄褐色黏土层和黏土质粉砂互层。

（2）侏罗系中统千佛崖组上段（J_{2q}^3）：灰黄色细粒长石石英砂岩，新鲜岩石呈绿灰色，地形上形成高数十米的陡崖。千佛崖石窟及摩崖造像所在层位。

（3）侏罗系中统千佛崖组中段（J_{2q}^2）：紫红色泥岩，地形上形成山腰缓坡。

（4）侏罗系中统千佛崖组下段（J_{2q}^1）：灰黄色泥质粉砂岩，紫红色粉砂质泥岩夹薄层状砂岩，地形上形成陡坎。

21.5 地质构造

构造上广元南北纵跨扬子准地台和秦岭褶皱系两个一级构造单元。东西处于龙门山褶皱带与大巴山过渡带交接地段。千佛崖石窟区位于川北台凹褶皱区走马岭向斜北翼，主要由侏罗系和白垩系地层构成，构造线由北东向，转为北东东向。总的构造形态，呈倾向东南的缓倾斜的单斜构造，褶皱舒缓、宽展，断裂极少。区内呈倾向西南的单斜构造，岩层产状 210°∠23°；区内无断裂构造，主要发育 2 组陡倾构造节理，产状分别为 120°∠80°、25∠85°，岩体完整性较好，裂隙率为 0.78% ~ 2.4%。

21.6 地震烈度区划

千佛崖地区属于广元市利州区，根据中国地震动参数区划图 GB18306—2001 和建筑抗震设计规范 GB 50011—2001，在 2008 年 5 月 12 日大地震前划为Ⅵ度烈度设防区，设计地震分组为第三组，设计地震加速度值为 0.05g，反应谱特征周期为 0.35 s。2008 年 5 月 12 日汶川大地震对广元市造成的实际破坏程度已超过Ⅵ度烈度，经地震部门研究后地震设防烈度作以下调整；一般工民建抗震设防烈度调整为 7 度；公共设施抗震设防烈度调整为Ⅷ度。

21.7 千佛崖石窟病害

21.7.1 水害

1）坡顶径流水害

（1）冲沟的水流至山凹处，沿倾向崖壁山凹泄向石刻造像区。尤其是夏季暴雨时，山洪携带碎石等杂物，冲下山崖，对石刻造像及石刻区的建筑、人员安全构成威胁。

（2）冲沟在沟水的冲蚀下向崖壁发展，日久天长对崖壁岩体的稳定造成威胁。

（3）部分来自冲沟的雨水，以山体径流的方式下渗至摩崖造像区，甚至沿已有的裂隙、裂缝进入龛窟，造成龛窟、造像及彩绘的破坏。

2）雨水漂淋对龛窟造像的侵蚀与破坏

千佛崖石窟所在崖壁有较大的坡度（坡度 80°左右），对雨水有一定的受水面积。龛窟没有完善的排水挡水措施，大多龛窟檐破损严重。

（1）大部分窟壁都存在雨水淋蚀现象，凡淋湿部位均有地衣类发育，而局部干燥的岩壁几乎无低等生物活动，岩壁呈浅黄色（岩石本色）。

（2）各龛窟的窟（龛）檐均呈潮湿状，其中龛窟檐较深者，窟内石刻则比较安全。

（3）原修建的保护亭对一些重要的龛窟确有防风挡雨的功能，大部分水泥栈道也有防雨功能，但由于有些部位的栈道与龛窟壁接缝处不严实，造成水沿缝隙渗流，反而在局部加大了雨水的影响。

3）雨水渗入造成的破坏

大气降水地表径流通过第四系覆盖层入渗进入岩体中的构造节理，通过裂隙网络通道运移。当石窟造像切割这些含水裂隙时，就会导致渗水或潮湿。

水害主要表现为窟龛或造像表面潮湿、沿裂隙滴挂，严重部位长有青苔和溶蚀风化。

21.7.2　岩壁及窟龛造像的风化破坏

1）裂隙切割与局部破坏

千佛崖石窟区除了影响范围较大的"羽列状"和共轭"X"型节理系外，还有大量因重力作用形成的卸荷裂隙、风化作用形成的风化裂隙和因温度应力作用形成的温度裂纹，所有这些裂隙的形成，加剧了对石刻造像的切割破坏，使得千佛崖岩体切割成菱形块状体或楔形体，加剧破坏了石刻造像的整体性、稳定性和观瞻性，损害了造像的文物价值，并为水、可溶盐等风化因素影响岩体内部提供了通道和接触面。

2）龛窟岩壁表层的风化

千佛崖所在岩体为中厚层层状砂岩体，崖壁表层岩体受温差应力、冻融作用胀缩力、可溶盐反复结晶作用力等作用，形成在一定厚度范围内（0.5~5 cm）的表层岩体粘结力减弱，与原岩体脱离，产生空臌、孔隙、孔穴。这种风化破坏现象在千佛崖石窟所在岩体表面比较多，也是风化破坏的主要类型。特别是在窟室之间的岩石上大量呈树枝状、网状裂缝，加剧风化破坏。

3）千佛崖石窟及造像的风蚀破坏

千佛崖处在嘉陵江风口上，风吹雨淋全作用在千佛崖壁上。而大多数龛窟进深浅，无遮护措施，风、雨水、阳光直接作用在石刻上，窟外侧及部分小龛窟的石刻造像遭受风化破坏的危害日趋严重，许多造像失去原有的风采甚至剥落殆尽。

21.7.3 龛窟檐的残损破坏

千佛崖上、中部的大多数龛窟进深浅，无遮护措施，长年累月的风、雨水、阳光的直接作用，使得龛窟外侧壁面、造像及部分龛窟檐遭受到较严重的风化破坏，目前龛窟檐的残损与破坏已成为影响龛窟造像安全保存比较突出的问题，其表现形式主要有：

（1）龛窟外侧壁面、造像在风蚀作用下，大部分呈粉末状、颗粒状剥落，造像几乎失去原有形象或剥落殆尽。这类风化破坏主要分布在崖壁中、上部的部分小龛或龛窟的迎风侧，风化破坏面积也比较广。

（2）龛窟檐、龛窟门楣的破损。因各种风化作用的影响，如水的影响导致窟檐石层的空臌，风化裂隙导致的岩体开裂、层状掉块等，使得窟檐破损残缺严重，进而导致龛窟内造像、彩绘等更易受雨水漂淋、太阳照射、风蚀和温湿度变化的影响。

21.7.4 生物病害

由于气候环境的特点，广元千佛崖的生物风化现象非常普遍，生物病害不仅覆盖了石刻造像表面的纹饰，而且对其本体的石材造成了生物侵蚀。特别是石刻的物理风化、化学风化与地衣引发的生物风化相互促进，加剧风化，使得石刻造像的安全保存大受影响。

1）低等藻类的破坏影响

经分类鉴定岩石表面大面积的黑色物质为低等藻类——蓝藻，蓝藻为一类光能自养型生物，原生质浓厚，胶被宽厚且坚硬，可防止藻体内水分过度蒸发，具有较强的生存适应性。蓝藻在岩石表面随着雨水流动的方向扩散，当环境干燥时生长相对缓慢，细胞处于收缩状态，以保持体内水分，颜色呈现灰色，当经历雨水冲刷，短时间内细胞即可吸水膨胀，代谢旺盛，呈现黑色，直接影响文物外观。同时，部分蓝藻可溶解岩石，形成钻孔，加速文物本体的风化。

2）地衣的破坏影响

地衣是真菌和藻类的共生体，真菌菌丝缠绕包围藻细胞，通过吸收水分和无机盐为藻细胞提供原料，藻细胞含有叶绿素，通过光合作用为共生体制造有机物。地衣具有非常强的生存适应性，可在干旱、低温环境下长期生存，但是生长速度十分缓慢，数年才能生长 1 cm。地衣可通过物理、化学及生物化学等多种方式影响石质文物基质，在文物表面着生初期，地衣菌丝可在文物基质缝隙中穿插生长，叶状体在微环境胁迫下胀缩对表层岩石造成机械性破坏，随着生长繁殖的进行，细胞代谢产生的可溶性有机酸，如草酸、柠檬酸和具有螯合能力的地衣化合物都可溶解基质岩石，同时，呼吸代谢产生的 CO_2 溶解在水分中产生碳酸，可明显降低微环境的 pH，加快了基质岩石的溶蚀过程。因此，地衣的生长繁殖不仅覆盖了石质文物表面的花纹、文字，大面积的溶蚀作用也可造成文物基质片状剥落。

3）苔藓的破坏影响

苔藓常伴随着藻类、地衣共生，其假根或紧贴岩面，或沿细小的岩石缝隙钻进浅表层，不断分泌酸性物质，使石质文物浅表层的矿物颗粒松散、脱落，同时，自身的残骸也堆积在岩石表面与矿物颗粒一起形成黑色新土，为其他高等植物创造了生存条件。

4）被子植物的破坏影响

石质文物所含养分不易直接被被子植物根系所吸收利用，因此在植物生长发育过程中，根系不断向生长介质中分泌质子（H^+）、无机离子（HCO_3^-，OH^-）、气态分子（CO_2，H_2）以及糖、氨基酸、有机酸等各种有机物，这些有机物通过改变根际的物理化学及生物学性质来加速风化，改变岩石的生物有效性，使养分呈离子状态释放出来，维持植物对养分的需求，这一过程扩大了文物基质已有裂隙，增加了岩体湿度，加速了石质文物的溶蚀进程。

地衣、藻类、苔藓和被子植物一起构成了一个石塔生物群落，该生物群落沿着裸露岩石→藻类、地衣→苔藓→草本植物→木本植物的方向发展。首先，藻类、地衣的溶蚀作用使岩石浅表层 0~2 cm 疏松，降低了岩石表面硬度，增强了保水性，同时，有机物得到富集，支持了苔藓、蕨类植物的发生。在适宜的条件下，继藻类、地衣之后，苔藓在岩石表面大量繁衍，苔藓的定居进一步提高了岩石的持水量，在它的生长过程中，假根常常粘结大量的黑色矿物颗粒形成新土，从而缓解了岩石表面的恶劣生境，随着生物循环过程的进行，岩石表面聚集了充足的营养元素，为高等植物种子的萌发、生长提供了物质基础。

这个生物群落的发生对石质文物本体造成了严重的破坏，蓝藻、地衣和苔藓在降雨后可使岩石表面保持一层水膜，在相对干旱时又可直接从空气中吸收水分，使得岩石持水量大为提高，并延长了水与岩石相互作用的时间，水分条件的改善，同时也刺激了生物新陈代谢活动，促进了生物酸的分泌并加速了岩

面与大气中 CO_2 的交换速率及交换量，生物酸与 CO_2 水化形成的碳酸可进一步侵蚀石质文物基质。随着被子植物的出现，岩体持水量进一步增加，溶蚀作用加剧，岩石裂隙增大。随着时间变化，表层岩石疏松剥离，新鲜暴露的岩石会继续遭受生物侵蚀，持续循环的生物侵蚀过程对石质文物造成不可逆的破坏作用。

21.8 病害治理工程设计

21.8.1 病害治理工程

病害治理工程包括：

（1）对潜在危岩体进行锚固；

（2）对窟室局部病害进行治理，防止继续损坏；

（3）对开放性裂缝进行充填固结；

（4）对岩体中软弱夹层进行加固；

（5）对岩面起壳部位进行固结处理；

（6）对文物本体裂缝进行加固；

（7）设置截排水装置，及时排渗疏干。

21.8.2 危岩体锚杆加固设计计算

表 21-1 为设计计算参数表。

表 21-1 设计计算参数表 ξ_2

序号	参数名称	符号	标准值	设计值	特征值
1	重度	γ	23.6 kN/m³	25 kN/m³	
2	摩擦系数	u	0.45		
3	荷载分项系数	γ_Q	1.3		
4	重要性系数	γ_0	1.1		
5	钢材与砂浆黏结强度工作条件系数	ξ_3			
6	钢材与砂强黏结强度设计值	f_b		0.6	
7	锚固体与地层黏结工作条件系数	ξ_2		2.1 MPa	
8	锚固体与地层黏结强度特征值	f_{rb}		1.0	200 kPa
9	钢材强度设计值	F_y			
10	砂浆强度			300 MPa	
11	钻孔直径	D		M25	
12	钻孔入射角			75 mm	

续表

序号	参数名称	符号	标准值	设计值	特征值
13	锚杆轴向拉力标准值	N_{ak}		22°	
14	锚杆轴向拉力设计值	N_a			
15	外倾优势结构面倾向	（°）			
16	不稳定岩块厚度	H			

假定条件：

（1）视岩块底部悬空，计算厚度 1.6 m；

（2）判定产状 330°～335°∠65°～68°的结构面（顺坡向）为外倾优势软弱的结构面；

（3）视岩块无侧向约束，不计结构面黏聚力，即 $c=0$；

（4）设计锚杆等腰三角形布置，间距@1.5 m；

（5）单根锚杆承担处理面积为 1.95 m²。

计算：

一根锚杆承担的加固面积内岩块重度 G：

$$G=0.866×1.5^2×1.6×24=74.82（kN）$$

单元岩块（1.95 m²）下滑分力：

$$F_h=74.88\cos22°=70（kN）$$

单元岩块抗滑力：

$$F_k=0.45×74.82=33.7（kN）$$

剩余下滑力：

$$F=70-33.7=36.3（kN）$$

设计所需锚杆轴心拉力标准值：

$$N_{ak}=28.05/0.45=62.33（kN）$$

锚杆轴心拉力设计值：

$$N_a = \gamma \cdot Q \cdot N_{ak}$$

式中　γ_Q——荷载分项系数，取 1.30。

代入得：

$$N_a≈82（kN）$$

设计锚杆截面积：

$$A_s = \frac{\gamma_0 \cdot N_a}{\xi_2 F_y}$$

式中 γ_0——重要性系数，取 1.10；

ξ_2——锚杆抗拉工作条件系数，永久性工程取 0.69；

F_y——锚杆钢材抗拉强度设计值，取 300 MPa。

代入得：

$$A_s = 4.35（\text{cm}^2）$$

相当于直径 $d=23.5$ mm，取整数 $d=25$ mm。

钢材与锚固砂浆固结长度：

$$L_a \geqslant \frac{\gamma_0 \cdot N_a}{\xi_3 \cdot \pi \cdot d \cdot f_b}$$

式中 ξ_3——钢材与砂浆黏结强度工作条件系数，永久性工程取 0.6；

f_b——钢材与砂浆黏结强度设计值，查表取 2.1 MPa。

代入得：

$$L_a \geqslant 0.92（\text{m}）$$

设计计算锚固体与地层的锚固长度 L_a（m）：

$$L_a \geqslant \frac{N_a \cdot k}{\xi_1 \cdot \pi \cdot d \cdot f_{rb}}$$

式中 ξ_1——锚固体与地层黏结工作条件系数，永久性工程取 1.0；

D——锚固体直径，取 0.075 m；

f_{rb}——地层与锚固体黏结强度特征值表查取 200 kPa。

代入得：

$$L_a \geqslant 1.35（\text{m}）$$

计算表明，设计采用 $\phi75$ 钻孔，22°入射角，$\phi25$ 不锈钢锚拉杆，M25 砂浆，锚固长度 > 1.35 m 是可靠的。

21.8.3 毁损窟檐植筋砂浆恢复表面做旧

图 21-1 是毁损窟檐植筋设计图。

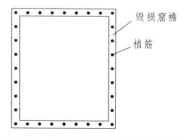

图 21-1 毁损窟檐植筋设计示意图

沿毁损窟檐中线植筋后，采用砂浆恢复，表面做旧。

图 21-2 是广元千佛崖石窟造像毁损窟檐植筋砂浆修补表面做旧修复前后对比照片。

（a）

（b）

（c）

（d）

（e）

（f）

（g）

（h）

（i）

（j）

（k）

（l）

（m）

（n）

（o）

（p）

（q）

（r）

（s）

图 21-2　广元千佛崖石窟造像毁损窟檐植筋砂浆修补表面做旧修复前后
对比照片（卜海军提供）

观测表明，采用植筋砂浆修补表面做旧毁损窟檐修复、屋檐式窟檐再造及局部修复窟檐凿槽引流后，坡面流水几无反流进入造像所在龛窟现象。但不可否认，毁损窟檐恢复，与崖壁协调效果不一，有待今后进一步改进。

21.8.4　传统屋檐式毁损窟檐再造

图 21-3 是采用屋檐在广元千佛崖所作的窟檐再造。

图 21-3　广元千佛崖牟尼阁龛窟屋檐式窟檐再造（卜海军提供）

21.8.5　现代遮雨棚试验

在广元千佛崖石窟及摩崖造像，本着试验的目的，根据方案专家评审确定的试验段，开展了遮雨棚工程施工，目前遮雨棚已施工完成（图 21-4），包括风速风向、环境温湿度变化等在内的各项观测试验正在有续进行。

广元千佛崖石窟及摩崖造像病害治理工程施工已完成竣工验收。

图 21-4　广元千佛崖石窟及摩崖造像遮雨试验棚（卜海军提供）

22　皇泽寺摩崖造像抢险加固工程勘察设计施工

22.1　地理位置

皇泽寺摩崖造像，位于四川省广元市利州区嘉陵江西岸乌龙山西麓，地理坐标为东经 105°47′40″、北纬 32°26′25″。皇泽寺是国内唯一的武则天祀庙，寺内现存造像 51 窟龛、大小造像 1203 尊。

22.2　气候气象水文特征、地形地貌、地质构造

同广元千佛崖石窟及摩崖造像。

22.3　地层岩性

皇泽寺摩崖造像所在乌龙山西麓出露的地层，由上而下依次为：

1）人工杂填土

主要分布在建筑物坐落的坡体上，由堆填土和泥岩、砂岩风化物混杂构成，含不同时期砖、瓦碎片，厚度一般为 2 ~ 5 m。

2）第四系残坡积层

一般由亚砂土、亚黏土和砂石组成，主要分布在陡崖坡顶地表及陡崖下缓坡地带，陡崖坡顶位置厚度为 1 ~ 3 m。

3）中侏罗统沙溪庙组

由灰色、灰紫色厚层至块状粗粒、中粒至细粒长石石英砂岩、长石砂岩和紫红色泥质粉砂岩、泥岩组成，岩层产状 173°∠9°，紫红色泥岩含大小一般为 3 ~ 5 cm 的次球状或姜状钙质结核。

4）中侏罗统千佛崖组

灰色、灰黄色巨厚层长石石英砂岩夹薄层泥岩、粉砂岩，岩层产状155°∠19°～24°。皇泽寺摩崖造像即分布在巨厚层长石石英砂岩夹薄层泥岩、粉砂岩形成的崖面上。

22.4　病害类型及其特征

受"5·12"汶川大地震影响，皇泽寺景区范围内出现多处巨厚层砂岩危岩崩塌、上覆强风化层和堆积土体滑塌、建筑物墙体开裂、围墙倒塌、建筑地基沉降等地质灾害。因此，抢险加固工程除开裂建筑物墙体补强、倒塌围墙恢复、沉降地基处理外，尚应包括危石清除，危岩体、崖顶及崖面可能滑塌堆积土体的加固，可能诱发危岩体失稳崩塌与崖顶及崖面堆积土体失稳滑塌的崖顶及崖面流水的治理。

22.4.1　危岩

1）北段崖体

北段崖体分布在广元府记碑廊至新建博物馆，崖体高10～15 m，顶部砂、泥岩不等厚韵律层强烈风化，下部厚层块状砂岩因爆破采石扰动裂隙密集且纵横交错，崖面岩体极其破碎。

2）新建博物馆南侧崖体

新建博物馆南侧崖体，是"5·12"汶川大地震期间崩塌最为严重的位置。崖体位于东西走向崖面与北西—南东走向崖面的转折处，崖高20 m，近直立，受平行于崖面的卸荷裂隙、垂直于崖面的构造裂隙与岩层面的切割，临崖面位置厚层块状砂岩成为大小不一的块体或楔形体，其崩塌将危及下部文物建筑。

3）南段崖体

南段崖体分布在南端文物库房至广元府记碑廊，崖体高30～40 m，受2组垂直于崖面的竖直构造裂隙和平行于崖面的卸荷裂隙切割，巨厚层块状砂岩在崖面上呈贴块状危岩。

22.4.2　崖顶部强烈风化泥岩和第四系松散堆积土体滑塌

1）南段与八一水厂交界处、文物库房及景区办公区后方崖顶强烈风化泥岩

南段与八一水厂交界处、文物库房及景区办公区后方崖面近直立，崖面下部厚层砂岩较完整，但受平行于崖面的卸荷裂隙切割，形成独立的危岩体；中上部紫红色泥岩风化强烈，在"5·12"汶川大地震期间已发生滑塌，在崖面下部形成一高6～7 m的堆积体。

2）北段新建博物馆后崖顶第四系残坡积层

北段新建博物馆后崖顶第四系残坡积层，具明显滑塌迹象。

3）吕祖阁与大佛楼后崖顶第四系残坡积层

在吕祖阁与大佛楼后崖顶第四系残坡积层表面，发育两条较大冲沟，冲沟底裸露手捏即碎的黄色薄层细砂岩，冲沟两侧见明显张拉裂缝，裂缝可见长度5~6 m、宽度 3 cm，裂缝上方 1~2 m 处坡面为一高 0.5 m、延长超过 10 m 的陡坎。

22.4.3　降雨形成的崖顶及崖面水流

降雨形成的崖顶及崖面水流，尽管不直接构成对摩崖造像及景区建构筑物的破坏，但因景区排水设施年久失修失去排水作用，降雨形成的崖顶及崖面水流，或下渗进入崖顶第四系残坡积层，或进入沿崖面分布切割岩体形成危岩体的节理裂隙中，诱发崖顶第四系残坡积层的滑塌和崖面危岩体的失稳破坏。

22.5　滑塌体及危岩体稳定性计算

22.5.1　滑塌体稳定性计算

滑塌体稳定性计算，根据国标《建筑边坡工程技术规范》（GB 50330—2002）和《岩土工程勘察规范》（GB 50021—2001）中滑坡稳定系数计算方法，采用折线传递系数法计算公式进行。

$$F_{s} = \frac{\sum_{i=1}^{n-1}\left(R_i \prod_{j=i}^{n-1} \psi_i\right) + R_n}{\sum_{i=1}^{n-1}\left(T_i \prod_{j=i}^{n-1} \psi_i\right) + T_n}$$

式中　　　$\Psi_i = \cos(\theta_i - \theta_{i+1}) - \sin(\theta_i - \theta_{i+1})\tan\Phi_{i+1}$

$\quad\quad\quad R_i = N_i\tan\Phi_i + C_iL_i$

$\quad F_s$——稳定系数

$\quad \theta_i$——第 i 块段滑动面与水平面间的夹角（°）；

$\quad R_i$——作用于第 i 块段的抗滑力（kN/m）；

$\quad N_i$——第 i 块段滑动面上的法向分力（kN/m）；

$\quad \Phi_i$——第 i 块段滑带土的内摩擦角（°）；

$\quad C_i$——第 i 块段滑带土的黏聚力（kPa）；

$\quad L_i$——第 i 块段滑动面的长度（m）；

$\quad T_i$——作用于第 i 块段滑面上的滑动分力（kN/m）；

$\varPsi_i$——第 i 块段的剩余下滑力传递到 $i+1$ 块段时的传递系数；

R_n——作用于第 n 块段抗滑力（kN/m）；

T_n——作用于第 n 块段滑面上的滑动分力（kN/m）。

计算时取滑体单位宽度 1 m、地震烈度Ⅶ，按天然、降雨和地震分别计算。

22.5.2　危岩体稳定性计算

1）单面滑移式崩塌

图 21-1 是单面滑移式崩塌危岩体稳定性计算模型。

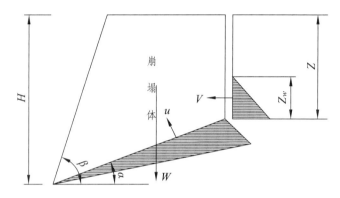

图 22-1　单面滑移式崩塌危岩体稳定性计算模型

危岩体稳定性系数：

$$K = \frac{(W \cdot \cos\alpha - u - V \cdot \sin\alpha)\tan\varphi + cL}{W \cdot \sin\alpha + V \cdot \cos\alpha + W \cdot n \cdot \cos\alpha}$$

式中　u——滑动面上裂隙水产生的浮压力：

$$u = \frac{1}{2}\gamma_w Z_w (H - Z)\csc\alpha$$

W——滑动危岩体重量：

$$W = \frac{1}{2}\gamma H^2 (\cot\alpha - \cot\beta) - \frac{1}{2}\gamma Z^2 \cot\alpha$$

V——垂直裂隙中的静水压力：

$$V = \frac{1}{2}r_w \cdot Z_w^2$$

φ——滑动面的摩擦角；

c——滑动面的黏聚力；

β——滑动岩体倾角；

α——滑动岩体倾角；

n——水平地震系数；

L——滑动面长度；

H——危岩体临空侧顶、底点间高程差；

Z——危岩体背侧顶、底点间高程差；

r——危岩体容重。

2）双面滑移式崩塌

图 22-2 为双面滑移式崩塌危岩体稳定性计算模型。

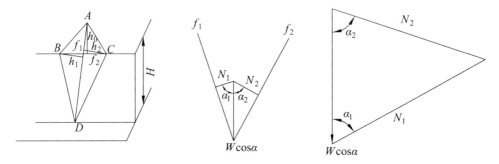

图 22-2 双面滑移式崩塌危岩体稳定性计算模型

危岩体稳定性系数：

$$K = \frac{\gamma H \cdot \overline{AC} \cdot h_0 \cos\alpha(\sin\alpha_2 \cdot \tan\varphi_1 + \sin\alpha_1 \cdot \tan\varphi_2) + 3l(c_1 h_1 + c_2 h_2) \cdot \sin(\alpha_1 + \alpha_2)}{\gamma H \cdot \overline{AC} \cdot h_0 \cdot \sin\alpha \cdot \sin(\alpha_1 + \alpha_2)}$$

式中　φ_1、φ_2——分别为两个滑面的摩擦角；

c_1、c_2——分别为两个滑面的黏聚力；

α_1、α_2——分别为两个滑面的倾角；

α——两个滑面交线的倾角；

l——两个滑面交线的长度。

其他符号意义同前。

3）倾倒式崩塌

图 22-3 为倾倒式崩塌危岩体稳定性计算模型。

危岩体稳定性系数：

$$K = \frac{Wa}{f\dfrac{h_0}{3} + P\dfrac{h}{2}} = \frac{6aW}{h^3 + 3nhW}$$

式中　f——静水压力，$f = \frac{1}{2}\gamma_水 \cdot h^2$；

$\gamma_水$——水的密度；

h——危岩体高度；

P——地震力，$P = W \cdot n$；

W——危岩体重量；

a——转点（A）至危岩体重力延长线的垂直距离。

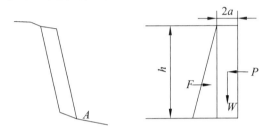

图 22-3　倾倒式崩塌危岩体稳定性计算模型

表 22-1 为三处危岩体稳定性计算结果。

表 22-1　三处危岩体稳定性计算结果

危岩体	危岩体类型	稳定性系数			
		自然状态	暴雨状态	地震状态	暴雨+地震
文物库房及办公区	滑移崩塌	1.00	0.98	0.95	0.88
摩崖造像区	倾倒崩塌	1.00	0.98	0.92	0.75
博物馆区	倾倒崩塌	0.99	0.96	0.93	0.89

22.6　加固工程设计及施工

22.6.1　滑塌体推力计算

滑塌体推力采用滑坡推力计算公式计算，第 i 块滑体的剩余下滑力：

$$E_i = E_{i-1}\psi_{i-1} + K_t T_i - R_i$$

式中　E_i、E_{i-1}——第 i 块和第 $i-1$ 块滑体的剩余下滑力；

K_t——滑塌推力安全系数；

Ψ_{i-1}——传递系数，同前；

T_i——作用于第 i 块滑面上的滑动分力；

R_i——作用于第 i 块滑面上的抗滑力。

文物库房及办公区滑移崩塌体 2—2′、3—3′和 4—4′断面推力计算结果如表 22-2 示。

表 22-2　文物库房及办公区滑移崩塌典型断面力计算结果

断面编号	自然状态		暴雨状态		地震状态	
	安全系数	推力（kN）	安全系数	推力（kN）	安全系数	推力（kN）
2—2′	1.5	230	1.3	280	1.2	390
3—3′	1.5	210	1.3	275	1.2	370
4—4′	1.5	240	1.3	350	1.2	410

22.6.2　危岩体所需锚固力计算

危岩体所需锚固力按下式计算。

$$T_1 = \frac{G_1(\sin\beta \cdot F_s - \cos\beta\tan\varphi) + (E_{hs} + U) \cdot (\cos\beta \cdot K + \sin\beta\tan\varphi) - cA}{F_s \cdot \cos(\beta+\delta) + \sin(\beta+\delta)\tan\varphi}$$

式中　β——滑动面倾角；

　　　F_s——块体加固安全系数，取 1.5～2.0；

　　　K——危岩体稳定性系数；

　　　c——滑动面黏聚力，取 0.1～0.15 MPa；

　　　φ——滑动面内摩擦角，取 10°～20°；

　　　E_{hs}——块体的水平地震力（按地震烈度Ⅶ度设计）；

　　　G_i——危岩体块体重力；

　　　δ——锚杆与水平面间夹角；

　　　A——滑动面长度；

　　　U——静水压力。

表 22-3 为两个危岩体加固所需锚固力计算结果。

表 22-3　摩崖造像区和博物馆区危岩体加固所需锚固力计算结果

危岩体	地震状态下危岩体加固所需锚固力（kN/m）
摩崖造像区	900
博物馆区	500

22.6.3　设计

1）文物库房及办公区滑移崩塌体加固

（1）内崁式预应力锚索框架。

沿吕祖阁右侧围墙至八一水厂冲沟崖顶，设 1 排内嵌式预应力锚索框架。

框架依地形分Ⅰ和Ⅱ型两种。Ⅰ型框架由 2 根竖梁和 3 根横梁组成，每根竖梁自上而下设置长度为 20 m、18 m 和 18 m 的 3 孔预应力锚索；Ⅱ型框架由 2 根竖梁和 2 根横梁组成，每根竖梁自上而下设置 2 孔 18 m 长预应力锚索。框架为 C25 钢筋混凝土，横、竖梁截面尺寸均为 0.4 m×0.5 m，Ⅰ型框架竖梁间距为 3.0 m，Ⅱ型框架竖梁间距为 2.5 m。

锚孔孔径 110 mm，倾角 0°～10°，锚固段长度 8 m，每孔锚索设计荷载 320 kN，锁定荷载 240 kN；预应力锚索由 4 根 ϕ^s15.24 高强低松弛的 1 860 MPa 级钢绞线制作而成；锚固体采用水灰比为 0.40～0.45 的 1∶1 水泥砂浆灌注，强度低于 30 MPa。

（2）预应力锚索。

在 6—6′和 1—1′断面位置危岩体，各设 2 排长度均为 18 m 的与抗剪锚杆交错布置的预应力锚索，锚索水平间距 3.0 m，垂向间距 2.5 m。

锚孔孔径、倾角、锚固段长度、设计荷载、锁定荷载、锚索构成和锚固体材料同内嵌式预应力锚索框架，锚垫板采用厚度为 18 mm 的长、宽均为 250 mm 的正方形钢板。

（3）ϕ90 砂浆锚杆。

文物库房及办公区滑移崩塌体内嵌式预应力锚索框架下方危岩体，设置 1 排长度为 9.0 m 的 ϕ90 砂浆锚杆。锚水平间距 3.0 m。

锚杆采用 HRB335Φ25 钢筋，锚垫板采用厚度为 14 mm 的长、宽均为 150 mm 的正方形钢板，锚固采用水灰比为 0.40～0.45 的 1∶1 水泥砂浆灌注，强度不低于 30 MPa。

（4）ϕ110 抗剪锚杆。

在 2—2′、3—3′、4—4′和 5—5′断面位置危岩体，设置 4 排长度为 9.0 m 的 ϕ110 抗剪锚杆。锚杆水平间距 3.0 m，垂向间距 2.5 m（与预应力锚索交错布置）。

在 6—6′断面位置危岩体，设置 4 排长度为 12.0 m 的 ϕ110 抗剪锚杆。锚杆水平间距 3.0 m，垂向间距 2.5 m（与预应力锚索交错布置）。

抗剪锚杆材质、锚固材料同 ϕ90 砂浆锚杆，锚垫板采用厚度为 14 mm、长宽均为 200 mm 的钢板。

（5）ϕ45 砂浆锚杆。

ϕ45 砂浆锚杆长 4.0 m，锚孔直径 45 mm，对小块危岩体进行加固。孔位待崖面清理后小块危岩体分布实际情况确定。

ϕ45 砂浆锚杆的锚杆采用 HRB335Φ16 钢筋，锚固体材料同 ϕ90 砂浆锚杆。

（6）裂隙封堵及灌浆。

加固工程区域内崖体裂隙均采用水灰比为 0.40～0.45 的 1∶1 水泥砂浆灌注，强度不低于 30 MPa。

2）摩崖造像区危岩体加固

（1）内嵌式预应力锚索框架。

在吕祖阁顶部崖顶，设 1 排Ⅱ型内嵌式预应力锚索框架。

Ⅱ型内嵌式预应力锚索框架同文物库房及办公区滑移崩塌体加固。

（2）预应力锚索。

在吕祖阁崖面，设 6 排长度均为 18 m 的与锚杆交错布置的预应力锚索。

在五佛亭顶部崖面，设 6 排长度均为 18 m 的与锚杆交错布置的预应力锚索。

锚索水平间距、垂向间距均为 3.0 m。

锚孔孔径、倾角、锚固段长度、设计荷载、锁定荷载、锚索构成和锚固体材料同内嵌式预应力锚索框架，锚垫板采用厚度为 18 mm 的长、宽均为 250 mm 的正方形钢板。

（3）ϕ90 砂浆锚杆。

在吕祖阁崖面，设置 6 排长度为 9.0 m 的 ϕ90 砂浆锚杆（与预应力锚索交错布置）。锚水平间距和垂向间距均为 2.5 m。

锚杆材质、锚垫板、锚固材料同文物库房及办公区滑移崩塌体加固。

（4）ϕ45 砂浆锚杆。

ϕ45 砂浆锚杆长 4.0 m，锚孔直径 45 mm，对小块危岩体进行加固。孔位待崖面清理后小块危岩体分布实际情况确定。

ϕ45 砂浆锚杆的锚杆材质、锚固体材料同文物库房及办公区滑移崩塌体加固。

（5）裂隙封堵及灌浆。

加固工程区域内崖体裂隙均采用水灰比为 0.40～0.45 的 1∶1 水泥砂浆灌注，强度不低于 30 MPa。

3）博物馆区危岩体加固

（1）预应力锚索。

在 19—19′、20—20′、21—21′和 22—22′断面位置危岩体，设 4 排长度均为 18 m 的与锚杆交错布置的预应力锚索，锚索水平及垂向间距均为 3.0 m。

锚孔孔径、倾角、锚固段长度、设计荷载、锁定荷载、锚索构成和锚固体材料同文物库房及办公区滑移崩塌体加固。

（2）ϕ90 砂浆锚杆。

在 19—19′、20—20′、21—21′和 22—22′断面位置崖顶和坡脚，各设置 1

排长度为 9.0 m 的 ϕ90 砂浆锚杆。锚水平间距 3.0 m。

锚杆材质、锚垫板、锚固材料同文物库房及办公区滑移崩塌体加固。

（3）ϕ110 抗剪锚杆。

在 9—19′、20—20′、21—21′ 和 22—22′ 断面位置崖面，设置 4 排长度为 9.0 m 的 ϕ110 抗剪锚杆。锚杆水平间距和垂向间距 3.0 m（与预应力锚索交错布置）。

抗剪锚杆材质、锚垫板及锚固体材料同文物库房及办公区滑移崩塌体加固。

（4）ϕ45 砂浆锚杆。

ϕ45 砂浆锚杆长 4.0 m，锚孔直径 45 mm，对小块危岩体进行加固。孔位待崖面清理后小块危岩体分布实际情况确定。

ϕ45 砂浆锚杆的锚杆材质、锚固体材料同文物库房及办公区滑移崩塌体加固。

（5）裂隙封堵及灌浆。

加固工程区域内崖体裂隙均采用水灰比为 0.40～0.45 的 1∶1 水泥砂浆灌注，强度不低于 30 MPa。

4）拦石墙

在摩崖造像区大佛楼至五佛亭间上方崖顶，沿土石分界线依地形设置一厚度为 30 cm 的最大高度不大于 1.0 m 的拦石墙。

拦石墙采用 C25 钢筋混凝土现浇，主筋（交错布置，间距 25 cm）锚固在岩石中，锚固深度不小于 1.0 m。

5）截排水沟

修复景区崖顶截排水沟。

截排水沟分 4 种型号，依地形布置，采用 M10 浆砌片石砌筑。

22.6.4　施工

皇泽寺摩崖造像抢险加固工程已按设计施工完成并通过竣工验收，至今已近 6 年。

23　巴中北龛、西龛石窟危岩体抢险加固工程设计施工

23.1　北龛、西龛摩崖造像概况

北龛摩崖造像位于巴中市北龛寺小区（玉堂乡北龛村），造像分布在长约 160 m、高约 24 m 的绝壁之上，横向排列，栉比相连，错落有致。

西龛摩崖造像位于四川省巴中市巴州镇凤谷山西龛村，处于巴中市西北侧郊区，距离城区 1～2 km，交通较方便。由佛爷湾、龙日寺、流杯池三处摩崖造

像组成。有造像 91 龛窟 2 121 尊。

23.2　气候条件

巴中属亚热带湿润季风气候类型。春旱、夏热、秋凉、冬暖，四季分明。无霜期长，光照适宜，雨量充沛，气候温和，秋季多雨，冬季多雾，霜雪较少，降水时空分布差异较大，常有夏伏旱、秋霜雨及风、雹等灾害性天气发生。有时形成暴雨，引发山洪，形成洪灾。

区内多年平均降水量为 1 119.8 mm，1983 年最多为 1 845.2 mm，最少为 751.00 mm。总趋势夏秋多，冬春少，最大日降雨量为 263.8 mm。年均蒸发量为 1 120.7 mm，8—10 月份降水量大于蒸发量，其他月份降水量小于蒸发量。极端最高气温 40.3 ℃，极端最低气温-5.3 ℃，年平均气温 17.1 ℃。全年无霜期 291 天。多年相对湿度为 80%左右。历史上 24 h 最大降雨 250 mm 左右，最大 10 min 降雨约 35 mm。每年 6—9 月为全年降雨高峰期，多夜雨，占全年降雨量的 70%以上，7—8 月为暴雨多发期，年降暴雨 5 ~ 8 次。

23.3　工程地质水文地质

23.3.1　地形地貌

抢险加固工程场地位于四川盆地东部边缘——米仓山—大巴山南麓边缘地带，属中等切割低山及箱形谷区。槽谷方山（桌状山），地形谷稀顶宽，当山顶为砂岩时，山顶平展，周围切割成陡壁，形似桌状，由于砂、泥岩层层叠置，软硬相间，有形成 1 ~ 3 级明显的崩塌陡崖台阶，典型的地形就是陡坎（砂岩）与斜坡或者平台（泥岩）交替出现。

23.3.2　地层岩性

造像区主要出露地层包括：

（1）第四系残坡积层（Q_4^{dl+el}）：由褐黄色粉质黏土、块石和碎石组成。

（2）第四系崩坡积层（Q_4^{dl+col}）：浅紫红色、灰褐色黏土夹碎石，碎石主要为中—强风化的厚层块状砂岩、泥岩，碎块石含量 25% ~ 55%不等。

（3）白垩系下统白龙组（K_{1b}）：灰褐色—灰白色厚层长石石英砂岩夹紫红色薄层状泥质粉砂岩或粉砂质泥岩，细粒结构，钙质胶结。岩层产状 260°∠1° ~ 3°。

23.3.3　地质构造

巴中市境属川北凹陷带。测区西北为龙门山 NE 向褶皱带、北部是米仓山 EW 向褶皱带，东北与大巴山 NW 向褶皱带相接，东南部邻华蓥山 NE 向褶皱带，南西是川中 NWW 向褶皱带。测区基本上在这些构造之中，被这些构造包围、控制和影响，越近中心，构造力越微弱，构造形态平缓，在市外的仪陇县的悦来场形成一个构造应力作用微弱的比较平静的中心。围绕这个中心，构造呈环状排列，为一系列平缓弧形褶曲，这些褶皱形成莲花状，其裂面多以扭性为主。该区无新构造活动和新近地震活动。摩崖造像区处于巴中—仪陇莲花构造带内巴中向斜南翼近轴部，区内地质构造相对简单，为单斜地层，未见区域大断层，受区域构造影响，可见少量小型褶皱和褶曲，但其影响范围一般不超过 20 m。

北龛、西龛造像区内新构造运动主要表现为缓慢的升降运动，地貌上表现为中等切割的峡谷和河谷地貌，阶地普遍不发育，仅局部河谷发育二级以上阶地，山顶则为夷平面。在稳定性方面则表现为区域地质构造稳定性较好。

场地受巴中向斜控制，处于该向斜西端的南翼。巴中向斜位于巴州镇、石门、清江一带，构造线方向 90°～95°，轴部平缓，岩层倾角 1°～2°，北翼大于南翼，东端缓缓抬起消失于清江渡，西端在巴河北侧望王山翘起，其轴部为白垩系地层出露。该段道路场地内无褶皱、断层发育，但裂隙普遍较发育，并以构造裂隙和岩体卸荷裂隙为主。

23.3.4　水文地质概况

根据已有地勘报告资料显示，地下水类型主要为第四系松散堆积物孔隙潜水和基岩裂隙水。基岩上部风化、构造裂隙很发育，含浅层裂隙潜水。下部岩体趋于完整，呈隔水特征。松散堆积物孔隙潜水下渗补给基岩裂隙水。根据现场试验结论，粉质黏土渗透系数是 0.05～0.12 cm/s，属于中等透水地层。根据水质分析显示摩崖造像区地下水类型为 HCO_3^--SO_4^{2+}-$Ca^{2+}Mg^{2+}$ 型淡水，对混凝土结构及混凝土结构中钢筋具微腐蚀性，对钢结构具弱腐蚀性。根据造像区岩石孔隙性和渗透性试验结果可知，造像立壁的岩石孔隙性不好，渗透性系数极低。不论在砂岩或泥岩中，其容水度虽然为 8%～14%，但其持水度均大于 13%，而给水度均小于 0.05%。因此，从岩石孔隙性和渗透性看，造像立壁岩石为非含水的具极低渗透性的岩石类型。

综上所述，巴州区含（隔）水层组较单一，但成分、厚度及孔隙、裂隙发育程度差异大。地下水补给源较单一，储量随季节和降水动态变化大，水质良好，水文地质条件较简单。

23.4　地震及区域稳定性

巴州区位于中国南北地震带南东部边缘，该地震带地震活动频繁，具有"频率高，强度低"等特点。查阅相关地震文献，从公元 150 年（即张衡发明地动仪，可以记录地震活动）以来，有文字记载的 4 级以上地震数十次，但不具备发生 4 级及以上地震的地质构造条件。综上所述，巴州区不具备发生 4 级及以上地震的地质构造条件，但西侧龙门山构造带地震活动较频繁，但强度低，地震活动具有一定的破坏性，为地震多发区域，属于区域构造次稳定区。根据《中国地震烈度区划图》（1∶400 万；2001 年）、《中国地震动参数区划图》（GB 18306—2001，1∶400 万）和《建筑抗震设计规范》（GB 50011—2001），区内地震基本烈度为Ⅵ度，地震峰动加速度值为 0.05g，地震动反应谱特征周期为 0.35 s，设计地震分组为第一组。场地属于可以进行建设的一般场地。

23.5　北龛、西龛工程地质水文地质条件

23.5.1　北龛

1. 地形地貌

北龛寺坐北朝南，地貌为坡地台阶地貌，地势总体上北高南低，由北向南为平台（斜坡）—陡崖—平台（斜坡），切割中等，斜坡发育。斜坡类型为构造剥蚀和风化剥蚀型。北龛摩崖造像位于中部近直立砂岩陡崖上，造像陡崖高约 20～28 m，长约 160 m，整体走向近东西向，为典型的崩塌陡崖。通过野外调查表明，造像崖壁前缘斜坡场地为东西方向的台阶地貌，东西方向总长约 300 m，南北方向总宽约 100 m，南北方向呈多级台阶，台阶高度 2～5 m，宽度 5～20 m，为耕地和林地。

2. 地层岩性

（1）第四系残坡积层（Q_4^{dl+el}）。

由褐黄色粉质黏土和块石、碎石组成。最大厚度 8.6 m，位于造像崖体北侧、南侧缓坡耕地，其中粉质黏土呈可塑状，含量 85% 左右，块石、碎石主要为泥岩砂岩，含量 15% 左右，粒径 1～5 cm。

（2）白垩系下统白龙组（K_{1b}）。

灰褐色—灰白色厚层砂岩夹薄层紫红色泥岩，岩层产状 260°∠3°，局部表层风化严重，最大厚度 3.7 m。以下为中风化层，裂隙不发育，岩体较完整。

长石石英砂岩在地表临空面多形成近直立陡崖，临空面裂隙发育。

3. 节理裂隙

造像崖体崖面产状 305°～315°∠80°～85°，岩体中主要发育产状为 300°～318°∠70°～90°平行于造像所在崖面的卸荷裂隙（张开，充填粉质黏土及角砾，

间距 0.5 ~ 4 m，延伸较好）、产状为 110° ~ 130°∠36° ~ 90°的斜交崖面的卸荷裂隙（张开，充填少量黏土，发育不规律）、产状为 290° ~ 295°∠65° ~ 86°的斜交崖面的构造裂隙（张开，充填黏土及角砾，间距 2 ~ 2.5 m，延伸好）、产状为 350° ~ 360°∠80° ~ 85°的构造裂隙（张开或微张开，充填黏土或无充填物，间距 15 ~ 30 m）和产状为 115° ~ 130°∠85° ~ 90°构造裂隙。

北龛摩崖造像崖壁整体稳定性较好，一般不会产生大规模的岩体滑移，但平行于造像所在崖面的卸荷裂隙与崖壁产状相近，且最发育，危害也最大，在其他几组裂隙与微顺倾层理面的共同切割作用下，将造像岩体部分表层剥落，易形成板状、楔形体危岩，产生倾倒式崩塌破坏或崩落。

4. 水文条件

第四系残坡积层为透水层组，该层组第四系粉质黏土夹碎石、块石大部分孔隙发育，一方面与下伏强风化泥岩、砂岩裂隙含水层组接触，另一方面其含水量受地形影响较大。泥岩、砂岩上部风化、构造裂隙很发育，含浅层裂隙潜水。下部岩体趋于完整，呈隔水特征。

地下水类型主要为第四系松散堆积物孔隙潜水和基岩裂隙水。北龛寺区内上部第四系残坡积层及强—全风化泥岩、砂岩，结构较松散，孔隙度较大，渗透性好，在场地内大致为由北向南流动。大气降水能快速向下渗流，直接补给松散堆积物孔隙水。基岩裂隙水水位差较大，沿张裂隙下渗至风化或岩层界面，由高处向低处流动，松散堆积物孔隙潜水下渗补给基岩裂隙水。

场地内北龛寺正殿西侧有泉出露，流量约 0.1 ~ 0.2 m³/d，出露于砂岩陡崖与下伏泥岩接触面的裂隙中。测区地下水类型为 HCO_3^--SO_4^{2-}-Ca^{2+}·Mg^{2+} 型淡水，对混凝土结构及混凝土结构中钢筋微腐蚀性，对钢结构具弱腐蚀性。

23.5.2　西龛

1. 地形地貌

西龛由佛爷湾、龙日寺、流杯池三处摩崖造像组成。龙日寺造像分布于长约 80 m，高约 18 m 的砂岩立壁上，立壁面走向近南北向，小地貌为坡地崩塌性陡崖地貌，地势总体上西高东低，南北方向为崩塌性平台，由西向东为平台（斜坡）—陡崖—平台（斜坡），中部的砂岩质陡崖即为西龛山龙日寺摩崖造像所在处。

龙日寺摩崖造像西侧为自然斜坡，坡度约 30°，上部坡顶逐渐平缓，形成较大的汇水区域，北侧为陡缓相间的构造剥蚀和风化剥蚀型崩塌性地貌。斜坡整体坡度差异较小，大部分为 18° ~ 25°，属于缓—中坡；少量大于 25°，为陡坡。局部微地貌呈陡坎状，陡坎高 2.0 ~ 15.0 m。

佛爷湾造像分布于长 140 m、高约 15 m 的砂岩陡崖上，陡崖近直立，整体走向 NW25°~NW35°，小地貌为坡地崩塌性陡崖地貌，地势总体上东侧低，北、西、南三面地势相对高，由西向东为平台（斜坡）—陡坎—平台（斜坡），中部的砂岩陡崖即为西龛山佛爷湾摩崖造像所在处。

佛爷湾造像崖壁西侧顶部为宽缓的自然斜坡，坡度 5°~10°，汇水面积大。其东侧为相对平缓的台阶状耕地，呈台阶状分布，局部微地貌呈陡坎状，陡坎高 2.0~10.0 m。

流杯池造像分布于长约 30 m、高约 15 m 的砂岩陡崖上，小地貌为坡地崩塌性陡崖台阶状地貌，地势总体上东侧低，西侧地势相对高，南北方向为平台，南北方向相对高差较小，由西向东为平台（斜坡）—陡崖—平台（斜坡），中部的砂岩陡崖即为西龛山流杯池摩崖造像所在处。

流杯池斜坡发育，斜坡类型为构造剥蚀和风化剥蚀型，大部分属于中坡—陡坡，少量为缓坡。

2. 地层岩性

西龛所属龙日寺、佛爷湾、流杯池三处，主要出露地层为第四系残坡积层（Q_4^{dl+el}）、第四系崩坡积层（Q_4^{dl+col}）和白垩系下统白龙组（K_{1b}）。

白垩系下统白龙组（K_{1b}）地层岩石与北龛相同，摩崖造像均分布在巨厚层细粒砂岩陡崖上。造像所在崖体顶部自然缓坡以第四系残坡积层（Q_4^{dl+el}）粉质黏土夹碎石为主，堆积层相对较薄，厚 0.5~2.0 m；陡崖前缘下方自然斜坡以第四系崩坡积层（Q_4^{dl+col}）粉质黏土夹碎块石及残坡积粉质黏土夹碎石，堆积层相对较厚，厚 2.0~8.0 m。

西龛佛爷湾、流杯池陡崖顶部堆积层粉质黏土厚约 2 m，在突发暴雨暴雨下饱水局部易于发生溜坍。

3. 节理裂隙

西龛龙日寺造像崖体崖面产状 75°~80°∠85°，岩体中主要发育产状为 70°~75°∠80°~90° 的平行崖面的卸荷裂隙（张开，充填粉质黏土及角砾，间距 0.5~4 m，延伸较好）、产状为 30°~35°∠80°~85° 斜交崖面的卸荷裂隙（张开，充填少量黏土，发育不规律）、产状为 10°~15°∠75°~86° 的斜交崖面的构造裂隙（张开，充填黏土及角砾，间距 20~25 m）和产状为 345°~360°∠75°~90° 的构造裂隙（张开或微张开，充填黏土或无充填物，间距 12~20 m）。

龙日寺摩崖造像，平行崖面的卸荷裂隙最发育，危害也最大，在其他几组裂隙与顺倾近水平层理面共同切割作用下，将造像岩体部分表层板状、壳状剥落，易形成长板状、薄壳状、楔形体状危岩体、危石，部分卸荷裂隙直接切割造像文物本体。垂直崖面的裂隙局部被改造成从坡顶而下的排水暗槽；平行陡崖的裂隙在重力作用下卸荷张开，将洞窟切割，在临空悬臂处产生坠落式崩塌。

西龛佛爷湾造像崖体崖面产状 60°～70°∠85°，岩体中主要发育产状为 60°～80°∠83°～85°的平行崖面的卸荷裂隙（张开，充填粉质黏土及角砾，间距 0.5～2.5 m，延伸较好）、产状为 290°～300°∠80°～90°构造裂隙（张开，充填黏土，间距 25～30 m，延伸好）和产状为走向为 50°～60°的直立构造裂隙。

西龛佛爷湾摩崖造像，平行崖面的卸荷裂隙最发育，危害也最大，在其他几组裂隙与顺倾近水平层理面共同切割作用下，将造像岩体部分表层板状、壳状剥落，易形成长板状危岩体、危石。易产生长板状、长柱状危岩体倾倒式变形。崖底砂泥岩接触面上出露大量泉水，差异风化、水蚀严重，易形成凹腔（槽）。

西龛流杯池造像崖体崖面产状为 60°∠85°，岩体中主要发育产状为 300°～310°∠83°～85°的平行崖面的卸荷裂隙（张开，充填粉质黏土及角砾，间距 1.0～3 m，延伸较好）和产状为 120°～150°∠70°～90°的构造裂隙（张开，充填黏土，间距 25～30 m，延伸好）。

西龛流杯池摩崖造像，平行崖面的卸荷裂隙最发育，危害也最大，将造像岩体部分表层剥落，在风化作用等共同作用下，崖体被切割形成块状、楔形体状危岩，可能产生坠落式崩塌。

4. 水文条件

西龛龙日寺陡崖顶部为自然斜坡，上部坡度逐渐由陡变缓，地表为残坡积粉质黏土，有一定的汇水面积，约 6000 m²。在场地内没有基岩裂隙水迹象。因坡体上部没有截排水设施，在雨季，特别是暴雨时节，坡体上汇聚的大量雨水沿坡面流至造像的窟檐部位，顺着接触缝和崖体裂隙漫流，加剧了崖体的危岩体变形及造像风化。

西龛佛爷湾在 26 龛坡脚处泉出露，泉旁边有一水池；在 44～45 龛坡脚处有泉出露；造像崖壁上出露多处小泉点，泉水顺边坡流下，对造像保护不利。

由于砂岩相对含水及裂隙的存在，泥岩相对隔水，基岩裂隙水在砂泥岩接触面上出露，由于砂、泥岩接触面下泥岩抗风化能力差，在水作用和长期风化作用下，沿砂、泥岩接触界面形成局部"软弱基座"；但由于崖体整体完整性较好，基座底部基本无临空面，整个崖体稳定。

佛爷湾造像顶部斜坡平缓，汇水面积巨大，约上百亩，边坡顶部有简单排水设施，但无法满足大面积汇水后的洪流排泄，导致洪流到造像陡崖部位冲刷软化堆积层黏土而滑塌，大量洪水同时也冲刷和污染了造像。

西龛流杯池场地全部为林地，植被茂盛，地表水体不发育，仅雨季有地表水由西向东排泄，地表水从造像崖壁顶顺坡漫流而下，直接冲蚀造像。

23.6 造像区的危岩体特征及成因分析

23.6.1 危岩体特征

1. 北龛

北龛造像区所在山脊整体呈近东西走向，全部造像龛窟分布在坐北朝南的陡崖上，崖体发育的平行于崖面的陡倾卸荷裂隙、与崖面斜交的陡倾卸荷裂隙、两组陡倾的呈"X"型的共轭剪性构造裂隙，或切割崖体形成块状、楔形体、长柱状、板状危石和危岩体，或切割体与崖面上分布的软弱层理面、砂泥岩差异风化形成的凹腔（槽）共同作用形成块状、楔形体、长柱状、板状危石和危岩体危及到摩崖造像的安全。

而所有这些陡倾裂隙，均为微张—张开，或充填黏土，或无充填。大气降雨经第四系残坡积土石入渗进入陡倾裂隙，为裂隙的扩张提供了动力。此外，崖体上生长茂盛的乔木、灌木、竹藤等植物根系沿充填黏土裂隙向深部发展，植物根劈作用显著。

按照危岩体分布的范围、裂隙发育程度、对文物本体及载体造成的危害、变形破坏模式将危岩体进行综合分析。分为重点加固区和普通加固区。

（1）普通加固区。

自造像区西侧围墙往东 40 m 范围内，东侧围墙往西 15 m 范围内，没有重要的龛窟，崖体高陡，整体完整性较好，陡崖底部下伏地层为泥岩，在崖底下约 1～1.5 m 没有明显的泥岩凹腔。主要发育平行崖壁的卸荷裂隙和少量近垂直的构造裂隙。平行崖面卸荷裂隙与近垂直崖面卸荷裂隙切割形成的楔形状、厚板状危岩体，以倾倒式崩塌变形为主，伴有滑移式崩塌。

（2）重点加固区。

自造像区 1 号塔龛至 34 号龛范围内长约 85 m 的崖体是北龛造像崖壁的重点区域，尤其是 2～27 号龛相对集中，是北龛的精华所在，长约 35 m，是本次危岩体加固的重中之重。该段崖体整体较完整，陡崖底部地层为泥岩，厚度约为 0.5～1.0 m，发育浅的小凹腔；平行崖壁的卸荷裂隙和少量近垂直的构造裂隙切割崖体形成楔形状、厚板状、长柱状危岩体，以倾倒式崩塌变形为主，伴有坠落式崩塌。

2. 西龛

龙日寺摩崖造像 87 龛、88 龛、78 龛处岩体卸荷裂隙发育明显，平行崖面的陡倾卸荷裂隙、2 组斜交崖面的陡倾构造裂隙发育。裂隙张开，基本无充填，崖体裂隙，局部岩体已经块状崩落，还有部分岩体有沿近平行崖面的卸荷裂隙继续崩塌的趋势，局部已经采用条石和砖砌体支撑。同时裂隙水将加剧裂隙扩张，影响崖面岩体的稳定。

受平行崖面的卸荷裂隙与无序卸荷裂隙的切割，龙日寺崖体多层状、板状、楔形状危石或危岩体，集中发育在造像区长约 35 m 的崖壁上，直接威胁到造像本体的安全，易于产生小的剥落、坠落式崩塌变形。

佛爷湾摩崖造像崖体整体较为完整稳定，崖底现泥岩，差异风化形成的凹腔较小，基岩裂隙水发育，在泥岩顶面上出露多处泉水。受平行崖面的陡倾卸荷裂隙和 2 组陡倾构造裂隙切割，崖体发育 4 处厚板状危岩体，其中三处板状危岩体为重点造像所依附的岩体，一处是无重要龛窟的危岩体。

佛爷湾 26# 龛窟和 44# ~ 45# 龛窟坡脚处有泉出露，常年流水，泉旁已形成一小水池，当地居民作为生活用水。同时整个造像崖壁区岩壁上多处出露泉点，泉水大小根据季节而变化，这些出露的泉水都是由基岩裂隙水产生的。崖面较多泉水的出露主要造成以下危害：一方面，泉水在泥岩层顶部出露，并在坡脚处聚集形成小水池，受裂隙泉水长期的浸泡，泥岩层自身的抗侵蚀、抗风化能力急速下降，泥岩结构改变，强度降低，泥岩不断向里淘蚀，凹腔加大加深，若不及时改善，容易造成上层砂岩陡崖软岩挤出型鼓胀式崩塌。另一方面，由于崖面泉水的常年出露和崖面无雨水防护措施，造成崖面岩体长期呈潮湿状，这就给苔藓等低等级植物生存的条件，造成岩体表面和局部龛窟内造像表面被苔藓等低等级植物覆盖，严重影响了石刻造像的外观欣赏性和文物的自身价值；同时在岩体长期的潮湿状态下，崖面岩体在不断的裂隙水渗流和便面干湿更替转化中，会造成岩体表面岩石矿物成分产生部分损失，岩石成分和岩性改变，加快岩石表层风化破坏速度。

流杯池摩崖造像崖体整体较为完整稳定，崖底现泥岩，受平行崖面的陡倾卸荷裂隙和 1 组陡倾构造裂隙切割形成块状危石或危岩体，可能产生坠落式崩塌。

流杯池摩崖造像崖体后方坡顶面受地表水面流冲蚀破坏较为严重，表面污染严重。崖壁顶部第四系残坡积层土体厚度约为 1 m，在突发暴雨下饱水局部易于发生溜坍，崖面面流冲刷突出；崖壁造像无窟檐廊道遮雨，大气降雨直接淋

漓在造像岩体上。面流冲刷和淋蚀加剧了危岩体的变形。

23.6.2 危岩体变形原因分析

北龛、西龛为典型的崩塌陡崖地貌形态，区内以危岩体的崩塌变形为主。危岩体的崩塌变形，是长期地质作用的结果。

（1）崩塌性陡崖为危岩体的形成提供了天然地形条件。

摩崖造像主要集中在中上部陡崖上，天然坡度多在80°以上，地形上类似悬崖陡壁。陡峻临空面和高差大的陡崖是形成崩塌落石的必要条件，而且一般坡越陡越高，越易形成崩塌落石，同时崩塌落石的规模和强度也越大。北龛、西龛摩崖造像均分布在高陡崖面上，为危岩体崩塌的形成提供了天然地形条件。

（2）软硬互层的地层岩性是危岩体形成的基本物质基础。

① 区内巨厚层砂岩属于脆性岩层，在地质构造作用下，易于切割成块，并且"记忆继承"构造作用力，在岩体中形成几组控制性的节理裂隙，在多种自然营力的长期共同作用下，形成危岩体。

② 厚层砂岩局部夹薄层泥岩夹层和透镜体，由于砂岩与泥岩间的差异风化性，泥岩夹层风化、剥蚀、搬运形成岩腔，致使上部岩体底部临空，形成倾倒式或拉裂式崩塌。

（3）地质构造所形成的区域性构造面是岩体后期变形的前提。

① 受区域地质构造作用的影响，窟区岩体节理裂隙发育，主要以北东向、北西向和北西西向节理为主，伴生其他方向的节理，在地质历史时期受各种自然营力的综合作用，产生许多卸荷裂隙，形成了目前的裂隙分布格局，这些不同方向性质的结构面相互切割，将原本完整的岩石切割为柱状、块状、楔形体等不同形状的岩体，特别是倾向崖面外陡倾卸荷裂隙、缓倾卸荷裂隙和近垂直崖面的构造裂隙，控制危岩体的变形范围、崩塌模式及崩塌发展趋势，其对危岩体的变形起到控制作用。

② 北龛、西龛的厚层砂岩，经过漫长的地质时期，构造裂隙不断被剥蚀、溶蚀，加之卸荷作用，原有的压性、剪性节理松弛后逐渐张开扩大，张性节理裂隙进一步加宽贯通，使得原本为不同方向的节理裂隙所切割成的岩体局部脱离母岩外倾形成危岩体。在暴雨、地震等强大外力因素的触发下发生崩塌落石，并逐级向后牵引形成新的卸荷裂隙和危岩体；同时这些节理裂隙是表水下渗的通道，是裂隙水赋存、径流、补给、石窟渗水的关键所在。

（4）西龛、北龛区内地表水经第四系残坡积层进入裂隙是危岩体崩塌变形的主要诱发因素。

在危岩体失稳破坏中常有"大雨大塌，小雨小塌，无雨不塌"之说，足见降水与危岩体崩塌破坏的密切关系。病害区岩体节理裂隙张开，顶部植被茂盛，雨季大量降水直接沿节理裂隙灌入，弱化危岩体与母岩之间的黏聚力。具体表现在五个方面：

① 充满节理裂隙中的水及其流动对危岩体产生静水压力和动水压力；

② 充满节理裂隙中的水对危岩体产生侧向水压力；

③ 节理裂隙和其他结构面中的充填物在水的浸泡下抗剪强度大大降低；

④ 充满危岩体两侧节理裂隙中的水，使危岩体与稳定体之间的侧向摩擦力减小；

⑤ 大量表水面流作用，冲蚀和溶蚀砂岩基座，加速下伏泥岩风化，使得下部泥岩淘蚀严重，上部岩体高悬空，给危岩体变形破坏提供了空间环境。

（5）植物根系的根劈作用是北龛、西龛危岩体变形加剧的重要外力因素。

病害区属于亚热带季风气候，植被茂盛。特别是根系发达的藤本科和乔木植物沿节理裂隙生长，尤其是在窟顶边缘，植被极为茂盛，根系非常粗壮（根径可达 40 cm），根系沿岩石裂隙延伸数米至数十米，从裂隙中汲取水分和养分，使得原有的节理裂隙不断张开扩大，导致危岩体变形不断加剧。

（6）风化作用直接加速了岩体的崩解、坠落、剥落。

（7）已发生的特大地震作用急速加剧了窟区危岩体的变形。

"5·12"汶川特大地震急速加剧了窟区危岩体的变形，主要表现以下三个方面：

① 地震波促使岩体既有裂隙扩大，并形成新的微裂隙，完善危岩体的变形边界。

② 地震产生强大的水平地震力，降低软弱结构面上的抗剪能力，触发临界状态危岩体崩塌，并加速既有危岩体的变形。

③ 地震作用致使岩体裂隙增宽，为表水的下渗提供了更宽的通道，进一步弱化岩体强度。

各处危岩体的稳定性及破坏机理分析计算可参照《巴中市巴州区北龛、西龛石窟危岩体抢险加固工程勘察报告》。

23.7　坡顶第四系残坡积层溜塌、造像水害、植物根劈及其危害

北龛摩崖造像坡顶的汇水面积巨大，崖顶以上往北是宽缓的台阶状梯田，

长约200 m，宽约100 m，平台坡降很小，地形平坦。靠近崖顶部位梯田设有简易的截水沟，但是被雨水冲毁严重；崖顶部位堆积层厚2~4 m。

（1）在暴雨下坡顶松散堆积层较大体积的饱水溜塌，危及窟檐的安全及造像安全，同时也污染造像。

（2）崖顶部植被茂盛，大气降水后，径流水沿着崖面漫流、沿裂隙下渗，不断降低危岩体与母岩的黏聚力，加剧危岩体的变形失稳；充填黏土裂隙中充足的水分有利于树木根系在裂隙中的生长，根劈作用加剧，使得洞窟裂隙有逐渐扩大的迹象，长期作用必然会影响窟体的整体稳定；加速危岩体底部软弱夹层、砂泥岩差异风化风蚀凹腔（槽）的形成，加剧危岩体的变形失稳。

（3）大气降水沿裂隙下渗至造像处沿裂隙方向以点线状出露，在造像周边裂隙面可见到白色线条状或云朵状渗水痕迹，部分延伸发展到造像本体；该现象在凿刻较浅的龛窟表现尤为严重，常可见条带状渗水痕迹沿裂隙分布。

（4）渗水改变石窟的原有湿度，对文物表层造成危害。特别是在渗水运动转移过程中，将岩体中的可溶性硫酸盐带至岩体和文物表面，随着温度和湿度的变化而膨胀或收缩，对文物造成严重的"隐形"破坏。

（5）无窟檐遮盖的少数造像，直接遭受雨水淋蚀和坡顶地表水漫流冲刷，对造像造成直接的雨水机械冲蚀。

（6）渗水造成的造像表面干湿循环，为苔藓等微生物的生长和死亡提供了环境条件，造成造像表面的菌斑，严重影响造像的形象。

23.8　北龛、西龛造像水害原因分析

（1）无遮雨窟檐。除北龛大部分及西龛龙日寺有窟檐遮雨外，北龛小部分造像石窟、西龛佛爷湾及流杯池造像石窟无遮雨窟檐，降雨时部分雨水直接飘落至龛窟内，淋蚀造像；崖顶大面积汇水后，夹带泥沙的地表水不能有效的截排疏导，沿崖面漫流，直接冲刷造像。

（2）石窟造像所在区域属于中部亚热带季风性湿润气候，降水丰沛。

（3）崖体中发育的节理裂隙，为地下水活动提供了通道。地表水下渗补给基岩裂隙水，使得裂隙进一步扩大。

23.9　危岩体抢险加固工程设计

23.9.1　设计参数

根据对窟区各单元危岩体区的调查分析，在工程地质勘察资料基础上，对

主要危岩区进行防治工程设计，主要设计参数如下：

（1）危岩体规模：按照工程地质勘察报告及现场实际地形分析确定。

（2）砂岩容重 γ 取 25 kN/m³，危岩体外荷载按下式计算：$P=0.2\times0.2g\times V\times\gamma$，式中 V 为危岩体体积（m³）。

（3）安全系数：考虑到工程的重要程度，按照《滑坡防治工程设计及施工技术规范》（DZ/T 0219—2006）规定，治理工程属于Ⅰ级防治工程。抗滑安全系数按 K=1.5（自然状态）、K=1.2（自然状态+暴雨）、K=1.2（自然状态+地震）、K=1.1（自然状态+暴雨+地震）取用；抗倾安全系数按 K=1.7（自然状态）、K=1.5（自然状态+暴雨）、K=1.5（自然状态+地震）、K=1.2（自然状态+暴雨+地震）取用；抗剪断（坠落、拉裂）安全系数按 K=2.0（自然状态）、K=1.8（自然状态+暴雨）、K=1.8（自然状态+地震）、K=1.5（自然状态+暴雨+地震）取用。

（4）危岩体锚固采用的锚索、锚杆材料安全系数取 2.2。

（5）地震设防烈度Ⅵ度，设计基本地震加速度值 a=0.05g。

（6）地层与锚固体粘结强度特征值：根据岩体岩性及风化程度，τ 取 270 kPa。

（7）锚固工程中普通锚杆和抗剪锚杆采用 ϕ28HRB335 螺纹精轧钢筋制作，小锚杆采用 ϕ16 HRB335 螺纹精轧钢筋制作，预应力锚索采用 ϕ^s15.24 高强度、低松弛的钢绞线制作。

23.9.2　设计计算

1）岩体锚固力计算

（1）岩体滑移式破坏所需抗滑移锚固力：

根据重庆市地质灾害防治工程勘察规范，后缘有陡倾裂隙时：

$$P_0\geqslant\frac{W(K\sin\alpha-\cos\alpha\tan\varphi)+Q(K\cos\alpha+\sin\alpha\tan\varphi)+V(K\cos\alpha+\sin\alpha\tan\varphi)-cL}{\sin(\alpha+\beta)\tan\varphi+\cos(\alpha+\beta)}$$

式中　W——岩体的重度（kN/m³）；

　　　K——安全系数，滑移式破坏取 1.5（考虑文物的性质，在 1.3 的基础上加上 0.2 个基数）；

　　　α——滑面倾角（°）；

　　　φ——滑面内摩擦角（°）；

　　　β——后缘裂隙倾角（°）；

　　　c——危岩体黏聚力标准值（kPa）；

L——滑动面长度（m）；

P_0——所需锚固力；

V——裂隙水压力（kN/m）；

Q——水平地震力（kN/m）。

后缘无陡倾裂隙时：

$$P_0 \geqslant \frac{W(K\sin\alpha - \cos\alpha\tan\varphi) + Q(K\cos\alpha + \sin\alpha\tan\varphi) + V\tan\varphi - cL}{\sin(\alpha+\beta)\tan\varphi + \cos(\alpha+\beta)}$$

（2）岩体倾倒式破坏所需锚固力：

倾倒式由后缘岩体抗拉强度控制且重心在倾覆点之外时：

$$P_0 \geqslant \frac{Wa + Qh_0}{\cos(i+\beta)\sqrt{a^2+b^2}} + \frac{V}{\cos(i+\beta)\sqrt{a^2+b^2}} \cdot (\frac{H-h}{\sin\beta} + \frac{h_w}{3\sin\beta} + \frac{b\cos(\beta-\alpha)}{\cos\alpha}) -$$
$$\frac{f_{lk}(H-h)}{2\sin\beta\cos(i+\beta)} \cdot (\frac{2}{3} \cdot \frac{H-h}{\sin\beta} + \frac{b\cos(\beta-\alpha)}{\cos\alpha})$$

倾倒式由后缘岩体抗拉强度控制且重心在倾覆点之内时：

$$P_0 \geqslant \frac{KQh_0}{\cos(\theta-i)\sqrt{a^2+b^2}} + \frac{KV}{\cos(\theta-i)\sqrt{a^2+b^2}} \cdot (\frac{H-h}{\sin\beta} + \frac{h_w}{3\sin\beta} + \frac{b\cos(\beta-\alpha)}{\cos\alpha}) -$$
$$\frac{f_{lk}}{2\cos(\theta-i)} \cdot \frac{H-h}{\sin\beta} \cdot \frac{2}{3} \frac{H-h}{\sin\beta} + \frac{b\cos(\beta-\alpha)}{\cos\alpha}) - \frac{Wa}{\cos(\theta-i)\sqrt{a^2+b^2}}$$

式中　K——安全系数，倾倒式破坏取 1.7（考虑文物的性质，在 1.5 的基础上加
　　　　上 0.2 个基数）；

　　　a——危岩体重心到倾覆点的水平距离（m）；

　　　b——后缘裂隙未贯通段下端到倾覆点之间的水平距离（m）；

　　　H——后缘裂隙上端到未贯通下端的垂直距离（m）；

　　　h——后缘裂隙深度（m）；

　　　h_w——后缘裂隙充水高度（m）；

　　　h_0——危岩体重心到倾覆点的垂直距离（m）；

　　　i——锚杆倾角（°），取值为 10°；

　　　θ——$\tan\theta = a/b$。

　　　其余符号同前。

倾倒式由底部岩体抗拉强度控制时：

$$P_0 \geqslant \frac{KQh_0}{\cos(\theta-i)\sqrt{a^2+b^2}} + \frac{KV}{\cos(\theta-i)\sqrt{a^2+b^2}} \cdot (\frac{h_w}{3\sin\beta} + b\cos\beta) -$$

$$\frac{f_{lk}b^2}{3\cos(\theta-i)\sqrt{a^2+b^2}} - \frac{Wa}{\cos(\theta-i)\sqrt{a^2+b^2}}$$

式中符号同前。

（3）岩体坠落式破坏所需锚固力：

后缘有陡倾裂隙的悬挑式危岩：

$$P_0 \geqslant \frac{KW + Q\tan\varphi - c(H-h)}{\cos i\tan\varphi + \sin i}$$

或

$$P_0 \geqslant \frac{KWa_0 + KQb_0}{\cos(\theta+i)\sqrt{a^2+b^2}} - \frac{\varsigma f_{lk}(H-h)^2}{\cos(\theta+i)\sqrt{a^2+b^2}}$$

取两者计算之大值。

式中 a_0——危岩体重心到潜在破坏面的水平距离（m）；

b_0——危岩体重心到过潜在破坏面形心的铅垂距离（m）。

后缘无陡倾裂隙的悬挑式危岩：

$$P_0 \geqslant \frac{KW + Q\tan\varphi}{\cos i\tan\varphi + \sin i}$$

$$P_0 \geqslant \frac{KWa_0 + KWb_0}{\cos(\theta-i)\sqrt{a^2+b^2}} - \frac{\varsigma f_{lk}H_0^2}{\cos(\theta-i)\sqrt{a^2+b^2}}$$

取两者之大值。

表 23-1 是根据以上公式对工程所在区域内各危岩体按其破坏类型计算得到的每一块危岩体所代表断面每延米所需的锚固力。

表 23-1   危岩体单位长度所需锚固力计算表

危岩区编号	危岩体变形类型	变形特征	重量（kN）	面积（m²）	安全系数	需锚力（kN）
北龛 1-1	倾倒式崩塌	底部岩体抗拉强度控制	279.6	12	1.7	285.5
北龛 1-2	滑移式崩塌	滑移有陡倾裂隙	911.496	39.12	1.5	367.8
北龛 2	倾倒式崩塌崩塌	底部岩体抗拉强度控制	319.676	13.72	1.7	231..8
北龛 3	倾倒式崩塌	底部岩体抗拉强度控制	314.55	13.5	1.7	292.0

续表

危岩区编号	危岩体变形类型	变形特征	重量（kN）	面积（m²）	安全系数	需锚力（kN）
北龛4	倾倒式崩塌	底部岩体抗拉强度控制	645.41	27.7	1.7	241.4
北龛5	倾倒式崩塌	底部岩体抗拉强度控制	1418.97	60.9	1.7	311.7
北龛6	倾倒式崩塌	底部岩体抗拉强度控制	1146.36	49.2	1.7	336.5
北龛7	倾倒式崩塌	底部岩体抗拉强度控制	1631	70	1.7	352.8
北龛8	倾倒式崩塌	底部岩体抗拉强度控制	1225.58	52.6	1.7	391.6
西龛佛爷湾1	倾倒式崩塌崩塌	底部岩体抗拉强度控制	829.48	35.6	1.7	225.8
西龛佛爷湾2	倾倒式崩塌	底部岩体抗拉强度控制	782.88	33.6	1.7	353.6
西龛佛爷湾3	倾倒式崩塌	底部岩体抗拉强度控制	754.92	32.4	1.7	290.8
西龛佛爷湾4	倾倒式崩塌	底部岩体抗拉强度控制	852.78	36.6	1.7	343.9
西龛佛爷湾5	倾倒式崩塌	底部岩体抗拉强度控制	599.276	25.72	1.7	390.9
西龛佛爷湾6	倾倒式崩塌	底部岩体抗拉强度控制	890.06	38.2	1.7	321.0
西龛佛爷湾7	倾倒式崩塌	底部岩体抗拉强度控制	476.718	20.46	1.7	239.0
西龛佛爷湾8	倾倒式崩塌	底部岩体抗拉强度控制	1123.06	48.2	1.7	361.6
西龛龙日寺1	坠落式崩塌	后缘有陡倾裂隙	182.672	7.84	2.0	351.2
西龛龙日寺2	倾倒式崩塌	底部岩体抗拉强度控制	519.59	22.3	1.7	366.9
西龛流杯池1	坠落式崩塌	坠落式后缘有陡倾裂隙	330.86	14.2	2.0	584.9

23.9.3 主要工程

1）预应力锚索

预应力锚索由 4 根 ϕ^s15.24 mm 高强度、低松弛的 1 860 MPa 级钢绞线制作而成，具体锚索制作方式参照锚索结构图。预应力锚索长度为 15 ~ 32 m，锚索钻孔孔径 110 mm，倾角均为 10°，锚固段 8 m，沉渣段 1 m，张拉段 1.5 m，锚索设计荷载 320 kN，锁定荷载 320 kN，锚垫板为 150 mm×150 mm×20 mm 的钢板，锚杆体注浆材料为 1∶1 水泥砂浆，水灰比 0.40 ~ 0.45，锚固砂浆强度不低于 30 MPa，水平间距为 2 m，竖向间距为 2 m，多排布置或与锚杆交错多排布置时采用菱形交错布置，锚索布置间距可根据龛窟和岩体裂隙分布进行局部调整，保证水平间距不小于 1.5 m。锚索张拉完成后用水泥砂浆、岩粉、颜料、胶泥等材料进行锚索孔口封堵和表面做旧，保证孔口表面与周边岩体一致。

2）ϕ28 mm 普通锚杆

ϕ28 mm 普通锚杆由 HRB335 ϕ28 mm 钢筋制作而成，锚杆制作方式具体参照锚杆结构图。普通锚杆长度为 6～12 m，钻孔直径为 110 mm，钻孔倾角均为 10°，锚杆进入稳定岩层长度不小于 4 m，钻孔沉渣段 0.5 m，注浆材料为 1∶1 水泥砂浆，水灰比为 0.4～0.45，锚垫板为 150 mm×150 mm×10 mm 的钢板，锚杆体注浆材料为 1∶1 水泥砂浆，水灰比 0.40～0.45，锚固砂浆强度不低于 30 MPa。普通锚杆布置水平间距为 2 m，锚杆布置竖向间距为 2 m，多排布置或与预应力锚索交错多排布置时采用菱形上下交错布置，锚杆布置间距可根据龛窟和岩体裂隙分布进行局部调整，保证水平间距不小于 1.5 m。锚杆注浆完成后用水泥砂浆、岩粉、颜料、胶泥等材料进行锚杆孔口封堵和表面做旧，保证孔口表面与周边岩体一致。

3）小锚杆

由于崖面局部较为破碎，形成小型危岩块体，为保证小块危石的局部安全和稳定，采用小锚杆进行加固。小锚杆用 1 根 HRB335ϕ16 mm 钢筋制作而成，钻孔直径为 45 mm，小锚杆长度为 1～3 m，钻孔直径 45 mm，锚筋采用锚垫板为 60 mm×60 mm×5 mm 的钢板。小锚杆体注浆材料为 1∶1 水泥砂浆，水灰比 0.40～0.45，锚固砂浆强度不低于 30 MPa。锚杆孔位及具体长度在崖面清理干净后根据岩体的开裂和变形状态，根据现场实际情况确定，保证小锚杆进入下伏地层不小于 0.8 m。

4）仰斜排水孔

崖面岩体裂隙大量存在和地下水的渗流，使得石窟侧壁或石刻旁呈潮湿状，局部常年出现渗水现象，为改善该区域裂隙渗水方式和径流途径，在石窟渗水区底部设置仰斜排水孔。排水孔钻孔直径为 ϕ110 mm，内置 ϕ100 mm 尼龙排水软管，排水孔深度 15 m～30 m，钻孔角度为向上 3°，排水孔与周边地表排水系统相连接，孔口做封闭处理，崖体表面做旧处理恢复原貌。

5）裂隙注浆

为阻止地表水沿裂隙下渗和增加岩体之间的黏结力，对崖面中构造裂隙和卸荷裂隙进行水泥砂浆（纯水泥浆）灌注，水泥砂浆配合比为 1∶1，水灰比 0.40～0.45。为防止在注浆过程中产生漏浆而污染自然岩面和文物本体及周边环境，在注浆前对裂隙表面进行砌体嵌补封堵，分度砌筑砂浆强度不小于 10 MPa，嵌补砌体厚度不小于 15 cm，同时在表面裂隙封堵砌体部位设置注浆孔和排气孔，孔位间距不大于 1 m，保证注浆顺利和密实。注浆完成后对便面裂隙封堵部位进行做旧处理。

6）凹腔砌体崁补

为防止崖面柔软夹层中的风化凹腔继续风化掏蚀，对凹腔部位进行砌体嵌补，砌体材料采用 M10 浆砌片石。砌筑时，对砌体底部进行清理，设置一定的倒坡，防止砌体产生滑移，保证崁补砌体的稳定，砌体表面要保持与周边岩体的自然顺接。砌筑后用水泥砂浆、岩粉、颜料、胶泥等材料进行表面作旧，保持崖面的整体平顺和与周边环境的协调。

7）截排水沟

为防止石窟区崖体顶部地表水的任意漫流和崖面雨水面流，本工程采取在崖面顶部平台设置一道截排水沟（具体位置参照工程布置平面图），水沟采取 M10 浆砌条石砌筑而成，截面尺寸具体见截排水沟结构图，每 20 m 设置一道伸缩缝，缝内用沥青麻筋充填，沟底流水坡度不小于 2%。

23.10　各处危岩体具体工程措施设计

23.10.1　北龛

1）加固一区

加固长度为 52 m，分别设多排普通锚杆和预应力锚索，锚杆和锚索竖向交叉间隔布置。

1—1 断面代表长度为 14 m，共设置 8 排锚杆和 2 排预应力，自上而下锚杆长度分别为 12 m、12 m、12 m、9 m、12 m、9 m、9 m、6 m，锚索长度分别为 20 m、22 m。

2—2 断面代表长度为 16 m，共设置 7 排锚杆和 2 排预应力锚索，自上而下锚杆长度为 9 m、12 m、12 m、12 m、9 m、12 m、9 m，锚索长度分别为 18 m、20 m。

3—3 断面代表长度 17 m，共设置 5 排锚杆和 3 排锚索，锚杆长度均为 9 m，锚索长度均为 18 m，锚索和锚杆孔竖向交错菱形布置。

在崖面底部设置一排仰斜排水孔，排水孔长度为 25 m，对其底部坍塌的岩土进行清理。

在崖面破碎岩体及小块危岩处设置小锚杆加固，对其崖面裂隙进行水泥砂浆灌注和表面封堵。

对崖面中部的裂隙破损产生的凹腔进行砌体崁补和表面做旧处理。

主要工程量：普通锚杆 972 m/98 孔；预应力锚索 758 m/39 孔；小锚杆 30 m/12 孔；仰斜排水孔 300 m/16 孔；裂隙注浆 25 m³；凹腔崁补 20 m³，土石方清理 350 m³。

2）加固二区

加固长度为 60 m，分别设多排普通锚杆和预应力锚索，锚杆和锚索竖向交叉间隔布置。

4—4 断面代表长度为 14 m，共设置 6 排锚杆和 2 排预应力，自上而下锚杆长度分别为 12 m、12 m、12 m、12 m、12 m、9 m，锚索长度均为 18 m；5—5、6—6、7—7 断面代表长度为 26 m，共设置 7 排锚杆和 2 排预应力锚索，自上而下锚杆长度为 12 m、12 m、12 m、12 m、12 m、12 m、9 m，锚索长度均为 18 m；8—8 断面代表长度 16 m，共设置 7 排锚杆和 2 排预应力锚索，自上而下锚杆长度为 12 m、12 m、12 m、9 m、12 m、9 m、9 m，锚索长度均为 18 m，锚索和锚杆孔竖向交错菱形布置。

在崖面底部设置一排仰斜排水孔，排水孔长度为 20 m。

在崖面破碎岩体及小块危岩处设置小锚杆加固，对其崖面裂隙进行水泥砂浆灌注和表面封堵。

对崖面底部泥岩掏蚀凹腔进行砌体崁补和表面做旧处理。

主要工程量：普通锚杆 1 395 m/125 孔；预应力锚索 1 170 m/65 孔；小锚杆 40 m/16 孔；仰斜排水孔 100 m/5 孔；裂隙注浆 60 m³；凹腔崁补 35 m³。

3）加固三区

加固长度为 30 m，自上而下设置 10 排 ϕ 28 普通锚杆，锚杆长度分别为 12 m、9 m、12 m、9 m、9 m、12 m、9 m、12 m、9 m、9 m，锚索长度均为 18 m。

在崖面底部设置一排仰斜排水孔，排水孔长度为 20 m。

在崖面破碎岩体及小块危岩处设置小锚杆加固，对其崖面裂隙进行水泥砂浆灌注和表面封堵处理。

对崖面底部的掏蚀凹腔进行砌体崁补和表面做旧处理。

主要工程量：普通锚杆 864 m/86 孔；小锚杆 30 m/12 孔；裂隙注浆 12 m³；凹腔崁补 5 m³。

4）截排水沟

在崖面顶部平台处设置一条截排水沟，水沟采用 M10 浆砌条石砌筑而成。水沟底部流水坡度根据实际地形设置，保证流水坡度不小于 2%。每 20 m 设置一道伸缩缝，缝宽 2 cm，逢内填塞沥青麻筋。

主要工程量：土石方开挖 320 m³；砌体 280 m³。

23.10.2　西龛佛爷湾摩崖造像

1）加固一区

加固长度为 32 m，自上而下交叉设置 3 排 ϕ 28 mm 普通锚杆和 2 排预应力锚索，锚杆长度均为 12 m；预应力锚索长度均为 18 m，锚杆和预应力锚索孔位在立面上交错菱形布置。

在崖面破碎岩体及小块危岩处设置小锚杆加固，对其崖面裂隙进行水泥砂浆灌注和表面封堵。

对崖面中部的掏蚀凹腔进行砌体坎补和表面做旧处理。

主要工程量：普通锚杆 384 m/32 孔；预应力锚索 414 m/23 孔；小锚杆 15 m/7 孔；裂隙注浆 35 m³；凹腔坎补 8 m³。

2）加固二区

加固长度为 22 m，自上而下交叉设置 6 排 ϕ 28 mm 普通锚杆，锚杆长度分别为 6 m、9 m、12 m、9 m、12 m、9 m；锚杆孔位在立面上交错菱形布置。

在崖面破碎岩体及小块危岩处设置小锚杆加固，对其崖面裂隙进行水泥砂浆灌注和表面封堵。

对崖面底部的掏蚀凹腔进行砌体坎补和表面做旧处理。

主要工程量：普通锚杆 655 m/63 孔；小锚杆 20 m/9 孔；裂隙注浆 25 m³；凹腔坎补 5 m³。

3）加固三区

加固长度为 24 m，自上而下交叉设置 6 排 ϕ 28 mm 普通锚杆，锚杆长度分别为 12 m、9 m、12 m、9 m、12 m、9 m；锚杆孔位在立面上交错菱形布置。

在崖面破碎岩体及小块危岩处设置小锚杆加固，对其崖面裂隙进行水泥砂浆灌注和表面封堵。

对崖面底部的泥岩掏蚀凹腔进行砌体坎补和表面做旧处理。

主要工程量：普通锚杆 642 m/60 孔；小锚杆 20 m/9 孔；裂隙注浆 20 m³；凹腔坎补 12 m³。

4）加固四区

加固长度为 19 m，自上而下交叉设置 5 排 ϕ 28 mm 普通锚杆，锚杆长度分别为 9 m、12 m、9 m、12 m、9 m；锚杆孔位在立面上交错菱形布置。

在崖面破碎岩体及小块危岩处设置小锚杆加固，对其崖面裂隙进行水泥砂浆灌注和表面封堵。

对崖面中部的掏蚀凹腔进行砌体坎补和表面做旧处理。

主要工程量：普通锚杆 408 m/38 孔；小锚杆 20 m/10 孔；裂隙注浆 15 m³；凹腔坎补 10 m³。

5）加固五区

加固长度为 29 m，自上而下交叉设置 6 排 ϕ 28 mm 普通锚杆，锚杆长度分别为 6 m、9 m、12 m、9 m、12 m、9 m；锚杆孔位在立面上交错菱形布置。

在崖面破碎岩体及小块危岩处设置小锚杆加固，对其崖面裂隙进行水泥砂浆灌注和表面封堵。

主要工程量：普通锚杆 726 m/68 孔；裂隙注浆 30 m³；凹腔嵌补 5 m³。

23.10.3　西龛龙日寺摩崖造像

加固长度为 37 m，自上而下交叉设置 4 排 ϕ28 mm 普通锚杆，锚杆长度分别为 9 m、12 m、9 m、9 m；锚杆孔位在立面上交错菱形布置。在局部龛窟两侧增设 5 根 ϕ28 mm 普通锚杆，长度为 9 m。

在崖面破碎岩体及小块危岩处设置小锚杆加固，对其崖面裂隙进行水泥砂浆灌注和表面封堵。

主要工程量：普通锚杆 747 m/77 孔；小锚杆 40 m/16 孔；裂隙注浆 35 m³。

图 23-1 是巴中北龛、西龛危岩体加固设计图。

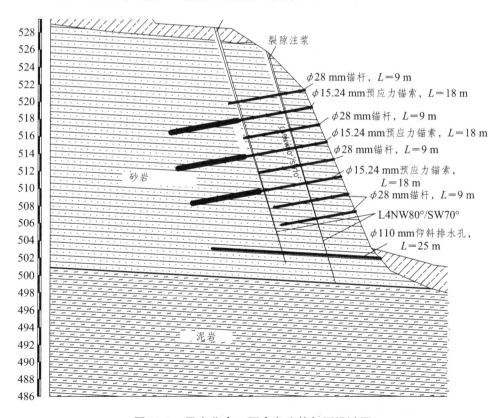

图 23-1　巴中北龛、西龛危岩体加固设计图

24 水宁寺摩崖造像抢险加固工程设计

24.1 水宁寺地理位置及摩崖造像概况

水宁寺位于巴中市城东 37 km 的清江镇。水宁寺摩崖造像包括龙骨山（11 龛窟）、千佛岩（11 龛窟）和佛龛子（16 龛窟）3 处 38 龛 318 尊，现存造像 27 龛窟近 300 尊，保存完好的有 11 龛窟，其中第 1、2、3、4、8 号龛雕像最为精美，造型生动，技艺精湛，人物特征鲜明、生动。据考，3 处造像中，以千佛岩造像为最早，具隋代造像风格，其余多为盛唐造像，少数为中、晚唐造像。

24.2 气候条件、地形地貌、地层岩性、工程地质水文地质、地震及区域稳定性

同巴中北龛、西龛石窟危岩体抢险加固工程设计施工。

24.3 水宁寺摩崖造像病害

24.3.1 危岩体

水宁寺摩崖造像崖壁计有 16 处危岩体，其稳定性差，威胁着造像的安全。其中，由平行于崖面的卸荷裂隙与地层岩石中软弱夹层控制的有 4 处（1# ~ 4# 危岩体），尤以 2# 危岩体后缘卸荷裂隙为甚，其延伸长，裂隙宽，且下切至 2#、3# 窟顶部和窟壁；其余危岩体或由岩层差异风化风蚀凹腔（槽）控制，或由卸荷裂隙、节理裂隙和软弱夹层控制。

24.3.2 渗水

水宁寺摩崖造像属浅窟造像，原有窟檐因风化风蚀基本全部毁损，尽管 1#、2#、3#、8#、9# 和 10# 窟位于鼓出状岩壁下方，但降雨或飘入窟中，或崖面水沿崖面下流进入造像龛窟，或经与造像龛窟相通的崖面裂隙、卸荷裂隙进入造像龛窟，造成龛窟表面和部分造像表面潮湿，苔藓及微生物生死循环，在造像表面形成菌斑。

此外，同四川其他石窟及摩崖造像一样，水宁寺摩崖造像表面存在不同程度的风化风蚀病害。

24.4 病害治理工程设计

24.4.1 设计原则

（1）围岩抢险加固与石窟渗水和风化问题解决兼具原则；

（2）建筑物功能及其与环境相协调原则；

（3）危岩体加固同时考虑岩体稳定和暴雨致裂隙静水压力增大和地震水平应力作用原则；

（4）窟顶植被特别是树木清除与保护原则；

（5）造像防风化区别对待原则。

24.4.2　危岩体稳定性和锚固力计算

1. 假定条件

（1）裂隙中静水压力按半充水考虑；

（2）地震设防烈度按Ⅵ度考虑，水平影响系数取 $a_1=0.04$，竖向影响系数取 $a_2=0.65\,a_1$；

（3）裂隙面黏聚力取 $c=0.15$ MPa，内摩擦角取 $\varphi=35°$，岩石抗拉强度取 $\delta_r=2$ MPa；

（4）安全系数取 $K=2$。

2. 稳定性计算

（1）滑移破坏：

$$K = \frac{(G\cos\alpha - P_w - P_{d1}\sin\alpha + P_{d2}\cos\alpha)\tan\varphi + cL}{G\sin\alpha + P_{d1}\cos\alpha + P_{d2}\sin\alpha}$$

（2）倾覆破坏 1：

$$K = \frac{MR}{MS} = \frac{(G + P_{d2})\cdot(X - X_0)}{P_w h_w \sin\alpha + P_{d1}h_1}$$

（3）倾覆破坏 2：

$$K = \frac{MR}{MS} = 1\delta_r\sqrt{(G + P_{d2})\cdot(X_0 - X) + P_w h_w \sin\alpha + P_{d1}h_1}$$

式中　K——安全系数；

　　　G——块体重量（kN）；

　　　P_{d1}——地震产生的水平力（kN）；

　　　P_{d2}——地震产生的竖向力（kN）；

　　　P_w——静水压力（kN）；

　　　α——滑面倾角（°）；

　　　c——滑面黏聚力（kPa）；

　　　φ——滑面内摩擦角（°）；

L——滑面长度（m）；

MR——抗倾覆力矩（kN·m）；

MS——倾覆力矩（kN·m）；

X——块体重心到临空崖面距离（m）；

X_0——块体下顺层面或软弱夹层的侵蚀深度（m）；

h_w——静水压力力臂（m）；

h_1——地震产生的水平力力臂（m）；

δ_r——岩石抗拉强度（取 2000 kPa）。

表 24-1 是危岩体稳定性计算结果。

表 24-1　危岩体稳定性计算结果

算例剖面	规模			h_1（m）	X（m）	X_0（m）	充水高度（m）	α（°）	稳定系数			同类剖面或危岩体编号	备注
	宽	高	厚						滑移	倾覆			
										倾覆1	倾覆2		
Ⅲ	2.5	13.3	4.0	9.0	2.2.	1.0	9.0	65	1.644	0.989		Ⅵ、Ⅵ、Ⅷ、Ⅸ 千佛岩 1#、2#、4#、7#	L=12.5 m
Ⅴ	4.0	17.2	4.4				8.5	65	1.664			千佛岩 3#、5#、6#	L=17 m
Ⅶ	2.2	13.0	4.0	8.3	6.2	7.0	5.5	90			0.833	Ⅰ、Ⅱ	h_w=6.6 m l=1.0 m

3. 锚固力计算

计算考虑裂隙半充水和地震力影响。

滑移破坏：

$$K = \frac{[G\cos\alpha - P_w - P_{d1}\sin\alpha + P_{d2}\cos\alpha + T\sin(\alpha+\beta)]\tan\varphi + cL}{G\sin\alpha + P_{d1}\cos\alpha + P_{d2}\sin\alpha - T\cos(\alpha+\beta)}$$

倾覆破坏 1：

$$K = \frac{MR}{MS} = \frac{(G+P_{d2})\cdot(X-X_0) + Th_1\cos\beta + T\cdot(X_0-X)\sin\beta}{P_w h_w \sin\alpha + P_{d1}h_1}$$

倾覆破坏 2：

$$K = \frac{MR}{MS} = \frac{1\delta_r + Th_1\cos\beta}{(G+P_{d2})\cdot(X_0-X) + P_w h_w \sin\alpha + T(X_0-X)\sin\beta}$$

$$\Gamma = Tb$$

式中　Γ——锚固力（kN）；

　　　T——单位长度所需锚固力（kN）；

　　　β——锚杆与水平面间夹角（°）；

　　　b——危岩体长度（m）；

　　　K——安全系数（取 2）。

　　　其他符号同前。

表 24-2 是锚固力与锚杆数计算结果。

表 24-2　锚固力与锚杆数计算结果

算例剖面	规模			h_1（m）	X（m）	X_0（m）	充水高度（m）	α（°）	锚固力（t）			锚杆根数	同类剖面或危岩体编号	备注
	宽	高	厚						滑移	倾覆				
										倾覆 1	倾覆 2			
III	2.5	13.3	4.0	9.0	2.2.	1.0	9.0	65	101.125	49.801		滑移 6 倾覆 1：3	VI、VI、VIII、IX；千佛岩 1#、2#、4#、7#	$L=$ 12.5 m
V	4.0	17.2	4.4				8.5	65	217.375			12	千佛岩 3#、5#、6#	$L=$ 17 m
VII	2.2	13.0	4.0	8.3	6.2	7.0	5.5	90			98.547	6	I、II	$h_w=$ 6.6 m $l=$1.0 m

24.4.3　主体工程

1. 围岩加固

围岩锚固采用全长粘结型锚杆，锚杆采用 2 根 ϕ 20～22 螺纹钢，锚孔直径 90 mm，有效锚固长度 2.5 m，灌浆采用普通硅酸盐水泥浆，水灰比采用 0.5：1。

图 24-1 为危岩体加固设计示意图。

2. 软弱夹层风化风蚀凹腔（槽）嵌补

在凹槽内按每隔 1.5～2 m 设置一根 ϕ 18 mm 螺纹钢锚杆，锚孔直径 60 mm，水泥浆粘结；立外模现浇混凝土嵌补。

3. 截排水沟

窟顶坡面浆砌石截排水沟，将降雨坡面径流截引向两侧冲沟。水沟宽 40 cm，深 50 cm。

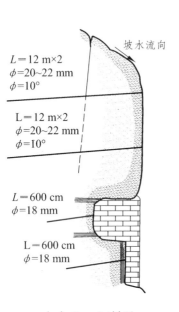

（a）Ⅰ—Ⅰ′剖面

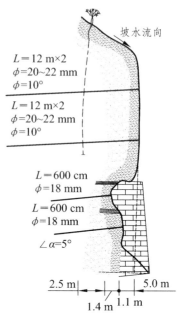

（b）Ⅱ—Ⅱ′剖面

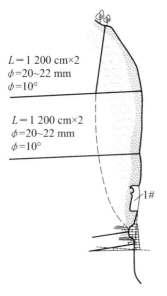

（c）Ⅲ—Ⅲ′剖面

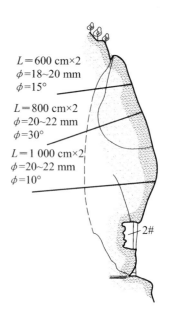

（d）Ⅳ—Ⅳ′剖面

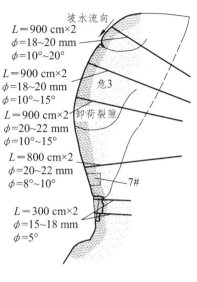

（e）V—V'剖面

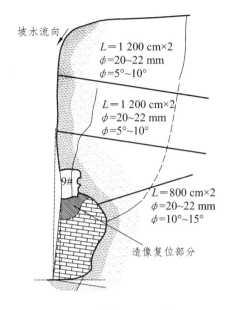

（f）VI—VI'剖面

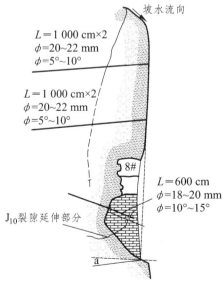

（g）VII—VII'剖面

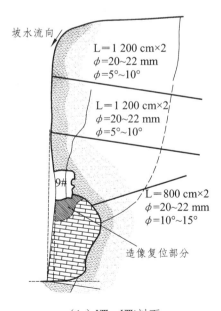

（h）VIII—VIII'剖面

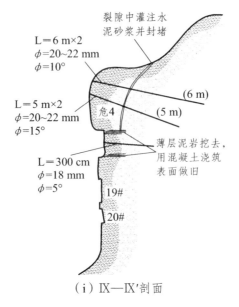

裂隙中灌注水泥砂浆并封堵

L＝6 m×2
φ＝20~22 mm
φ＝10°

L＝5 m×2
φ＝20~22 mm
φ＝15°

危4

(6 m)

(5 m)

L＝300 cm
φ＝18 mm
φ＝5°

薄层泥岩挖去，用混凝土浇筑表面做旧

19#

20#

（i）IX—IX′剖面

图 24-1　水宁寺摩崖造像危岩加固设计示意图

25　南龛摩崖造像危岩体加固勘察设计

25.1　地理位置及造像概况

巴中市，位于四川盆地东北部，地处大巴山系米仓山南麓，地处中国秦岭——淮河南北分界线南，东邻达州，南接南充，西抵广元，北接陕西汉中。地理坐标为东经 106°21′~107°45′，北纬 31°15′至 32°45′。

南龛摩崖造像，包括南龛、西龛、北龛和水宁寺 4 处摩崖造像。南龛，位于巴中市巴州区城南 1 km 的南龛山上。

南龛摩崖造像，属隋至宋代佛教造像，以唐代造像为主。始凿于隋，造像分布在云屏石、山门石、千佛岩、大佛洞、佛爷湾一带长约 350 m 的崖壁上，以大佛洞石窟造像最为密集。现存龛窟 176 个，造像 2 438 尊。主要分布在云屏石、山门石、大佛洞一带，大窟小龛，密如蜂房。以供养窟为主，佛教故事造像极少，造像有释迦牟尼佛、药师佛、毗卢舍那佛、阿弥陀佛、双首佛、双身佛、鬼子母菩萨、如来佛等，菩萨造像以观音为最多，余为闻法诸菩萨造像及八部、天王、力士、伎乐、飞天等护法造像。

25.2　气候条件、地形地貌、地层岩性、工程地质水文地质、地震及区域稳定性

同巴中北龛、西龛石窟危岩体抢险加固工程设计施工。

25.3 南龛摩崖造像地质勘察

南龛摩崖造像环境地质勘察共完成南龛山1:500地形测绘、1:2000环境地质调查、南龛石刻1:200立壁岩体结构面调查和岩石时间采集及其物理力学试验。

25.4 南龛危岩体稳定性计算

25.4.1 危岩体分布

图25-1是南龛危岩体分布图。

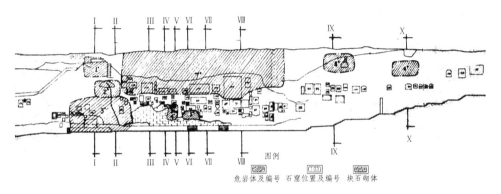

（a）危岩体分布立面图

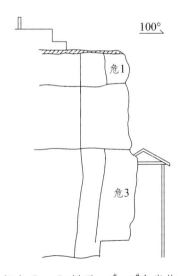

（b）Ⅰ—Ⅰ′剖面，1#、3#危岩体

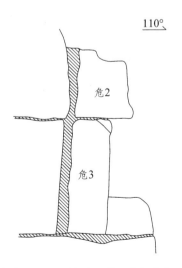

（c）Ⅱ—Ⅱ′剖面，2#、3#危岩体

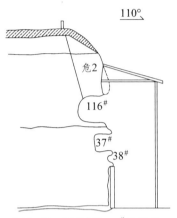

（d）Ⅲ—Ⅲ′剖面，7#危岩体

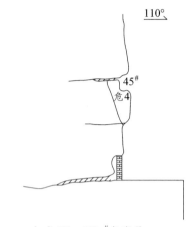

（e）Ⅳ—Ⅳ′7#危岩体

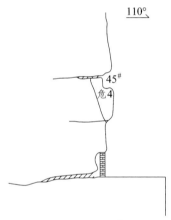

（f）Ⅴ—Ⅴ′坡面，4#危岩体

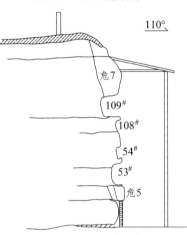

（g）Ⅵ—Ⅵ′剖面，5#、7#危岩体

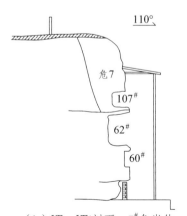

（h）Ⅶ—Ⅶ′剖面，7#危岩体

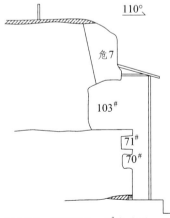

（i）Ⅷ—Ⅷ′剖面，7#危岩体

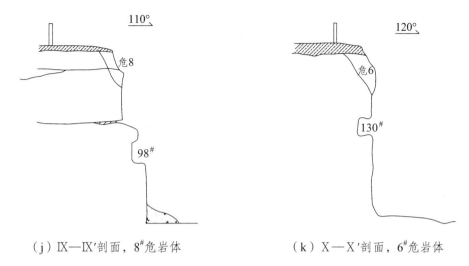

（j）Ⅸ—Ⅸ′剖面，8#危岩体　　　　（k）Ⅹ—Ⅹ′剖面，6#危岩体

图 25-1　南龛摩崖造像危岩体立面及剖面分布图

2. 稳定性计算

表 25-1 是南龛摩崖造像岩石物理力学参数，表 25-2 是南龛摩崖造像危岩体及其稳定性计算结果。

表 25-1　南龛摩崖造像岩石物理力学参数

岩石名称	岩石物理力学参数											
	比重	天然密度（g/cm³）	干密度（g/cm³）	饱水密度（g/cm³）	吸水率（%）	饱水率（%）	饱水系数	单轴抗压强度（MPa）	抗拉强度（MPa）	内聚力（MPa）	内摩擦角（°）	弹性模量（×10³MPa）	泊松比
长石石英砂岩	2.68	2.38	2.29	2.41	4.4.8	4.95	0.92	41.2	0.72	6.67	39	18.2	0.36
泥质砂岩	2.73	2.41	2.35					14.0	0.59	1.8	43.5	10.1	0.17
粉砂质泥岩	2.78	2.34	2.22					5.6	0.36	1.0	38.7	4.69	0.10

表 25-2　南龛摩崖造像危岩体及其稳定性计算

危岩体编号	计算剖面	危岩体规模					稳定性计算公式	稳定系数
		宽（m）	高（m）	厚（m）	体积（m³）	重量（kN）		
危1	I—I′	6.8	3	2.4	36.72	881	$K=[W(X-X_0)]\times[(1/3)$ $P_wH+(1/2)QH]^{-1}$	X_0, K=2.2; X_0=0.75, K=1.0
危2	II—II′	4.8.	3.5	2.8	47.04	1129	$K=[W(X-X_0)]\times[(1/3)$ $P_wH+(1/2)QH]^{-1}$	不考虑地震力，K=1.18
危2	II—II′	4.8.	3.5	2.8	47.04	1129		考虑地震力，K=0.78
危3	II—II′	10.6	6	2.1	201.96	4 847	$K=[W(X-X_0)]\times[(1/3)$ $P_wH+(1/2)QH]^{-1}$	对 O 点取矩，K=0.67
								对 O' 点取矩，K=2.39
危4	V—V′	2.6	3.2	1.4	11.65	280	$K=(cL+W\cos\alpha\tan\varphi)\times$ $(W\sin\alpha)^{-1}$	K=1.36
危5	VI—VI′	5.6	1.4	1.2	9.41	226	$K=(cL+W\cos\alpha\tan\varphi)\times$ $(W\sin\alpha)^{-1}$	K=1.34
危6	X—X′	3.6.	3.4	1.4	17.14	411	$K=[c(L-L_0)$ $+W\cos\alpha\tan\varphi)\times$ $(W\sin\alpha)^{-1}$	L_0=0, K=1.63
								L_0=265 m, K=1.0
危7	VI—VI′	42.0	7.0	3.0	882.0	21 168	$K=(cL+W\cos\alpha\tan\varphi)\times$ $(W\sin\alpha)^{-1}$	K=1.12
危8	IX—IX′	4.4	4.0	1.6	28.16	676	$K=(cL+W\cos\alpha\tan\varphi)\times$ $(W\sin\alpha)^{-1}$	K=1.22

备注：表中稳定性计算中 W—块体自重（kN）；X—块体重心到临空面距离（m）；X_0—块体下顺层面或软弱夹层的侵蚀深度（m）；P_w—作用与卸荷裂隙的水压力（kN）；H—块体高度（m）；Q—水平地震惯性力（kN）；c—块体滑动面综合单位内聚力（取 35 kPa）；φ—块体滑动面内摩擦角（°）；L—滑动面长度（m）；L_0—滑动面拉裂部分长度（m）；α—滑动面倾角（°）

25.5　南龛摩崖造像危岩体加固设计

图 25-2 是南龛摩崖造像危岩体加固设计图。

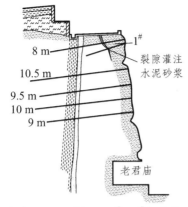

（a）I—I′剖面，1#、3#危岩体

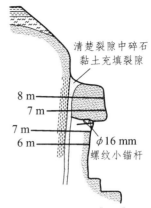

（b）II—II′剖面，2#、3#危岩体

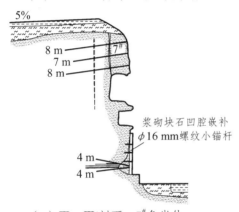

（c）III—III′剖面，7#危岩体

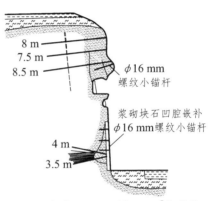

（d）IV—IV′剖面，7#危岩体

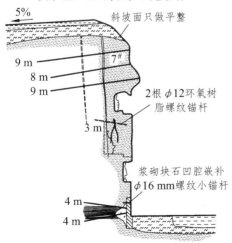

（e）V—V′剖面，4#危岩体

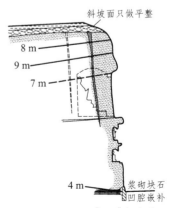

（f）VI—VI′剖面，5#、7#危岩体

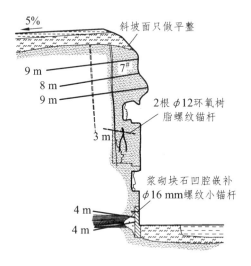

（g）Ⅶ—Ⅶ′剖面，7#危岩体

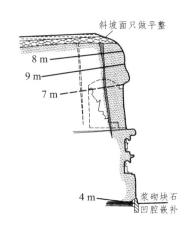

（h）Ⅷ—Ⅷ′剖面，7#危岩体

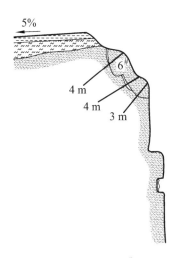

（i）Ⅸ—Ⅸ′剖面，8#危岩体

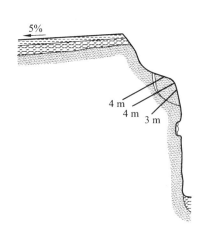

（j）Ⅹ—Ⅹ′剖面，6#危岩体

图 25-2　南龛摩崖造像危岩体加固设计图

26　邛崃石笋山摩崖造像灾后维修保护工程设计施工

26.1　造像概况

石笋山摩崖造像，位于邛崃市区西北 25 km 的大同乡景沟村的石笋山上。

石笋山因在山崖环抱之中状似春笋的卓立孤峰而得名。造像分布在高约 30~50 余 m，长约 130 m 的悬崖上，造像计 33 龛窟 1 000 余尊。据造像题刻记载，造像开凿于唐大历三年（公元 768），为邛崃石刻造像最集中而又保存完好的石窟及摩崖造像。造像内容丰富，题材广泛。有佛传故事、净土变、释迦、无量诸佛、天王、力士、飞天、舞乐等。第 4、6 龛净土变，为石刻艺术精品，刻有殿宇、塔幢、楼阁、桥池、船舫、花鸟等，造像百余，布于楼阁桥池间，在紧密复杂的场面中，仍感觉有宽阔的境界。第 14 龛阿弥陀佛坐像通高 8.3 m，两侧观音和大势至面相与身饰缨珞，具有唐代艺术的瑰丽气象。第 32 龛释迦两侧的胁侍文殊、普贤所乘青狮、大象，为石刻圆雕，质感极强。第 3、8 龛的如意轮观音、千手观音、是此间密宗石刻的代表作。第 25 龛的浮雕飞天、舞乐、供养人等，都是石刻艺术佳作。

26.2 邛崃地理位置及气候条件

邛崃市隶属四川省成都市，自古为"天府南来第一州"，位于成都平原西部，居川滇、川藏公路要塞，距成都市区 75 km，交通便利。

区内属亚热带季风性湿润气候，冬无严寒，夏无酷热，气候温和，雨量充沛，四季分明。年平均气温 16.3 ℃，年可照时数 1 107.9 h，年降雨量 1 117.3 mm，无霜期 285 d。

26.3 石笋山摩崖造像地层岩石及其特点

石笋山摩崖造像凿于白垩系中统灌口组（K_{2g}）地层中，岩石为棕红—紫红色巨厚层状砂岩夹薄层泥质粉砂岩。

白垩系中统灌口组（K_{2g}）地层自上而下依次为棕红—紫红色巨厚层状砂岩夹薄层泥质粉砂岩、砾岩。

薄层泥质粉砂岩、砾岩抗风化风蚀能力弱。沿崖面出露时，因与棕红—紫红色巨厚层状砂岩间的差异风化风蚀，易形成凹腔（槽）。

26.4 造像病害

石笋山摩崖造像病害包括：

（1）由平行至近平行于崖面发育的卸荷裂隙、崖体中发育分布的节理裂隙、软弱夹层、临崖面出露地层岩石差异风化风蚀形成的凹腔（槽）和崖面切割或共同作用形成的危岩体的变形失稳，对造像安全及稳定的威胁。

（2）临崖面出露地层岩石差异风化风蚀形成的凹腔（槽），对造像安全及稳定的威胁。

（3）因崖体顶部地表水任意漫流、崖面雨水面流，致造像表面的污损。

（4）造像表面潮湿利于微生物生长，致造像表面菌斑。

（5）鸟粪致造像表面污损。

26.5　维修保护工程设计原则

（1）保护工程必须以不改变文物体的原状、保护文物真实性的原则，它包括文物本体和文物环境，同时在保护工程实施过程中，不允许对文物体造成新的破坏和影响。

（2）保护工程应遵循可识别性和可持续性（可逆性）的保护原则。

（3）化学保护工程必须在进行现场、室内试验，对材料性质、配比、施工工艺取得成功的基础上，再用于工程实施。

（4）失稳岩体的加固保护必须考虑地震、静水压力等突发因素，保护措施宜采取隐蔽性结构加固措施——锚固技术结构。

（5）本次造像本体维修保护设计按以下原则及思路：① 造像本体表面的油漆层、石灰层、水泥等污染物的清除及鸟类粪便、地衣、苔藓等污染物的清洗保护不能伤及造像本体；② 维修保护要严格执行保护文物本体真实性的原则，③ 粘接加固及造像表面的修补做旧以不改变文物的原状为原则，同时在维修保护中，不应对文物本体造成新的破坏和影响；④ 造像表面的修补做旧要达到可识别性和可持续性的保护原则；⑤ 增强加固保护不能改变造像表面的色彩，保护材料应具有可持续性，不能对造像本体产生副作用。

26.6　主要工程

图 26-1 为石笋山摩崖造像灾后维修工程平面布置图。

26.6.1　危岩休加固

（1）锚杆加固

$1^{\#}\sim3^{\#}$ 危岩区，位于石窟区顶部，受各种裂隙相互切割、地表水的冲蚀和植物根系的根劈，岩体破碎。

为了保证危岩区外岩体稳定，对 $1^{\#}\sim3^{\#}$ 危岩区间的两块岩体一并进行锚杆加固。

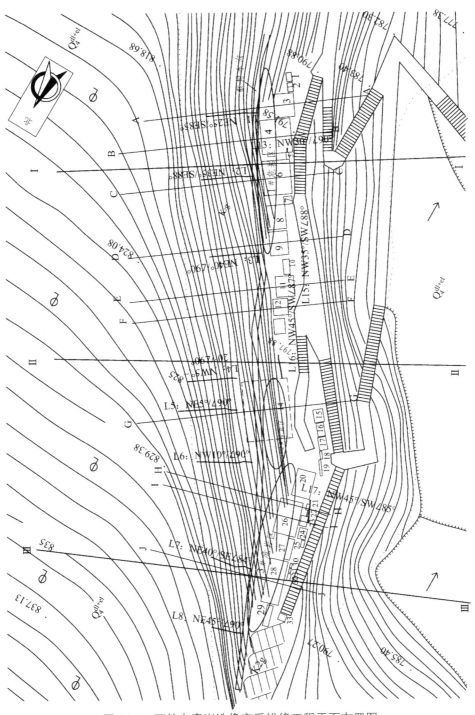

图 26-1　石笋山摩崖造像灾后维修工程平面布置图

沿石窟区顶部岩体地面线向下设置三排 Ⅰ 型水泥砂浆钢筋锚杆，锚杆横向间距 2.5 m，竖向间距 2.5 ~ 3 m，锚杆间距可根据崖面岩体裂隙发育情况进行适当调整，保证锚杆间距不小于 2 m，其中 1#、2#、3# 危岩区内锚杆长度自上而下均为 9 m、9 m、12 m，1# 和 2# 危岩区之间岩体锚杆长度自上而下分别为 6 m、9 m、12 m，锚孔直径 110 mm，锚孔俯角 15°；Φ28 mmHRB335 钢筋；1∶1 水泥砂浆，水灰比为 0.4 ~ 0.5，砂浆强度不小于 30 MPa；锚垫板为 150 mm×150 mm×10 mm 的钢板；锚杆封锚后要注意对锚头部位进行作旧处理。共设置锚杆 91 根，锚杆长度 897 m。

顶部岩体裂隙较为发育，对于一些无法清理的小块危石设置小锚杆进行锚固，增强小危石与母岩的连接强度和整体性。小锚杆布置根据现场小危石实际位置和周边裂隙发育情况进行布置。小锚杆锚孔直径 40 ~ 50 mm，Φ14 mmHRB335 钢筋，小锚杆长度一般为 2 ~ 3 m，钻孔角度要垂直于小危石下部母岩的接触面。共设置小锚杆 20 根，小锚杆总长度 50 m。

（2）裂隙注浆

由于危岩区岩体较为破碎，为增加岩体整体性和整体强度，对岩体裂隙进行裂隙灌浆，灌浆材料为水泥砂浆（纯水泥浆）或丙烯酸水泥浆或改性环氧树脂（E51 型）。

1# ~ 3# 危岩区的 L1 ~ L8 裂隙主要为构造裂隙，缝宽 20 ~ 80 cm，为保证岩体的整体性对其进行裂隙封堵灌浆，灌浆材料为 1∶1 水泥砂浆，水灰比 0.5，强度不小于 30 MPa，注浆压力不小于 0.8 MPa。灌浆前注意对裂隙的封堵和注浆孔的留设。合计灌浆量 30 m³。

（3）凹槽嵌补

在崖面中上部小台阶部位发育一层软弱夹层，强度低，受风化掏蚀作用的影响，已形成岩腔凹槽，为防止该软弱层继续向里掏蚀而影响石窟岩体的稳定，本工程对其凹槽进行砌体嵌补，嵌补砌体采用 M10 浆砌片石（条石），嵌补后进行表面作旧要保持与周边岩体齐平和周边环境的一致。

26.6.2　水害整治

在崖面中部平台设置一道截排水沟，水沟采取 C25 混凝土现浇而成，截面尺寸具体见截排水沟结构图，每 20 m 设置一道伸缩缝，逢内用沥青麻筋充填。

此外，通过试验确定，在岩石及造像表面清洗脱盐处理施工至少 72 h 后，采用通过试验确定的 BYB1007 抗藻岩石保护液对岩石及造像表面微生物进行处理。

图 26-2、图 26-3 和图 26-4 分别为Ⅰ—Ⅰ′、Ⅱ—Ⅱ′和Ⅲ—Ⅲ′剖面锚杆加固工程布置图。

邛崃石笋山摩崖造像灾后维修保护工程施工已完成并通过验收竣工，危岩加固、水害治理、岩石及造像表面清洗脱盐处理均取得了较好的效果。

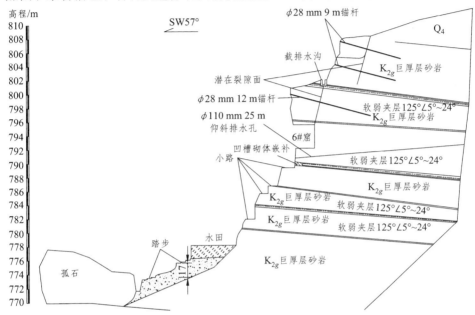

图 26-2　石笋山摩崖造像灾后维修工程Ⅰ—Ⅰ′剖面锚杆加固工程布置图

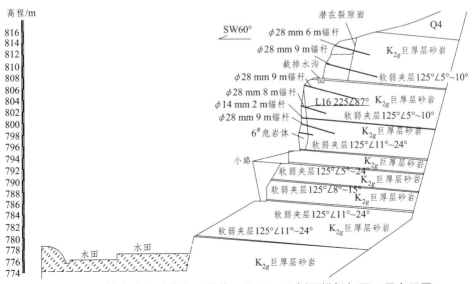

图 26-3　石笋山摩崖造像灾后维修工程Ⅱ—Ⅱ′剖面锚杆加固工程布置图

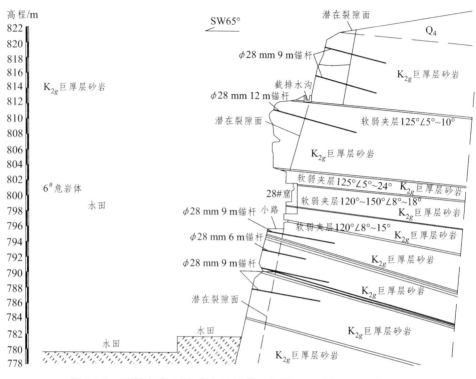

图 26-4　石笋山摩崖造像灾后维修工程Ⅲ—Ⅲ′剖面工程布置图

参考文献

[1] 雷玉华. 中国石窟寺最后的辉煌-巴蜀石窟[J]. 山东科技信息，2013（15）：44-4.

[2] 国家文物局. 中国文物地图集·四川分册（上）[M]. 北京：文物出版社，2009：16-18，117-118.

[3] 韦荃，贺晓东，谢振斌，等. 四川摩崖造像岩石的工程物理特性[J]. 文物保护与考古科学，2009（2）：48-52.

[4] 王达军. 安岳石窟[M]. 成都：四川出版集团（四川美术出版社），2008.

[5] 王丽君，张亮，张媛媛，等. 四川安岳岳阳镇菩萨湾摩崖造像调查简报[J]. 敦煌研究，2016（3）.

[6] 王付均，罗成德. 四川盆地的假丹霞地貌旅游资源[J]. 经济地理，1999（增刊）：16 ~ 20.

[7] 黄绍槟，程强，胡厚田. 四川红层分布及工程环境特征研究[J]. 公路，2005（5）：81-85.

[8] 长春地质学院地质力学教研室区域构造组. 区域构造学[M]. 北京：地质出版社，1979：138-147.

[9] 何发亮. 四川石窟及摩崖造像主要问题及其治理对策，工程地质学报第 18 卷（增刊）[C]//2010 年全国工程地质学术年会暨"工程地质与海西建设"学术大会论文集. 2010：450-454.

[10] 胡方平. 乐山大佛大像阁图像的发现及其维修毁坏时间考辩[C]//乐山大佛世界遗产地保护与利用研究. 北京：中央文献出版社，2007：169-174.

[11] 中国文物信息网. 西部石窟保存状况及综合保护防治对策之三西部石窟特征分析.

[12] 杨盛，韦荃，Mathias Kocher，等. 安岳圆觉洞石刻区防风化加固保护研究[C]//中国文物保护技术协会第七次学术年会论文集. 2012.

[13] 邵高峰，许淳淳. 环保型石质文物防风化剂的研制[J]. 腐蚀与防护，2007，28（11）：562-565.

[14] 张晓颖，等. 石质文物风化成因分析及化学封护材料的研究[J]. Hans Journal of Chemical Engineering and Technology，2015：80-87.

[15] 惠路华，洪坤，詹予忠，等. 新型石质文物保护材料的应用探索[J]. 化工新型材料，2006，34（7）：8-10.

[16] 刘绍军，孙敏，高峰，等. 二氧化硅胶体基石质文物防风化有机-无机杂化材料制备及效果评估[J]. 中南大学学报·自然科学版，2013，44（1）：46-54.

[17] 金柏创，张旭，李晶. 柯岩造像即摩崖题刻防风化材料性能研究[C]//中国文物保护技术协会第八次学术年会论文集. 2014：170-175.

[18] 徐飞，王勉，万俐，等. 浙江余杭凝灰岩摩崖石刻造像防风化材料性能研究[C]//中国文物保护技术协会第七次学术年会论文集. 2012.

[19] 陆春海. 防文物风化的材料设计与实用性研究[D]. 成都：成都理工大学：2009.

[20] 王惠贞，严苏梅，冯楠，等. 高句丽石质文物风化的保护方法研究[C]//全国第十届考古与文物保护化学学术研讨会论文集. 2010（6）：76-81.

[21] 王恩铭. 天坛石质文物保护研究[C]//中国紫禁城学会论文集第八辑（下）. 2012：930-945.

[22] 王丽琴，等. 露天石质文物的风化和加固保护探讨[J]. 文物保护与考古科学，2004，16（4）：58-63.

[23] 燕学锋. 石质文物风化防护的探索与实践[C]//2005年云冈国际学术研讨会论文集·保护卷. 北京：文物出版社，2005：92.

[24] 周伟强. 砂岩质文物防风化材料保护效果评估方法研究[J]. 四川文物，2014（2）：88-92.

[25] 马家郁. 石质文物风化与防风化材料研究随想[EB/OL]. [2008-12-18]. http://blog.sina.com.cn/s/blog_5dc8b0880100bvob.html.

[26] 四川省文物局，等. 安岳石窟圆觉洞保护研究[M]. 北京：科学出版社，2015.

[27] 郭素芳. 危岩体的分类及其危险性评价[D]. 成都：成都理工大学，2008.

[28] 中华人民共和国国土资源部. 地质灾害分类分级[S].

[29] 三峡库区地质灾害防治工作指挥部. 三峡库区三期地质灾害防治工程地质勘察技术要求[S]. 2004：92-97.